北京大學中國語言學研究中心

国家出版基金项目
NATIONAL PUBLICATION FOUNDATION

早期北京話珍稀文獻集成

主編　劉雲

清代官話正音文獻

分卷主編　周晨萌

# 正　音　撮　要

［清］高静亭　著

周晨萌　校注

北京大學出版社
PEKING UNIVERSITY PRESS

圖書在版編目（CIP）數據

正音撮要 / （清）高静亭著；周晨萌校注. —北京：北京大學出版社，2018.6
（早期北京話珍本典籍校釋與研究）
ISBN 978-7-301-16648-2

Ⅰ.①正…　Ⅱ.①高…　②周…　Ⅲ.①北京話—史料　Ⅳ.①H172.1

中國版本圖書館CIP數據核字（2017）第328888號


| 書　　　名 | 正音撮要 |
| --- | --- |
| | ZHENGYIN CUOYAO |
| 著作責任者 | ［清］高静亭　著　周晨萌　校注 |
| 責任編輯 | 王鐵軍　孫嫻 |
| 標準書號 | ISBN 978-7-301-16648-2 |
| 出版發行 | 北京大學出版社 |
| 地　　　址 | 北京市海淀區成府路205號　100871 |
| 網　　　址 | http://www.pup.cn　新浪微博：@北京大學出版社 |
| 電子信箱 | zpup@pup.cn |
| 電　　　話 | 郵購部62752015　發行部62750672　編輯部62754144 |
| 印刷者 | 北京虎彩文化傳播有限公司 |
| 經銷者 | 新華書店 |
| | 720毫米×1020毫米　16開本　19.75印張　232千字 |
| | 2018年6月第1版　2018年6月第1次印刷 |
| 定　　　價 | 80.00元 |

# 總　序

語言是文化的重要組成部分，也是文化的載體。語言中有歷史。

多元一體的中華文化，體現在我國豐富的民族文化和地域文化及其語言和方言之中。

北京是遼金元明清五代國都（遼時爲陪都），千餘年來，逐漸成爲中華民族所公認的政治中心。北方多個少數民族文化與漢文化在這裏碰撞、融合，産生出以漢文化爲主體的、帶有民族文化風味的特色文化。

現今的北京話是我國漢語方言和地域文化中極具特色的一支，它與遼金元明四代的北京話是否有直接繼承關係還不是十分清楚。但可以肯定的是，它與清代以來旗人語言文化與漢人語言文化的彼此交融有直接關係。再往前追溯，旗人與漢人語言文化的接觸與交融在入關前已經十分深刻。本叢書收集整理的這些語料直接反映了清代以來北京話、京味文化的發展變化。

早期北京話有獨特的歷史傳承和文化底蘊，於中華文化、歷史有特別的意義。

一者，這一時期的北京歷經滿漢雙語共存、雙語互協而新生出的漢語方言——北京話，它最終成爲我國民族共同語（普通話）的基礎方言。這一過程是中華多元一體文化自然形成的諸過程之一，對於了解形成中華文化多元一體關係的具體進程有重要的價值。

二者，清代以來，北京曾歷經數次重要的社會變動：清王朝的逐漸屛弱、八國聯軍的入侵、帝制覆滅和民國建立及其伴隨的滿漢關係變化、各路軍閥的來來往往、日本侵略者的占領，等等。在這些不同的社會環境下，北京人的構成有無重要變化？北京話和京味文化是否有變化？進一步地，地域方言和文化與自身的傳承性或發展性有着什麼樣的關係？與社會變遷有着什麼樣的關係？清代以至民國時期早期北京話的語料爲研究語言文化自身傳承性與社會的關係提供了很好的素材。

　　了解歷史才能更好地把握未來。新中國成立後，北京不僅是全國的政治中心，而且是全國的文化和科研中心，新的北京話和京味文化或正在形成。什麼是老北京京味文化的精華？如何傳承這些精華？爲把握新的地域文化形成的規律，爲傳承地域文化的精華，必須對過去的地域文化的特色及其形成過程進行細致的研究和理性的分析。而近幾十年來，各種新的傳媒形式不斷涌現，外來西方文化和國内其他地域文化的衝擊越來越强烈，北京地區人口流動日趨頻繁，老北京人逐漸分散，老北京話已幾近消失。清代以來各個重要歷史時期早期北京話語料的保護整理和研究迫在眉睫。

　　“早期北京話珍本典籍校釋與研究（暨早期北京話文獻數字化工程）”是北京大學中國語言學研究中心研究成果，由“早期北京話珍稀文獻集成”“早期北京話數據庫”和“早期北京話研究書系”三部分組成。“集成”收録從清中葉到民國末年反映早期北京話面貌的珍稀文獻并對内容加以整理，“數據庫”爲研究者分析語料提供便利，“研究書系”是在上述文獻和數據庫基礎上對早期北京話的集中研究，反映了當前相關研究的最新進展。

　　本叢書可以爲語言學、歷史學、社會學、民俗學、文化學等多方面的研究提供素材。

　　願本叢書的出版爲中華優秀文化的傳承做出貢獻！

王洪君、郭鋭、劉雲

二○一六年十月

# "早期北京話珍稀文獻集成"序

　　清民兩代是北京話走向成熟的關鍵階段。從漢語史的角度看,這是一個承前啓後的重要時期,而成熟後的北京話又開始爲當代漢民族共同語——普通話源源不斷地提供着養分。蔣紹愚先生對此有着深刻的認識:"特別是清初到19世紀末這一段的漢語,雖然按分期來説是屬于現代漢語而不屬於近代漢語,但這一段的語言(語法,尤其是詞彙)和'五四'以後的語言(通常所説的'現代漢語'就是指'五四'以後的語言)還有若干不同,研究這一段語言對於研究近代漢語是如何發展到'五四'以後的語言是很有價值的。"(《近代漢語研究概要》,北京大學出版社,2005年)然而國内的早期北京話研究并不盡如人意,在重視程度和材料發掘力度上都要落後於日本同行。自1876年至1945年間,日本漢語教學的目的語轉向當時的北京話,因此留下了大批的北京話教材,這爲其早期北京話研究提供了材料支撐。作爲日本北京話研究的奠基者,太田辰夫先生非常重視新語料的發掘,很早就利用了《小額》《北京》等京味兒小説材料。這種治學理念得到了很好的傳承,之後,日本陸續影印出版了《中國語學資料叢刊》《中國語教本類集成》《清民語料》等資料匯編,給研究帶來了便利。

　　新材料的發掘是學術研究的源頭活水。陳寅恪《〈敦煌劫餘録〉序》有云:"一時代之學術,必有其新材料與新問題。取用此材料,以研求問題,則爲此時代學術之新潮流。"我們的研究要想取得突破,必須打破材料桎梏。在具體思路上,一方面要拓展視野,關注"異族之故書",深度利用好朝鮮、日本、泰西諸國作者所主導編纂的早期北京話教本;另一方面,更要利用本土優勢,在"吾國之舊籍"中深入挖掘,官話正音教本、滿漢合璧教本、京味兒小説、曲藝劇本等新類型語料大有文章可做。在明確了思路之後,我們從2004年開始了前期的準備工作,在北京大學中國語言學研究中心的大力支持下,早期北京話的挖掘整理工作於2007年正式啓動。本次推出的"早期北京話珍稀文獻集成"是階段性成果之一，總體設計上"取異族之故書與吾國之舊籍互相補正"，共分"日本北京話教科書匯編""朝鮮日據時期漢語會話書匯編""西人北京話教科書匯編""清代滿漢合璧文獻萃編""清代官話正音文獻""十全福""清末民初京味兒小説書系""清末民初京味兒時評書系"八個系列，臚列如下：

　　"日本北京話教科書匯編"於日本早期北京話會話書、綜合教科書、改編讀物和風俗紀聞讀物中精選出《燕京婦語》《四聲聯珠》《華語跬步》《官話指南》《改訂官話指南》《亞細亞言語集》《京華事略》《北京紀聞》《北京風土編》《北京風俗問答》《北京事情》《伊蘇普喻言》《搜奇新編》《今古奇觀》等二十餘部作品。這些教材是日本早期北京話教學活動的縮影，也是研究早期北京方言、民俗、史地問題的寶貴資料。本系列的編纂得到了日本學界的大力幫助。冰野善寬、内田慶市、太田齋、鱒澤彰夫諸先生在書影拍攝方面給予了諸多幫助。書中日語例言、日語小引的翻譯得到了竹越孝先生的悉心指導，在此深表謝忱。

　　"朝鮮日據時期漢語會話書匯編"由韓國著名漢學家朴在淵教授和金雅瑛博士校注，收入《改正增補漢語獨學》《修正獨習漢語指南》《高等官話華語精選》《官話華語教範》《速修漢語自通》《速修漢語大成》《無先生速修中國語自通》《官話標準：短期速修中國語自通》《中語大全》《"内鮮滿"最速成中國語自通》等十餘部日據時期（1910年至1945年）朝鮮教材。這批教材既是對《老乞大》《朴通事》的傳承，又深受日本早期北京話教學活動的影響。在中韓語言史、文化史研究中，日據時期是近現代過渡的重要時期，這些資料具有多方面的研究價值。

　　"西人北京話教科書匯編"收録了《語言自邇集》《官話類編》等十餘部西人編纂教材。這些西方作者多受過語言學訓練，他們用印歐語的眼光考量漢語，解釋漢語語法現象，設計記音符號系統，對早期北京話語音、詞彙、語法面貌的描寫要比本土文獻更爲精準。感謝郭鋭老師提供了《官話類編》《北京話語音讀本》和《漢語口語初級讀本》的底本，《尋津録》、《語言自邇集》（第一版、第二版）、《漢英北京官話詞彙》、《華語入門》等底本由北京大學圖書館特藏部提供，謹致謝忱。《華英文義津逮》《言語聲片》爲筆者從海外購回，其中最爲珍貴的是老舍先生在倫敦東方學院執教期間，與英國學者共同編寫的教材——《言語聲片》。教材共分兩卷：第一卷爲英文卷，用英語講授漢語，用音標標注課文的讀音；第二卷爲漢字卷。《言語聲片》採用先用英語導入，再學習漢字的教學方法講授漢語口語，是世界上第一部有聲漢語教材。書中漢字均由老舍先生親筆書寫，全書由老舍先生錄音，共十六張唱片，京韻十足，殊爲珍貴。

上述三類"異族之故書"經江藍生、張衛東、汪維輝、張美蘭、李無未、王順洪、張西平、魯健驥、王澧華諸先生介紹，已經進入學界視野，對北京話研究和對外漢語教學史研究產生了很大的推動作用。我們希望將更多的域外經典北京話教本引入進來，考慮到日本卷和朝鮮卷中很多抄本字跡潦草，難以辨認，而刻本、印本中也存在着大量的異體字和俗字，重排點校注釋的出版形式更利於研究者利用，這也是前文"深度利用"的含義所在。

對"吾國之舊籍"挖掘整理的成果，則體現在下面五個系列中：

"清代滿漢合璧文獻萃編"收入《清文啓蒙》《清話問答四十條》《清文指要》《續編兼漢清文指要》《庸言知旨》《滿漢成語對待》《清文接字》《重刻清文虛字指南編》等十餘部經典滿漢合璧文獻。入關以後，在漢語這一強勢語言的影響下，熟習滿語的滿人越來越少，故雍正以降，出現了一批用當時的北京話注釋翻譯的滿語會話書和語法書。這批教科書的目的本是教授旗人學習滿語，卻無意中成爲了早期北京話的珍貴記錄。"清代滿漢合璧文獻萃編"首次對這批文獻進行了大規模整理，不僅對北京話溯源和滿漢語言接觸研究具有重要意義，也將爲滿語研究和滿語教學創造極大便利。由于底本多爲善本古籍，研究者不易見到，在北京大學圖書館古籍部和日本神户外國語大學竹越孝教授的大力協助下，"萃編"將以重排點校加影印的形式出版。

"清代官話正音文獻"收入《正音撮要》（高靜亭著）和《正音咀華》（莎彝尊著）兩種代表著作。雍正六年（1728），雍正諭令福建、廣東兩省推行官話，福建爲此還專門設立了正音書館。這一"正音"運動的直接影響就是以《正音撮要》和《正音咀華》爲代表的一批官話正音教材的問世。這些書的作者或爲旗人，或寓居京城多年，書中保留着大量北京話詞彙和口語材料，具有極高的研究價值。沈國威先生和侯興泉先生對底本搜集助力良多，特此致謝。

　　《十全福》是北京大學圖書館藏《程硯秋玉霜簃戲曲珍本》之一種，爲同治元年陳金雀抄本。陳曉博士發現該傳奇雖爲崑腔戲，念白却多爲京話，較爲罕見。

　　以上三個系列均爲古籍，且不乏善本，研究者不容易接觸到，因此我們提供了影印全文。

　　總體來説，由于言文不一，清代的本土北京話語料數量較少。而到了清末民初，風氣漸開，情況有了很大變化。彭翼仲、文實權、蔡友梅等一批北京愛國知識分子通過開辦白話報來“開啓民智”“改良社會”。著名愛國報人彭翼仲在《京話日報》的發刊詞中這樣寫道：“本報爲輸進文明、改良風俗，以開通社會多數人之智識爲宗旨。故通幅概用京話，以淺顯之筆，達樸實之理，紀緊要之事，務令雅俗共賞，婦稚咸宜。”在當時北京白話報刊的諸多欄目中，最受市民歡迎的當屬京味兒小説連載和《益世餘譚》之類的評論欄目，語言極爲地道。

　　“清末民初京味兒小説書系”首次對以蔡友梅、冷佛、徐劍膽、儒丐、勳鋭爲代表的晚清民國京味兒作家群及作品進行系統挖掘和整理，從千餘部京味兒小説中萃取代表作家的代表作品，并加以點校注釋。該作家群活躍于清末民初，以報紙爲陣地，以小説爲工具，開展了一場轟轟烈烈的底層啓蒙運動，爲新文化運動的興起打下了一定的群衆基礎，他們的作品對老舍等京味兒小説大家的創作產生了積極影響。本系列的問世亦將爲文學史和思想史研究提供議題。于潤琦、方梅、陳清茹、雷曉彤諸先生爲本系列提供了部分底本或館藏綫索，首都圖書館歷史文獻閲覽室、天津圖書館、國家圖書館提供了極大便利，謹致謝意！

　　“清末民初京味兒時評書系”則收入《益世餘譚》和《益世餘墨》，均係著名京味兒小説家蔡友梅在民初報章上發表的專欄時評，由日本岐阜聖德學園大學劉一之教授、矢野賀子教授校注。

　　這一時期存世的報載北京話語料口語化程度高，且總量龐大，但發掘和整理却殊爲不易，稱得上“珍稀”二字。一方面，由于報載小説等欄目的流行，外地作者也加入了京味兒小説創作行列，五花八門的筆名背後還需考證作者是否爲京籍，以蔡友梅爲例，其真名爲蔡松齡，查明的筆名還有損、損公、退化、亦我、梅蒐、老梅、今睿等。另一方面，這些作者的作品多爲急就章，文字錯訛很多，并且鮮有單行本存世，老報紙殘損老化的情況日益嚴重，整理的難度可想而知。

上述八個系列在某種程度上填補了相關領域的空白。由于各個系列在内容、體例、出版年代和出版形式上都存在較大的差異，我們在整理時借鑒《朝鮮時代漢語教科書叢刊續編》《〈清文指要〉匯校與語言研究》等語言類古籍的整理體例，結合各個系列自身特點和讀者需求，靈活制定體例。"清末民初京味兒小説書系"和"清末民初京味兒時評書系"年代較近，讀者群體更爲廣泛，經過多方調研和反復討論，我們決定在整理時使用簡體橫排的形式，儘可能同時滿足專業研究者和普通讀者的需求。"清代滿漢合璧文獻萃編""清代官話正音文獻"等系列整理時則採用繁體。"早期北京話珍稀文獻集成"總計六十餘册，總字數近千萬字，稱得上是工程浩大，由于我們能力有限，體例和校注中難免會有疏漏，加之受客觀條件所限，一些擬定的重要書目本次無法收入，還望讀者多多諒解。

"早期北京話珍稀文獻集成"可以説是中日韓三國學者通力合作的結晶，得到了方方面面的幫助，我們還要感謝陸儉明、馬真、蔣紹愚、江藍生、崔希亮、方梅、張美蘭、陳前瑞、趙日新、陳躍紅、徐大軍、張世方、李明、鄧如冰、王强、陳保新諸先生的大力支持，感謝北京大學圖書館的協助以及蕭群書記的熱心協調。"集成"的編纂隊伍以青年學者爲主，經驗不足，兩位叢書總主編傾注了大量心血。王洪君老師不僅在經費和資料上提供保障，還積極扶掖新進，"我們搭臺，你們年輕人唱戲"的話語令人倍感温暖和鼓舞。郭鋭老師在經費和人員上也予以了大力支持，不僅對體例制定、底本選定等具體工作進行了細致指導，還無私地將自己發現的新材料和新課題與大家分享，令人欽佩。"集成"能够順利出版還要特別感謝國家出版基金規劃管理辦公室的支持以及北京大學出版社王明舟社長、張鳳珠副總編的精心策劃，感謝漢語編輯部杜若明、鄧曉霞、張弘泓、宋立文等老師所付出的辛勞。需要感謝的師友還有很多，在此一并致以誠摯的謝意。

"上窮碧落下黄泉，動手動脚找東西"，我們不奢望引領"時代學術之新潮流", 惟願能給研究者帶來一些便利, 免去一些奔波之苦, 這也是我們向所有關心幫助過 "早期北京話珍稀文獻集成" 的人士致以的最誠摯的謝意。

劉　雲
二〇一五年六月二十三日
於對外經貿大學求索樓
二〇一六年四月十九日
改定於潤澤公館

# 《正音撮要》解題

## 一

雍正六年（1728），雍正帝爲解决言語不通的情况，下達了一則"諭閩廣正鄉音"的諭令，開始强化"官話"的推行，尤其是針對閩粤兩省的官員。爲此，朝臣們還特意擬定了具體的懲治辦法，以是否會説官話作爲能否參加科舉考試以及官員政績考核的條件。於是，在上諭頒佈後的一年時間裏，福建、廣東各地就先後"奉文設立"了名爲"正音"的書館、書院、社學，"以訓官音"。但雍正的"正音運動"並没有成功推行下去，直到清朝中後期，大致爲嘉慶至同治四朝，學用官話才蔚然成風，閩廣兩省尤爲熱烈（吕朋林《清代官話讀本研究》1986）。官話讀本也隨之盛行一時，雍正至同治年間，針對閩粤地區推行的正音讀本，據不完全統計大致有 10 本①，甚至出現了一人編寫多本（如莎彝尊），一本刻印多次（如《正音撮要》）的情况。

其中，成書於嘉慶庚午年（1810）的《正音撮要》便是清朝中後期一部具有開創意義的正音讀本，也是目前所能見到的清朝最早的②、内容詳盡（涉及語音、詞彙、對話短文等内容）的正音讀本。這部讀本不僅開啟了清代正音課本的編寫體例（如《正音咀華》等都是沿襲了它的體例），而且對清代的正音意識的形成以及當時清代官話語音基礎的研究都有著舉足輕重的價值。

## 二

《正音撮要》是高静亭於嘉慶十五年（1810）講解學習官話之法時所著。後

---

① 雍正至同治年間的正音讀本大致有 10 种，吕朋林（僅統計了嘉慶至同治四朝的 7 种）、劉雲《早期北京話的新材料》（2013）、黄薇《〈正音撮要〉研究》（2014）均有整理。

② 據作者自序，成書于 1810 年，但我們目前所能見到的最早版本是 1834 年。

多次重印,目前存世有多個版本。王爲民《〈正音撮要〉作者里籍與版本考論》(2006)和黄薇《重考〈正音撮要〉的版本問題》(2013)、《〈正音撮要〉研究》(2014)均對其版本源流進行了考證。王爲民(2006)認爲《正音撮要》目前存在10個版本。黄薇(2013、2014)則搜集到8個版本。針對兩位學者的考證,筆者也進行了版本的搜集和考證。

　　我們目前所搜到的最早的版本是清道光十四年(甲午年,1834)學華齋刊本,四卷,日本關西大學圖書館、東京外國語大學圖書館均有收藏。該版本封面正中爲"正音撮要"字樣,右欄題"道光甲午年春鐫""五雲樓發兑"字樣,左欄下方題"學華齋藏板"字樣,內頁印記爲"無礙菴"。《明清俗語辭書集成》①《中國方言謠諺全集》中亦收錄了卷二、卷三。其中,《明清俗語辭書集成》在解題中對收錄原因進行了說明:"卷一爲教科書式之正音讀本,卷四爲千字文切字。因兩者原非語匯,故祇影印卷二、三語匯部分。"②同時,該書的影印部分"所使用之底本上,有學習者墨筆修補,鉛筆所加表示發音之羅馬字,均照舊影印"。③ 這兩卷藏於國家圖書館,亦可見於新鴻大學佐野文庫。

　　第二個版本是道光二十六年(丙午年,1846),由寧波華花聖經書房刊刻,時任英國駐寧波領事的羅伯聃譯述的中英對照版,但僅有上卷。內封面上印有"The Chinese speaker, or Extracts from works written in the Mandarin language, as spoken at Peking. Compiled for the use of students, by Robert Thom, Esq., H.M.Consul at Ningpo. Part I. Ningpo: Pressbyterian Mission Press."等字樣。目前收藏於挪威奧斯陸皇家大學圖書館、日本東洋大學圖書館、中國國家圖書館。

　　第三個版本爲咸豐十年(庚申年,1860)刻本,四卷,現藏於京都大學附屬圖書館。卷頭題"正音集句序""静亭高氏",封面題"咸豐庚申年春鐫,右文堂藏板""學華齋藏板"等字樣。四周單邊無界9行。保存狀態爲汙損、蟲損。

　　第四個版本爲光緒三十一年(乙巳年,1905)刻本,四卷,藏於廣東省立中山圖書館。封面中間題"正音撮要"字樣,右欄上方題"光緒乙巳年重鐫"字樣,左

---

　　① 長澤規矩也編的《明清俗語辭書集成》在日本由汲古書院出版,第3輯中爲《正音撮要》的卷二、卷三。而在國內,該書由上海古籍出版社出版,第二冊1360—1424頁爲《正音撮要》兩卷的內容。
　　② 引自長澤規矩也《明清俗語辭書集成(第二冊)》上海:上海古籍出版社,第1360頁。
　　③ 引自長澤規矩也《明清俗語辭書集成(第二冊)》上海:上海古籍出版社,第1360頁。

欄下方題"麟書閣藏板",字樣均爲朱色刷印。該刻本第一卷爲朱墨套印。前半部分關於注音部分,正文爲墨色刷印,句讀爲朱色,沒有注文。後半部分正文爲墨色,注文、句讀、頁碼爲朱色刷印。版心刻有書名、卷次、目錄和頁碼。

第五個版本爲光緒丁未年(1907)刻本,四卷,同爲朱墨套印本,封面字跡均用朱色刷印,書名"朱批正音撮要",右欄上方題"光緒丁未年重校",左欄下方題"粵東卒英齋刊"。此本的套印方式同樣僅在卷一中體現,其正文用墨色刷印,注文、標點、頁碼爲朱色刷印。版心刻有書名、卷次、目錄和頁碼。該版本藏於北京大學圖書館。

此外,另有 6 個版本僅爲網站查閱,筆者並未看到本子。一爲咸豐壬子年(1852)刻本,四卷,現藏於上海圖書館。二爲同治丁卯年(1867)刻本,線裝,藏於廣東省立中山圖書館,僅殘存一、四冊。三爲光緒三十二年(1906)由時雅書局的《評點正音撮要》四卷,影印本一冊,藏於廣東省立中山圖書館。四是光緒丁未年(1907)刻本,線裝,四卷,由廣州福芸樓鐫刻,藏於廣東省立中山圖書館。五是民國九年(1920)上海錦章圖書館出版的四冊,藏於廣東省立中山圖書館。爲了使古籍得以保存,2015 年廣州出版社出版、陳建華主編的《廣州大典·第五十五輯子部蒙學類第一冊》中同樣收錄了《正音撮要》,可以視爲最新的一個版本。

本書以光緒乙巳年本爲底本,參校光緒丁未年本和《明清俗語辭書集成》所載的道光甲午本爲輔,進行點校。

# 三

目前關於《正音撮要》的研究也逐漸增多。就所搜集到的材料,最早的研究①是呂朋林《清代官話讀本研究》(1986),他在這篇文章中簡要介紹了《正音撮要》及《正音咀華》等其他幾本讀本的體例及內容,並總結了各個讀本在詞彙、語法、文字方面的特點,但是沒有涉及語音研究。

_____

① 最早使用《正音撮要》的資料進行專題現象論證的當屬太田辰夫先生。他在 1950 年撰寫的《論清代北京話》(原載於《中國語學》34 期,陳曉翻譯后刊於《語言學論叢》第四十八輯)中,對 12 個詞及部分語音特徵在《正音撮要》及其他文獻中的呈現情況進行了描寫。但這一研究總的來說是服務於特定語言特徵的,而不是對《正音撮要》本身的研究。

二十世紀九十年代,國内學者並没有針對《正音撮要》本身展開研究,郭熙《中國社會語言學》(1999)、沈孟瓔《現代漢語理論與應用》(1999)分别在論證語言規劃、共同語的形成時對《正音撮要》的正音意識進行了介紹。而這一時期,研究較爲突出的當屬日本的兩位學者。高田時雄《中國語史的資料與方法》(1994),對比了《正音撮要》和《正音咀華》,認爲當時的北京音系裏口語音系和讀書音系並存。岩田憲幸《清代後期的官話音》(1994),從聲類、韻類以及調類三個層面對《正音撮要》音系進行研究,最後認定《正音撮要》所反映的音系是"正音"系統,又是"北音"系統,是以當時的北京音爲基礎,更確切地説是以當時的北京口語音系爲基礎,再基於"正音"觀念進行調整的一種人爲的音系。①

進入二十一世紀後,隨著學者對早期文獻的關注,《正音撮要》的研究成果日益增多。麥耘《〈正音撮要〉中尖團音的分合》(2000)認爲《正音撮要》反映的是北京語音,並根據《正音撮要》反映的音系現象,論證"尖團音的對立在齊齒呼中嚴格保持著,在撮口呼中則大多數消失,尖團合流",得出"尖團音在合併過程中的半分半合狀態"的結論。黄薇《〈正音撮要〉研究》(2014)、《从〈正音撮要〉的語音特點看清代"正音"問題》(2015)、《粤地正音書〈正音撮要〉的聲母系統》(2015)、《粤地正音書〈正音撮要〉的語音性質》(2016)利用千字文的反切,系統地構建了《正音撮要》的語音系統,歸納出其聲韻調的語音特徵。她認爲"《正音撮要》音系是具有複合性質的語音系統,其主要記録的是清代中後期讀書音與口語音並存的北京官話音,但也摻雜著一些作者的廣州方音"。

而《正音撮要》的"詞語系統主要記録了清代中後期以書面語詞爲主、兼有部分口語詞的北京官話詞語,其中亦載有一些南方官話詞語"(黄薇 2014),爲近現代漢語詞彙研究提供了詳實的素材。在目前的研究中,大多是以《正音撮要》的詞彙爲例進行專題論證的,缺少對其詞彙系統本身的歸納總結。就現有成果看,一方面是在對各類俗語、隱語、方言詞等進行源流考證、意義解釋時,以《正音撮要》中的内容作爲例證,這類研究自九十年代初就開始了,例如方齡貴《元明戲曲中的蒙古語》(1991)解釋"撒袋""打剌蘇"等詞時都用到了《正音撮要》裏的解釋。至二十一世紀後,該領域的研究變得更爲深入,表現爲對個别詞語的深入挖掘,例如内田慶市《與"您"有關的問題》(2012)、楊琳《"棒"與"老

---

① 　轉引自黄薇《〈正音撮要〉研究》,福建師範大學博士論文,2014 年,第 4—5 頁。

閨"考源》(2012)等,《正音撮要》中的資料毫無疑問地成爲有力的例證。另一方面,學者們對《正音撮要》詞彙的構詞方式(如四字組合、疊字詞等)也有論述,如蔣宗許《漢語詞綴研究》(2009)、周薦《雅俗殊途,美文同歸》(2010)等均有對《正音撮要》詞彙特點的介紹。此外,通過對各類專門詞彙,如商業用語、器物用語、傢俱用語、官職名稱、稱謂語等的歷時發展的梳理,還可以透視其背後的歷史文化特徵,例如季學源《〈紅樓夢〉服飾鑒賞》(2012)、王世襄《明式傢俱研究》(2013)、李曉軍《牙醫史話——中國口腔衛生文史概覽》(2014)、彭凱翔《從交易到市場——傳統中國民間經濟脈絡試探》(2015)等,均通過梳理《正音撮要》中的相關詞彙向我們展現了清中後期特定的社會面貌。同樣,《正音撮要》的詞彙系統也很好地再現了滿族及閩廣地區的社會生活和風俗習慣。

此外,《正音撮要》裏的對話也同樣爲我們的語法史研究提供了素材,江藍生《漢語連、介詞的來源及其語法化的路徑和類型》(2012)在論述"和"讀作 hàn 時就提到了《正音撮要》裏的例子。范慧琴《定襄方言語法研究》(2007)在論及人稱代詞的來源時同樣也用到了《正音撮要》的資料。

當然,對《正音撮要》的研究還包括官話運動、共同語基礎音的確立等方面,除去前面提的郭熙等人的論述外,近年的研究更多,包括葉寶奎《明清官話音系》(2001)、張玉來《明清時代漢語官話的社會使用狀況》(2014)、楊杏紅《日本明治時期北京官話課本語法研究》(2014)等等。

可以說,對《正音撮要》的研究將爲確認清代官話的語音基礎提供新的證據,"爲這個階段的詞彙研究添補成果,爲北京官話研究、南京官話研究以及辭書編纂等提供詳實資料,這具有豐富且重要的漢語史價值"(黃薇 2014)。

# 四

關於作者高靜亭,清代史書中並無記載。其生平履歷,我們今天僅可從他在《正音集句序》的自序中窺見一二:

> 僕生於南邑西樵隅僻之地,少不習正音,年十三隨家君赴任北直,因在都中受業於大興石雲朱夫子數年,講解經書,指示音韻,故得略通北語。及壯返里,入撫轅充當弁職,不時奉公入都,車馬風塵,廿年奔逐,南北方言,歷歷窮究。告致之後,小隱泉林,鄉族後進及附近戚友問正音者接踵而至。

僕不揣冒昧，妄爲指引，歲嘉慶庚午館於桂洲之平山堂，口談餘暇，搜集字音聲韻及尋常應酬成語撰成數卷以備觀覽，間有俚語巴言，未詳字義，惟諸君子正之，幸勿以謬妄爲哂焉。

從上可知，作者生於"南邑西樵"的偏僻之地。關於其籍貫，學者們有爭論，但基本上都認可他爲廣東人，至於具體地方，王爲民（2006）對此做過詳細考察，推定高氏乃"今廣東省佛山市南海區西樵鎮人"。

他十三歲以前是居於西樵鎮的，因而當時所習應爲廣州話。之後，隨父親到北直隸赴任，在北京居住時，師從大興朱石雲學習經書，"歷歷窮究"，遂得通官話。而高氏"廿年奔逐"，深感南北方音相殊給交流帶來的不便，就如他在自序中所言："談吐支吾，眉目不辨，講一事便指手畫脚、搖首皺眉，亦不能詳其意旨。非惟無益，反足誤事，可不慎哉？"因此，他認爲學習和掌握官話是往來南北正常溝通的基礎。更重要的是，高氏二十餘年的宦遊生涯讓他深刻瞭解到官話的掌握情況與能否求取功名、加官進爵密切相關。"故不工於官話者，平時雖有滿胸錦繡，才技超群，閭里同儕推爲巨擘，一朝大賓當前，或南腔或北調，人皆獻酬交錯，闊論高談，彼獨一語不通，一言不發，雖有切近急迫之事亦鬱結而難伸。惜哉！英雄得用武之地竟爲鈍器所阻，甚至仕途不通，冤情莫訴，慚悔自忍，咎將誰歸？"因此，他說"正音這一道，是有作爲的人斷然少不得的了"，呼籲"有志者勿視爲不急之務可耳"。而在他宦遊二十年返回故里後，恰逢鄉族後進親友近鄰都來請教官話，故於嘉慶庚午年（1810）在桂洲平山堂開館，講授官話，並著成此書。① 可見，高氏成書的原因就是爲了推廣"正音"。

那麼，何謂"正音"呢？即"俗所謂官話也"，如高氏云："一縣之中以縣城爲則，一府之中以府城爲則，一省之中以省城爲則，而天下之內又以皇都爲則。故凡搢紳之家及官常出色者，無不趨仰京話，則京話爲官話之道岸。"也就是說，不管南北方音差別如何懸殊，各地都以一個核心區的語音系統爲標準，例如一縣就以縣城語音爲准，一府就以府城語音爲准，一省就以省城語音爲准，而對於整個國家來說就是以都城語音爲准。當時，北京是全國的皇都，因此"京話爲官話之道岸"，也就是官話語音是以北京話爲基礎的。

---

① 　長澤規矩也對這部分的論述中所說的兩處地名"林泉""桂林"均與原文自序中的"泉林""桂洲"有出入。王爲民（2006）對此進行了考證。

那麼,對於初學者來說,應如何學習"正音"呢？高氏從發音和立言兩個方面給出了學習官話的建議。"人發聲有五音,唇齒牙喉舌也。""學正音者,先要五音分曉,呼發之際,當辨開口合口,正韻副韻字字和協,平上去入調叶不爽,三十韻內正副無差。音有未盡,又以子母相切而得之,務必求其極肖,於是發無不當矣。語音既成,又要於立言上講究,各處物件稱謂不同,方言成語有別,若不撇俗,則字音雖佳,立言終不合式。"也就是說,他認爲學習官話,首先要分辨唇齒牙喉舌五音,而在發五音時,又要區分語音開合,讀准聲調,正確拼讀反切。其次,在正確識別了語音的前提下,還要準確地使用官話詞彙、語法。只有做到語音準確,立言得當,方能"詳其意旨"。

# 五

就其體例來說,《正音撮要》共分爲四卷。

第一卷包括前言介紹①和正文兩大部分。前言在正音讀本的正文之前,有作者自序(正音集句序)、官話的簡述(包括"上諭一道論閩廣正鄉音"和"論官話能通行")、音理知識介紹(包含有"初學調口音""分四聲法""五音所屬""五音根本""分九音法""搜齊字典切字平俱全法""切字捷法""手談之法"等)、官話和土話的異同(即"土話同音官話異音"與"土話異音官話同音")四大部分內容。

正文則主要是短文和對話,排在後半部分。短文共包括二十段,分爲"日常、擇交、雜話、廳堂、擺設、官話品、身體、形容、稱呼、衣服、應酬雜客、病疼、動靜、訓童、珍重、鬧臭話、即景、酒食、省儉、勸學儀注",後又有一段另附的短文"見面常談",都是圍繞各自主題而展開的北京官話中的日常口語閑話。對話部分,則是以"一問一答"的形式出現的,共有六十段對話。而無論短文還是對話,如遇到難字難詞,則在字詞旁用朱色加注釋義,而對某些難字、生字的反切注音則標注在當頁的頁眉處,正對該字所出的語句。

《正音撮要》的第二、三卷是分類詞彙,收集了當時常用的官話詞語。其中第二卷有 31 類詞語,第三卷有 36 類詞語。詞語中如遇難字,則同樣在當頁頁

---

① 原文中並沒有"前言"字樣,此處是校注者爲方便稱說而採用的說法。下同。

眉處標注語音和注釋,對於一些較難理解的官話詞語,高氏還在右下角處標注粵語詞語作爲注解。這些詞語,對於我們瞭解當時的社會文化生活大有裨益。現將詞語目錄羅列如下:

卷二:天文、節序、時刻、地理、都邑、宫室、屋料、衣冠、紬緞布疋、水火、飲食、五穀、麪食、婚姻、生養、身體、動静、行走、言語、好意相與、惡意相與、笑人罵人、罵婦人、喜怒、勸戒、稱羨、稱女人、朝廷稱頌、聞人稱呼、尋常對稱、文業。

卷三:科目、官職、外官、武官、登仕應用、官物、身役、生意、農桑、女工、非爲、外教、瓜菜、飛禽、走獸、鱗介、蟲蛇、疊字、雜話、病、死喪、珍寶、雜貨、華彩、樂器、顔料、首飾、銅器、鐵器、軍器、石器、磁器、瓦器、竹器、木器、舟車、繩索、花卉、果品。

第四卷是語音部分,分爲前言和正文兩部分。前言包括"正音千字文集類"和"尋字捷法"兩塊内容。在"正音千字文集類"中,高氏簡單介紹了第四卷的編寫起因和選擇標準:"每字搜集北音,彙注眼下,以備觀覽"。在"尋字捷法"中首先化用了《千字文》中"天地玄黄""克念作聖""禮别尊卑""東西二京""務茲稼穑""沉默寂寥""寓目囊箱""嵇琴阮簫"八個典故,說明該卷是以《千字文》爲綱羅列出正文的同音字彙的。其次,高氏介紹了反切的注音方法"所註切字上一字分四聲之上下,如宇字係下四聲,則宜字亦下四聲也,昃字系上四聲則即字亦上四聲也;下一字分平上去入,如宇字系上聲則舉字亦上聲也,昃字系入聲則得字亦入聲也",同時提到"所註切音必須以正音切之"。

正文部分便是所謂的"千字文"同音字彙。千字文,僅是代稱,確切地說是三千多個同音字。而這一部分的編排是以高氏的反切爲綱的。所有同音字爲一列,每列字上面有一個反切。而如果遇到某被切字與前文某字同音,則在被切字下標注"入某字",如:

丁計切:帝<sub>入地字</sub>

胡房切:皇<sub>入黄字</sub>

書意切:制<sub>入致字</sub>

可以說,第四卷千字文部分的反切真實再現了清代中後期官話的語音面貌,爲我們研究《正音撮要》語音特點打開了一扇窗。

# 整理點校凡例

## （一）關於底本錯訛

根據其他底本和前後文可以確定的錯訛之處，直接在正文中修改並出注說明，例如：

（1）不要上①人家的檔阿，你不留心聽着，就不知道好歹了。

①底本作"土"，據丁未本改。

## （二）關於文字

書中多俗字別體，不一而足，形體無定，繁簡不一，對於文字研究和詞彙研究具有特殊的價值，我們在參考《〈清文指要〉匯校與語言研究》《朝鮮時代漢語教科書叢刊續編》等語言類古籍的整理體例後，決定採用"悉依其舊"的處理辦法，同時爲了便於讀者使用，對於一些影響閱讀和理解原文的俗字別體，在第一次出現出注說明通行字體，例如：

（2）一个人走道、站着、坐着，都要大方，不好打趔趄、塌拉鞵②、幌頭幌腦、好跳、好躓這宗走法，就不好了。

②鞵：鞋。

## （三）關於標點

底本中使用的標點符號不合規範，斷句也偶有舛誤。整理本依據《標點符號用法》，結合文義重新添加標點。此外，底本中難以辨認的字跡用符號"□"表示。書中原作者所做的注釋用符號"＊"標識。

## （四）關於注釋

脚注中無特殊符號標識的注釋均爲校注者所注，例如：

（3）正口倔音③：山沾纏　稍朝超　商張昌　沙楂差

　　③倔音，包括正口倔音和撮口倔音。正口倔音例字均爲知系字（含知組、莊組、章組），個別（次、趨）爲精組字；撮口倔音例字均爲見曉組字。

　　用＊標識者是原作者在底本中所做之注釋，例如：

　　(4)答：那④裡話呢，又來擾你嗎，今兒該我的東了，你不用費心咯。

　　④＊那，上声。

　　當以上兩種注釋同時出現時，校注者注釋在前，原作者注釋在後，例如：

　　(5)你千萬不要替他走攏⑤阿。

　　⑤走攏：走動、來往的意思。　＊走攏，行埋也。

　　只有對一些影響閱讀的北京話或粵語特色詞彙進行注釋時，才需標明詞目，其他類型的注釋不需如此。例如：

　　(6)幹事要認真。我瞧你都是胡弄局⑥，又不上前又不漏臉，怎麼巴結得上呢？

　　⑥胡弄局：敷衍了事。

　　爲方便讀者使用，所有注釋均以脚注形式插入，各頁以①起始，獨立編序。

# 目　録

# 卷 一

## 正音集句序

静亭高氏

　　子産有辭,鄭人賴之甚矣。言語之科,不可不講,而正音之務,尤不可不先也。正音者,俗所謂官話也。人無言不足以發心之情,音不正不足以達言之旨①,故不工於官話者,平時雖有滿胸錦繡,才技超群,閭里同儕推爲巨擘,一朝大賓當前,或南腔或北調,人皆獻酬交錯,濶論高談,彼獨一語不通,一言不發,雖有切近急迫之事,亦爵②結而難伸③。惜哉! 英雄得用武之地竟爲鈍器所阻,甚④至仕途不通、寃⑤情莫訴,慚悔自忍,咎將誰歸? 書有云,楚大夫欲其子之齊語也,古人爲子弟求利達之計,豈淺哉? 有志者勿視爲不急之務可耳。

　　人發聲有五音⑥,唇齒牙喉舌也。先天不齊者,造物生成,難以培補;後天不足者,習染所至,可以改更。學正音者,先要五音分曉,呼發之際,當辨開口合口⑦,正韻副韻⑧字字和協,平上去入⑨調叶不爽,三十韻内正副無差。音有未盡,又以子母相切而得之,務必求其極肖⑩,於是發無不當矣。語音既成,又要於

---

　　① 底本作"有",據丁未本改。後文"亦不能詳其意旨"同。
　　② 爵:鬱。
　　③ 底本作"仲",據丁未本改。
　　④ 底本作"甚",據丁未本改。
　　⑤ 寃:冤。
　　⑥ 五音:漢語聲母的發音部位,包括唇音、齒音、牙音、喉音和舌音。
　　⑦ 開口、合口,是音韻學上的概念,我們常以有無[u]介音來區分開合口字。有時候,人們也用"輕""重"來指稱合口、開口。
　　⑧ 根據下文的《初學調口音》等可知,正韻指一二等字,副韻指三四等字。
　　⑨ 底本作"人",據丁未本改。
　　⑩ 肖:相似。

立言上講究。各處物件稱謂不同,方言成語有別,若不撇俗,則字音雖佳,立言終不合式。談吐支吾,眉目不辨,講一事便指手畫脚、搖首縐①眉,亦不能詳其意旨。非惟②無益,反足惧③事,可不愼哉?

語音不但南北相殊,即同郡亦各有別,故趨逐語音者,一縣之中以縣城爲則,一府之中以府城爲則,一省之中以省城爲則,而天下之內又以皇都爲則。故凡搢紳④之家及官常出色者,無不趨仰京話,則京話爲官話之道岸。

僕生於南邑西樵隅僻之地,少不習正音,年十三隨家君赴任北直,因在都中受業於大興石雲朱夫子數年,講解⑤經書,指示音韻,故得畧⑥通北語。及壯返里,入撫轅⑦充當弁⑧職,不時奉公入都,車馬風塵,廿年奔逐,南北方言,歷⑨歷窮究。告致之後,小隱泉林,鄉族後進及附近戚友問正音者接踵而至。僕不揣冒昧,妄爲指引,歲⑩嘉慶庚午館於桂洲之平山堂,口談餘暇,搜集字音聲韻及尋常應酬成語,撰成數卷,以俻⑪觀覽⑫。間有俚語巴言,未詳字義,惟諸君子正之,幸勿以謬⑬妄爲哂焉。

# 上諭⑭一道諭閩廣正鄉音
## 抄錄《廣東通誌》第一部第六十六篇

上諭:凡官員有蒞民之責,其言語⑮必使人人共曉,然後可以通達民情,熟悉

---

① 縐:皺。
② 底本作"推",據丁未本改。
③ 惧:誤。
④ 搢紳:縉紳。
⑤ 解:解。
⑥ 畧:略。
⑦ 撫轅:巡撫衙門。
⑧ 弁:舊時稱低級的武官。
⑨ 歷:歷。
⑩ 歲:歲。
⑪ 俻:備。
⑫ 覽:覽。
⑬ 謬:謬。
⑭ 據淸阮元《廣東通志》,該上諭發佈於雍正六年(1728)。
⑮ 《廣東通志》等文獻中"言語"均寫作"語言"。此處"言語"更妥當些。

地方事宜,而辦理無惧。是以古者六書之制,必使諧聲會意嫻①習語音,皆所以成遵道之風,著同文之治②也。朕每見大小臣工③,凡陳奏履歷之時,惟有廣東福建兩省之人仍係鄉音,不可通曉。夫伊等以現登仕籍④之人,赴部演禮之後⑤,其敷奏對揚,尚有不可通曉之語,則赴任他省,又安能於宣道訓諭⑥,審斷詞訟,皆歷歷清楚,使小民共知而共解乎?官民上下言語不通,必致胥吏從中代爲傳達,於是添⑦飾假借,百獘⑧叢生,而事理之貽誤者多矣。且此兩省之人,其言語既皆不可通曉,不但伊等歷任他⑨省,不能深悉下民之情,即伊等身爲編氓,亦必不能明白⑩官府之意。是上下之情,捍格不通,其爲不便實甚。但語音自幼習慣,驟難改易,其必⑪徐加訓導,庶幾歷久可通。應令廣東福建兩省督撫轉飾⑫所屬各府州縣有司及教官,遍爲傳示,多方教導,務祈言語明白,使人通曉,不可仍前習爲鄉談。則伊等將來引見殿陛奏對,可以解明,而出仕他方,民情亦易於通達矣。特諭。

----

①　嫻:嫻。《廣東通志》作"嫻"。嫻,嫻習、嫻熟。

②　中原政治體系中,"同文"自古以來都被標榜爲"大一統"的體現,換句話說就是,用漢語文去教化邊疆各民族,是一種"用夏變夷"之道。但自元朝開始,"同文"的概念有了新解,當時,漢文、畏吾體蒙文、八思巴文乃至波斯文、畏兀兒(回鶻)文的並行被贊許爲"皇朝一代同文之治"。這一理念又被清朝前期諸帝所繼承,凸顯"同文之治","以彰千古同文之盛",至乾隆達到頂峰。

③　《廣東通志》作"朕每引見大小臣工"。下文也有"伊等將來引見殿陛奏對"的說法。"引見",接見、召見之意,此處指的是清朝中下級官員由部引見皇帝。

④　舊時記載官員名籍的冊子。

⑤　《廣東通志》、清施鴻保《閩雜記》等文獻中寫作"經赴部演禮之後"。演禮,指的是預習朝見皇帝的禮。清代中下級文武官員,凡因候補、候選或其他事由到京由部引見皇帝之前一日,都須赴部學習引見時朝見皇帝的禮儀,稱爲演禮。文官赴吏部、武官赴兵部演禮。如《官場現形記》第二十六回:"看看已到了引見之期,頭天赴禮部演禮。"

⑥　《廣東通志》及其他文獻中多作"宣讀訓諭"。

⑦　添:添。丁未本作"添"。底本中大多寫作"添",部分寫作"添",照録。

⑧　獘:獘。

⑨　底本作"地",據丁未本改。

⑩　底本作"自",據丁未本改。

⑪　《廣東通志》及其他諸多文獻中寫作"必其"。

⑫　飾:飭。《廣東通志》作"轉飭"。"飭",古同"敕",告誡、命令之意。

# 論官話能通行

　　《康熙字典》有云，鄉談豈但分南北，每郡相鄰自不同。葢①謂天下州郡，各有鄉談土②語，這府縣的人就不曉得那府縣的人說話，各省皆是，非獨閩廣爲然。余嘗經過江南③、浙江、河南、兩湖地方，一處處方言土語不同，就是他們鄰府鄰縣的人也不通曉。惟有經過水陸大馬頭④，那些行戶買賣人都會說官話，但他望⑤他的街坊的人說土話，我們又一句都董⑥不得了。後來進京住着，更竒⑦怪了，街上逛⑧的人多着呢，三五成羣唧唧呱呱打鄉談⑨，不知他說什麽，及至看他到店⑩裡⑪買東西，他又滿嘴官話，北話也有南話也有，都說得清清楚楚的。問起他們來，據說各省鄉邨⑫的人要想出門求名求利，沒有一个不學官話的，不學就不能通行了。但是各省人口音多是端正，他說官話不覺爲難，人都易董。獨閩廣兩省人口音多不正當，物件稱呼又差得遠，少年又不肯學，臨到長大就說不出來，多等做了官，還爲這官話躊躇的呢。所以上諭單爲這兩省起見阿。又聽見說，從前本處并没人教官話、學官話這一門的事。自從有了上諭，各人纏忙着⑬要學，街上童蒙館的標紅⑭纏有"兼授正音"的字樣。可見正音這一道，是有作爲的人斷然少不得的了。

---

　①　葢：蓋。
　②　底本作"上"，據丁未本改。下文"他望他的街坊的人說土話"同。
　③　江南：指清代的江南省。
　④　馬頭：碼頭。
　⑤　望：向、和。
　⑥　董：懂。
　⑦　竒：奇。
　⑧　底本作"逛"，據丁未本改。
　⑨　打鄉談：說方言，說家鄉話。
　⑩　底本作"底"，據丁未本改。
　⑪　底本作"裡"，據丁未本改。
　⑫　邨：村。
　⑬　底本作"有"，據丁未本改。
　⑭　標紅：以紅紙大字公告，意即蒙學館用大紅紙張貼到街上的海報公告之類的。蔡豐明《江南民間社戲》(臺灣學生書局 2008)："屆時多有大戲演出活動。……事先頭家到茶館中與戲班頭首定戲，并以大紅紙寫成海報，張貼演戲之處，俗稱此爲'標紅'。"

# 初學調口音①

五音之中，有正有副，有全有偏，有輕有重，有開有合。恐初入手一時難明，姑就淺易者各指數字，以調口音，便可推類。

正口②尖音③：

三簪參　騷遭操　桑臧倉　撒咱擦　西賫棲　思茲詞　搜鄒愁　星精青蘇租粗

正口倔音④：

山沾⑤纏　稍朝超　商張昌　沙楂差　施知痴　次車趨　收周抽　聲征稱書諸初

撤口⑥尖音：

先煎千　蕭蕉瞧　相將鎗　襄節切

撤口倔音：

賢堅牽　嚚嬌橋　香江腔

正舌音⑦：

勞刀桃惱　拉難蘭

撤舌音：

---

① 初學調口音，用簡單的例字說明基礎語音知識，類似發音基礎入門手冊。

② 就作者所列的十四種音類來看，正口包括正口尖音、正口倔音、正舌音、正唇音，根據例字在中古的音韻地位，除正口尖音中的部分例字外，其他正口音均爲開口一二等字，即現代的"開口呼"。

③ 尖音，包括正口尖音和撤口尖音，例字均爲中古精組字，僅個別字（搜、鄒、愁、鎗）爲莊組字。

④ 倔音，包括正口倔音和撤口倔音。正口倔音例字均爲知系字（含知組、莊組、章組），個別字（次、趨）爲精組字；撤口倔音例字均爲見曉組字。

⑤ 底本和丁未本均作"沾"，據音類改。

⑥ 撤口，與正口相對，包含撤口尖音、撤口倔音、撤舌音、撤唇音，根據其例字可知，撤口指的是開口三四等字，即現代的"齊齒呼"。

⑦ 舌音，指的是端組字。正舌音，是開口呼；撤舌音，除"來"字外，都是齊齒呼。

寮凋①条鳥　來年連②

大捲唇音③：

傳穿酸算攢端床雙裝帥

小捲唇音④：

權圈宣選全

正唇音⑤：

包班蠻慢攀拋

撤唇音⑥：

標邊綿面⑦偏飄

輕唇音⑧：

夫府佛法番房

喉音⑨：

河合哼寒海

喉音滿口字⑩：

湖虎火囘⑪惠花話懷還

喉舌并用音⑫：

安愛傲惹熱車而二摭厄舍舌這折

---

① 底本作"周"，據丁未本改。從其音韻地位看，應爲"凋"。

② 底本作"運"，據丁未本改。從其音韻地位看，應爲"連"。

③ 從聲母上看，大捲唇音例字大都是知系或精組字，僅"端"字例外（端母）；從韻母上看，大都是山攝字，部分爲宕江攝字，僅"帥"字例外（止攝字）；從開合口上看，大都是合口一三等字，三个字（床、雙、莊）爲開口。現代發音都是合口呼。

④ 小捲唇音例字均爲見組、精組山攝合口三等字。現代發音都是撮口呼。

⑤ 正唇音例字都是幫組效、山攝開口二等字。現代發音都是開口呼。

⑥ 撤唇音例字都是幫組效、山攝開口三四等字。現代發音都是齊齒呼。

⑦ 面：面。

⑧ 輕唇音例字都是非組合口三等字。

⑨ 喉音指的是見系字。

⑩ 滿口字指的是合口字。

⑪ 囘：回。全書大部分地方寫作"囘"，部分寫作"回"，照錄。

⑫ 喉舌并用音例字是中古影、疑母和章組字。

一字兩呼①:

學角脚落薄藥宅窄摘麥翟百白鶴覺杓畧

一字三呼:

色着得

# 分四聲法②

平聲平道莫低昂,上聲高呼猛烈强,去聲分明哀遠道,入聲短促急收藏。

# 五音所屬

宮宮宮,舌居中;商商商,口開張;角角角,舌捲却;徵徵徵,舌頂齒;羽羽羽,撮口語。

# 五音根本

脣音:平波鋪壁白

　　　飛粉發芬芳

齒音:夕晴消積雪

　　　早靜翠蒼松

牙音:堅根該結驥

　　　佳客見高車

喉音:河亨含皓鶴

　　　海合賀紅荷

---

①　一字兩呼、一字三呼指的是多音字,一个字有兩个或三个讀音。

②　這裏是對四聲發音特點的描述。這部分以及下面的"五音所屬""五音根本""分九音法"等都是一般的音韻知識,與本書的音系特徵並無直接關係。黃薇在《〈正音撮要〉研究》(福建師範大學博士學位論文,2014)中認爲,作者之所以選擇放在卷首是爲了用一般理論知識來表示自己所撰之書的正式、規範。

舌音:丁寧當點①的
　　　弩力妥調停②

# 分九音法

### 備載字典首部

見溪郡③疑是牙音,端透定泥舌頭音,知徹澄娘舌上音,幫滂並明重唇音,非敷奉微輕唇音,精清從心邪齒頭,照穿狀④審禪正齒,影曉喻匣是喉音⑤,來日半舌半齒音,後習學者自分明。

## 搜齊字典切字平仄俱全法

| | | | | | | |
|---|---|---|---|---|---|---|
| 見工 | 郡工 | 溪窮 | 窮 | 峂 | 疑峂 | 牙音 |
| 端東 | 定東 | 透通 | 同 | 噥 | 泥娘農 | 舌音 |
| 幫繃 | 並繃 | 滂烹 | 朋 | 蒙 | 明蒙 | 重唇音 |
| 精宗 | 宗 | 清蔥 | 從松 | 心崧 | 邪㑲 | 尖齒音 |
| 照知中 | 狀澄中 | 穿徹冲 | 虫 | | 審崇　禪崇 | 偏齒音 |
| 曉空 | 匣洪 | 影翁 | 喻翁 | | | 喉⑥音 |
| 非敷風 | 奉馮 | 敷嗡 | 微嗡 | | | 輕唇音 |
| 窿 | 來隆 | 雍 | 日容 | | | 半舌半齒音 |

讀法:每音作一句讀,如牙音云"工工窮窮峂峂"是也。上"工"字讀上平

---

① 點:點。
② 從例字上看,此處指的是舌頭音端母字以及半舌音來母字。
③ 郡,通常稱群母。
④ 狀,通常稱牀母。
⑤ 底本作"畜"。
⑥ 底本作"喉",據丁未本改。

聲,下"工"字讀下平聲,餘做①此。熟讀平聲,又用上去入聲讀,亦分上下。然後用之切字。切字之法,先立標,後射標,如"天"字,他年切,先以"工他"合切得"家"字,用"家"字譜"工"字音,讀至"通"字即"他"字,即以"通"爲標。後以"工年"合切得"堅"字,用"堅"字譜"工"字音,讀至"通"字即"天"字,即射中標也。舉此爲式,餘可類推。②

# 切字捷法③

| 工京堅④ | 工競健 | 窮傾〇 | 窮擎乾 | 峣哦〇 | 峣〇〇 |
| 東丁顛 | 東定殿 | 通聽天 | 同停田 | 噥儜〇 | 農寧年 |

---

①　做:仿。

②　這裏所介紹的"切字之法"即民間的一種猜字遊戲——射字法。射字,又稱射標,本爲闡明反切原理或由韻圖出切的方法,後來以此作爲練習等韻的語音遊戲。宋趙與時《賓退錄》:"俗間有擊鼓射字之伎,莫知所始。蓋全用切韻之法。該以兩詩,詩皆七言。一篇六句四十二字,以代三十六字母,而全用五支至十二齊韻,取其聲相近,便於誦習。一篇七句四十九字,以該平聲五十七韻,而無側聲。如一字字母在第三句第四字,則鼓節先三後四。叶韻亦如之。又以一、二、三、四爲平、上、去、入之別。亦有不擊鼓而揮扇之類,其實一也。"元陶宗儀《南村輟耕錄》裏也有"射字訣"的記載:"其法,七字詩十二句,逐句排寫,前四句括定字母,後八句括定叶韻。""擊鼓射字"或"拊掌射字"就是根據"反切"的原理,把漢字的反切按聲、韻、調來編碼,編寫成射字詩,然後用鼓點或拍手的次數把信息傳遞給對方,明清時期的一些讀書人樂此不疲。射字法對於練習掌握反切是有一定的作用的,正如《李氏音鑒》中所說:"然由此而求切音,則事半功倍,易如反掌,是亦求音之借徑也。"明代戚繼光還將這種方法進一步應用到了軍事密語上,《戚林八音》中有詳細記載。可以説,射字法是傳統反切法在實際生活中的應用。

③　該部分的例字與上一部分中的一致,可以結合起來分析《正音撮要》的聲母系統。當然,要瞭解全貌,還需結合卷四的反切千字文才行。

④　在這部分中,每個例字下所注的都是助紐字。所謂"助紐"是指"説明出切的雙聲字"。助紐最早始於《玉篇》卷首的《切字要法》,唐朝以前,"人們對於從反切來拼讀一個字音還感到陌生,往往要援引雙聲(及疊韻)的老辦法,用一些雙聲字配合反切來拼讀字音,這些用來幫助反切拼讀(古人叫做'出切')的字便是一般所稱的'助紐字',如《玉篇》和《韻鏡》卷首所附的因煙、人然、新鮮、錫涎、迎研、零連、清千、賓邊、經堅等。古人要拼切一個字音,例如要切一個'邦'(悲江切)字,往往就要説成'江,悲賓邊邦'……這些助紐字要背得滾瓜爛熟,拼起來才流利便捷。這就是古代所説的'切字要法'"(引自李新魁《漢語等韻學》,中華書局 2008 年,第 31 頁)。助紐字的主要作用就是用來幫助拼讀反切,在高氏的"切字捷法"中,很多助紐字(如"輕牽""丁顛""靈連"等)都是引自《切字要法》。

| | | | | | |
|---|---|---|---|---|---|
| 繃兵邊 | 繃立辨 | 烹娉偏 | 朋平便 | 蒙〇〇 | 蒙明棉 |
| 宗精箋 | 宗靜賤 | 蔥清千 | 松情前 | 崧星仙 | 慫〇〇 |
| 中征氈 | 中直①〇 | 冲稱燀 | 虫程廛 | 崇聲挺 | 崇成禪 |
| 空輕牽 | 洪慶〇 | 翁咽〇 | 翁〇〇 | 風呶〇 | 馮〇〇 |
| 喩〇〇 | 喩榮〇 | 隆〇〇 | 隆零連 | 雍英烟 | 容迎然 |

法本自《玉篇》，其用圈者，有音無字也。先熟讀音字俱有者，則有音無字者亦冲口而出，然後用之切字，子母合調，不離其宗，而字音得矣。

# 手談之法②

此法既熟，音韻分清，不但官話有益，且能隔壁敲語矣

## 各音全

| 1③英 | 2 聲 | 3 傾 | 4 慶 | 5 敬 | 6 哦 | 7 呶 | 8 寧 |
|---|---|---|---|---|---|---|---|
| 9 榮 | 10 星 | 11 聽 | 12 請 | 13 兵 | 14 稱 | 15 靜 | 16 征 |
| 17 明 | 18 力 | 19 咽 | 20 評 | 21 扃 | 22 丁 | 23 呓 | 24 呶 |

## 各韻全

| 1 宣 | 2 威 | 3 幾 | 4 處 | 5 盡 | 6 封 | 7 侯 | 8 掌 |
|---|---|---|---|---|---|---|---|
| 9 得 | 10 英 | 11 符 | 12 鎮 | 13 錦 | 14 州 | 15 管 | 16 教 |
| 17 前 | 18 師 | 19 剛 | 20 發 | 21 駕 | 22 雛 | 23 回 | 24 解 |
| 25 甲 | 26 赶 | 27 科 | 28 頭 | 29 朝 | 30 靴 | 31 唔 | 32 咙 |
| 33 好 | 34 劍 | 35 棒 | 36 遮 | 37 吾 | 38 在 | 39 敢 | 40 遊 |

---

①　直：直。

②　這部分應是高氏對音系的歸納，分別是聲、韻、調系統，即有 24 個聲母、40 個韻母、8 個聲調（雖然高氏說湊成十聲，但實際只有 8 個）。粵語的聲調系統則較爲複雜，據現在的粵語方言來講，9 調、10 調、11 調都有，高氏的"湊成十聲"，可能是以粵語的音系框架爲參照的。

③　原文序號作"｜、‖、Ⅲ、Ⅹ、ㄅ、亠"等，是蘇州碼子的數字表示法。整理改作阿拉伯數字。蘇州碼子，中國早期民間的"商業數字"，也是目前唯一還在使用的算籌系統。

湊成十聲

1平① 　2上　 3去　 4入　 5平　 6上　 7去　 8入

9○　　 10○②

先向音內取音，再向韻內取韻，兩下切出字音，係某字口氣，然向平仄行內，從頭呼下，便尋出本字。

# 土話同音官話異音

不能盡舉，每音只指數字，以見異同

| | | | |
|---|---|---|---|
| 習雜集 | 兄輕興 | 文民 | 墓務 |
| 榮營 | 員懸完鉛沿 | 角覺閣 | 瑞遂 |
| 論吝紊 | 俊進 | 因甄恩欣 | 六鹿綠 |
| 陰欽 | 谷菊 | 紹肇 | 輡③橄核 |
| 玉褥肉 | 葵携 | 義二 | 詳牆 |
| 襪勿密 | 戲氣 | 雅瓦 | 渾混 |
| 忍引 | 司師書 | 温昏薰 | 賢焉 |
| 喜起 | 誰垂 | 匡康腔 | 火夥顆 |
| 骨橘 | 雄紅 | 佛乏 | 酸宣孫 |
| 樓流 | 理履 | 屈鬱 | 石碩 |
| 九狗 | 走酒 | 軒牽 | 刎挋 |
| 雍翁 | 院縣 | 君昆 | 貴季 |
| 跟斤 | 成繩 | 忙忘 | 聯鑾 |

---

① 這裏的兩組"平上去入"是分陰陽的，即所謂的"四聲八調"。

② 底本中 9、10 兩調僅有標號，即所謂湊成十聲，而這裏的十聲應爲依廣東地區方言而說。

③ 輡：輨。

| | | | |
|---|---|---|---|
| 考巧 | 肌①黌 | 訓糞 | 衡行 |
| 如魚 | 慶興 | 綫薛 | 倫麟 |
| 墨麥 | 拔弼 | 哭曲 | 碍外 |
| 臘立 | 空凶 | 律栗 | 綱江 |
| 刀丟 | 客嚇 | 神臣 | 筆不 |
| 蟒網 | 母舞 | 言然 | 議耳 |
| 虎苦 | 昌窗 | 搆究 | 鶴學 |
| 超昭 | 雙商相 | 虢隙 | 喧圈 |
| 優休邱 | 爲遺 | 汛信 | 慢萬 |
| 內耐 | 位惠 | 刻黑 | 巡秦 |
| 鹹函 | 宅擲 | 謨無 | 微迷 |
| 宜兒 | 尋琴 | | |

## 土話異音官話同音

| | | | |
|---|---|---|---|
| 垆②焉沿言詹 | 連聯廉 | 使齒屎矢 | 教覺叫③ |
| 以蟻倚議 | 實射十石④失食濕式 | 尉諭芋 | 兼堅監奸 |
| 眞甄針 | 奚携兮時 | 必鼻弼碧筆 | 既季計 |
| 積疾集籍 | 傳船椽 | 一乙日 | 執擲職直姪⑤秩 |
| 鷄溪基 | 偉委尾 | 李禮裡 | 利隸⑥麗 |

---

① 肌:胤。丁未本作"㕥",均爲"胤"的異體字。
② 垆:鹽,底本作"益",據丁未本改。
③ 叫:叫。
④ 底本"十石"誤作"若",據丁未本改。
⑤ 姪:侄。
⑥ 隸:隸。

| | | | |
|---|---|---|---|
| 吉徵①急極及展②<br>級亟 | 沉陳臣 | 至制治滯 | 帝地弟 |
| 牽謙慳 | 憲縣餡陷現 | 位魏未 | 雁厭燕見 |
| 玉鬱預 | 含寒函 | 意藝嶬易異 | 移遺宜 |
| 舍設射折舌 | 栗③力立 | 晚碗挽 | 健見劍儉鑑諫 |
| 木墓幕 | 婿敍續絮 | 萬玩腕 | 往罔枉 |
| 色瑟塞 | 句具聚 | 甘干 | 益揖 |
| 河和 | 惡惧務 | 答達踏 | 安菴 |
| 摺料 | 愼甚 | 歲碎遂 | 器契 |
| 蘭藍 | 露鹿 | 閏孕 | 鐲着涿④ |
| 豈啓 | 頑丸⑤ | 勤琴 | 澄成 |
| 咳尅客 | 顏然 | 男難 | 鶯英 |
| 金巾 | 結劫杰 | 鄰林 | 眼演⑥ |
| 割鴿 | 無梧 | 叔執術 | 前潛 |
| 容榮 | 國虢 | 武五 | 賢閒嫌鹹 |
| 纏蟬 | 勇永 | 或獲 | 影穎⑦ |
| 最醉罪 | 山衫 | 捱呆 | 屈曲 |
| 節接 | 天添 | 胡核 | 葉夜 |
| 四寺 | 飽寶 | 出黜⑧ | 淡蛋 |

---

① 徵:激。丁未本作"激"。
② 展:屐。
③ 底本作"呆",据丁未本改。
④ 涿:涿。
⑤ 底本作"九",據丁未本改。
⑥ 底本作"潢",據丁未本改。
⑦ 穎:穎。
⑧ 黜:黜。

| | | | |
|---|---|---|---|
| 侵親 | 窮瓊 | 眉梅 | 烟鴛 |
| 曰月 | 深身 | 物兀 | 心新 |
| 田甜 | 糸①餐 | 橫衡 | 妾切 |
| 賃吝 | 因音 | 咱雜 | 八拔 |
| 美每 | 爲危 | 磕売 | 野也 |
| 王忘 | 行形 | 項向 | 可顆 |
| 宰崴 | 襲隙息席 | | |

# 習話定式

　　初學官話，先要正口音，後譜聲韻，學南話則歸南腔，學北話則歸北腔，不可一段②話之中，一句南一句北，更不可一句話之中，有南字又有北字，便覺生硬難聽，必要聲韻相叶，伶牙利齒，然後更換成語，博覽稱謂③。習話之法，先從一兩句至三五句，至十餘句，覺得順利，再以曲折事由，三五十句，成套講得，首尾相照，聽者了然，然後謂之成功。今撰④成閒話二十段於後，宜熟讀多講，自可生發話機。⑤

# 正音讀本

南海高靜亭依韻較著

## 二十段目錄

| 日常 | 擇交 | 雜話 | 廳⑥堂 |
|---|---|---|---|

---

①　糸：參。
②　叚：段。
③　稱謂：名稱。
④　撰：撰。
⑤　底本中，成段的語篇裏都有句讀，用紅色的"○"表示。丁未本同，但兩个版本的句讀並不完全一致。今點校本中的標點爲校注者所加，與上述兩个版本不完全相同。
⑥　廳：廳。

| | | | |
|---|---|---|---|
| 擺設 | 官品 | 身體 | 形容 |
| 稱呼 | 衣服 | 應酧①雜客 | 病疼 |
| 動靜 | 訓童 | 珍重 | 鬧臭詻 |
| 即景 | 酒食 | 省儉 | 勸學儀注 |

附:見面常談

以下隨手登記作一問一答以練口腔,亦要多習多讀方能成功,俗云"拳不離手,曲不離口","三日不彈手生荊棘",而三日不談口亦生荊棘矣。茲將目錄列左,以便撿閱。

甲:拜年　怕冷　看燈　行遠路　見人美服　聞②人打鬥

乙:點燈　裱窗　着衣服粗　嫌人惡意　嫌人講細話　難相與

丙:笑無事忙　上茶館　新手做事　笑人貪酒　嫌沒好菜　遇人過門前

丁:笑人輕狂　求人做密事　做事不密　孩子訴苦　嫌人講大話　嫌人携烟③袋

戊:不顧家　偪④人做事　不理地方　老人兒戲　做生意不前　鬧小旦⑤

己:誠嫖　警嫖　論做官　誇好官　誠刻薄　嫌人掏氣⑥

庚:說人疲纏　說人起腔勢　留客　送行　老人怕⑦吃硬　擇友

辛:看人寫⑧字　誠亂食　打彈弓　說貓懶　女子看狗　起得晏

壬:叫人讓路　老媒　送嫁　懶做事　評論好歹　看跑馬

癸:消食　放風筝　謙話　添壽　勤業　求名

## 第一段　日常

清早起來,叫孩子們掃掃地,澆澆花,熬水洗臉,泡碗好茶吃吃。没有事的

---

① 酧:酬。
② 底本字迹不清,據丁未本補。
③ 底本作"硯"("硯"的異體字),據丁未本改。
④ 偪:逼。
⑤ 小旦:戲劇行當中的一類,主要是女性角色。
⑥ 掏氣:淘氣。
⑦ 底本作"伯",據丁未本改。
⑧ 寫:寫。

時候,看看書,寫寫字,三兩個斯文朋友作個詩、下個圍棋①解解悶兒,就可以過得日子了。到了下午,拉幾髈②弓,射③幾條箭,把這身筋骨活動活動,人又有精神,又長④勁,這都是好事。不要往外頭貪頑⑤,不要掏⑥氣,不要打架辯嘴⑦,不要多事,不要鬧酒,不要過家⑧。我說的話,一點兒錯的都沒有阿,你要聽⑨着,不要忘記⑩了阿。

# 第二段　擇交

一个人出來相與⑪朋友,總要帶雙眼睛,見了那⑫些正經人,講禮義的、謙和的、老實的、董得規矩的、有良心的、見過時面的、有才情的、有本事的、可以靠得住的,你纔⑬好替⑭他相與,跟着他走,恭敬他,不好待慢他。有善相勸,有事相挈⑮,便大家有益了。若瞧見了那些不好人,一點兒本事都沒有,一把光棍嘴⑯哄騙人家,又不好脾氣,全幹些混帳的事,又⑰不董眼⑱,又不顧臉⑲,又討⑳人嫌,人㉑家

---

① 恭:綦。
② 髈:同膀,此處用作量詞。＊髈,比朗切。
③ ＊射,音石。
④ ＊長,上声。生力也。
⑤ 頑:玩。
⑥ ＊掏,反科也。
⑦ ＊辯嘴,角口。
⑧ 過家:方言詞,串門子。如劉萬章《廣東潮陽的兒歌》(《歌謠》1936 年 2 卷 8 期):"好個姿娘店房內,不好姿娘好~。"
⑨ ＊聽,平声,下同。
⑩ 底本作"鈍",據丁未本改。
⑪ 相與:相處,相交往。
⑫ ＊那,去声。
⑬ ＊纔,清哉切,下同。音才。
⑭ 替:和、跟。如《西遊記》第九十三回:"天下多少斯文,若論起肚子裏來,正替你我一般哩。"
⑮ 挈:幫。＊挈,遘旁切。
⑯ 光棍嘴,指總說假話騙人。該詞多出現在南方方言俚語中,并不見于北京話材料。
⑰ 底本作"反",據丁未本改。
⑱ 懂眼:有眼色。
⑲ 顧臉:顧面子,要面子。
⑳ ＊討,乞也。
㉑ 底本脫"人"字,據丁未本補。

罵他，他也不駮臊①，這樣的人我瞧見了就惱了他。你千萬不要替他走攏②阿。你若替他走攏，他就拐騙③你的銀子錢還不打緊，他還要悮你的事，生出許多事來，許多是非來，有甚麼④便宜呢？從今以後，你要打主意⑤纔好阿！

# 第三段　雜話

　　人最要緊是說話。你瞧那些有名色⑥的人，分外不同。他說出的話總是出經入典，有文雅氣，自不用說咯。他就隨口說句把尋常的話兒，也覺得大方有體局⑦。不驕傲，不下作，人家聽了，自然誇他會說話了。然而正經話固然要聽，就是市井上那些閒雜人等的話，也要放長耳腄⑧聽聽。雖然不必學他，也要知道各處風俗，怎麼⑨是笑話，怎麼是村⑩話、粗話、邪話⑪、虐薄話⑫、奉承人的話、笑罵人的話。人家說出來，你不董得，就成了個趄条子⑬了。你聽着哪⑭老實人、忠

---

　　① ＊不駮臊，不怕醜也。

　　② 走攏：走動、來往的意思。＊走攏，行埋也。按：行埋，方言詞，意思是走在一起。《佛山傳統民謠輯注·龍舟舟》：“龍舟舟，出街游，姐妹行埋莫打鬥。”

　　③ ＊騙，匹見切。

　　④ 麼：麼。

　　⑤ 打主意：拿定主意。

　　⑥ 名色：名目、名稱，此處指有頭銜、有地位的人。如“各國有名色人位二坐”（引自《郭嵩燾全集·史部四》，岳麓書社 2013 年，第 95 頁）。

　　⑦ 體局：器量、人品的意思。

　　⑧ ＊腄，音朶；腄，丁果切。原文注釋部分誤作“睡”，丁未本“朶”誤作“奈”。腄，《説文解字》：“瘢胝也。从肉垂聲。竹垂切。”卷二中有“耳朵”。

　　⑨ 怎麼：怎麼樣，什麼。

　　⑩ 底本作“有”，據丁未本改。村話，粗野的話。《紅樓夢》第二十六回：“外邊聽了村話來也說給我聽。”

　　⑪ 邪話：怪話，邪氣的話，輕薄話。

　　⑫ 虐薄話：刻薄話。

　　⑬ 趄，底本作“起”，據丁未本改，下同。趄條子：《三俠五義》《七俠五義》等小說中常常出現，寫作“怯條子”。岳國鈞主編《元明清文學方言俗語辭典》（貴州人民出版社 1998 年）：“怯條子，又作怯殼兒、怯砍兒，指土裏土氣的人。”高艾軍《北京話詞典》（中華書局 2013 年）中除“怯殼兒”外還收錄了“怯勺”“怯頭怯腦”等詞條，都是指土氣、沒見過世面、知識淺薄的人。＊山毒之意。

　　⑭ ＊哪，曩何切。

厚人、斯文人、正派人、體面人、能幹人、有能耐的人,這都是誇獎人的名目①咯。糊闇人、糊塗人、拐骨人②、儮頭③人、無三不四人、冒失④鬼、光棍漢、奸猾人,這都是不好人的名目咯。還有大街上那些說笑話的、罵人的,也就多着呢。雖然不是甚麼正經話,也要知道他是罵人阿。你可要聽聽呢。大街上有一宗⑤人,總要撒謊⑥糊嗄⑦,造謠言,說肖皮⑧話,鬧鴈兒孤⑨,好戴炭簍子⑩,又不禁⑪頑⑫笑,惱起來就遭撻⑬人、挖窟⑭人,又要稱臉⑮稱能⑯,好翻臉,抹下臉來認不得

---

① 名目:名稱。

② 拐骨:有拐心眼。

③ 儮頭:方言詞,罵人鄙賤低劣、軟弱無能、膽小怕事、沒有骨氣,亦作"屪頭"。＊儮,殘去声。按,底本注音後有釋義,但辯識不清。

④ ＊莽撞。

⑤ 一宗:一種。下文也有"做成那宗輕薄相、輕骨頭的樣兒"。

⑥ ＊講大話。謊,呼晃切。

⑦ ＊如夢話。嗄,千尋切。

⑧ 肖皮:俏皮。

⑨ 金受申《北京話語彙》(商務印書館 1961 年):"'鴈兒孤'也有寫作'醶兒咕'等,刺耳難聽,把人困倒的意思。"高艾軍等《北京話詞典》:"厭兒咕,本作醶兒咕。挖苦提弄。"如《七俠五義》第四十九回:"獨有那姓蔣的……他還說動話兒,鬧鴈兒孤,尖酸刻薄,怎麼配與我老趙同堂辦事呢?"＊嘲笑之甚。

⑩ 炭簍子:舊時裝木炭用的圓形長簍子,猶如高帽子。《紅樓夢》第六十一回:"給他个炭簍子帶上,他什麼事不應承?"戴炭簍子,說奉承話。＊高帽也。簍,朗口切。

⑪ ＊禁,居音切。

⑫ 頑:頑。

⑬ 遭撻:詆毀別人。據徐世榮《北京土語詞典》(北京出版社 1990 年),亦作"糟蹋、糟踐、糟害、糟改"等。

⑭ 挖窟:挖苦。＊挖窟,搜人短處。

⑮ 稱臉:逞臉。董樹人《新編北京方言詞典》(商務印書館 2010 年):"[逞臉]恣肆、放肆。"高艾軍等《北京話詞典》:"[逞臉]嬌縱、縱容。"晁瑞《〈醒世姻緣傳〉方言詞歷史演變研究》(中國社會科學出版社 2014 年):"逞臉,出風頭。"如《醒世姻緣傳》第二十二回:"(晁思才)罵自己的老婆道:'老窠子!你休逞臉多嘴多舌的!'"《紅樓夢》第七十四回:"你就狗仗人勢,天天作耗,在我們跟前逞臉。"

⑯ 稱能:逞能。董樹人《新編北京方言詞典》"[逞能耐]顯示自己有本事。"徐世榮《北京土語辭典》(北京出版社 1990 年)中寫作"充能耐"。

人，罵起人來就撒村①，滿口忘八是的②、忘八崽子、猴兒崽③子、俫④攘⑤的、狗攘的、囚攘的、混帳攘的、草雞⑥毛、忘八羔子⑦、趔条子⑧、趔未子⑨、栗巴頭⑩、無二鬼⑪、毛包⑫子、掗⑬刀的、撈毛的⑭、扯皮条的、當兎子的⑮、婊子養的、滾罷、滾且罷⑯，他不住口兒罵人家這一頓，你也要知道，不要上⑰人家的檔⑱阿。你不留心聽着，就不知道好歹了。

## 第四叚　　廳堂

人⑲住的地方，總是要乾淨。頭門、二門、偏門、門框子⑳、門楣、門閫㉑、門枕

---

① 撒村：指說話粗野不文明。

② 是的：似的。

③ ＊哉上声。

④ ＊俫，息恭切。

⑤ ＊攘，乃党切。

⑥ ＊雞母形。

⑦ ＊仔也。

⑧ ＊山毒之意。

⑨ ＊同上。

⑩ ＊笨木頭。

⑪ ＊偷騙下作。

⑫ 毛包：心直口快、性情豪爽、行動卤莽的人（據高艾軍等《北京話詞典》）。徐世榮《北京土語辭典》、董樹人《新編北京方言詞典》另有"毛兎子"一詞，指行動輕率不穩重的人。＊毛包，慌張。

⑬ ＊掗，昂哉切。

⑭ ＊花林龜公。

⑮ 底本作"兎"，據丁未本改。＊孌童。

⑯ ＊扒爾的路罷。

⑰ 底本作"土"，據丁未本改。

⑱ ＊檔，登浪切。

⑲ "人"，丁未本作"入"。

⑳ ＊門邊木架。框，苦方切。

㉑ 閫：限。門閫：門限，門檻。古時也稱爲"門閾""門閬"（"門梱"）。如《二十年目睹之怪現狀》第八回："我那裏知道他。他跨進了門閫兒就爬在地下磕頭。"現代北方方言中仍有"門限兒、門限子"的說法。

子①、閣扇②、瓦面、樑柱、杌子③、檁子④、椽子⑤、房簷⑥、牆上、地下、格拉頭⑦、支角⑧上、院子、臺階、石㙮⑨子，都把埽⑩簳子掃得乾乾淨淨，有甚麼掉踏灰⑪、蜘蛛網、灰土、糞草，都要掃了去。堂屋⑫裡、臥房裡、外屋裡、所有擺的椅子、桌⑬子、馬杌子⑭、炕床、炕桌子、茶机⑮、条桌子、坐褥子、靠枕、椅墊、瓶子、鏡子、爐子，這些東西都要拏⑯筥箒⑰掃掃，拏雞毛担⑱子担担，收拾得齊齊整整的。不但屋裡地方，就是大門口兒、外頭小衖衖⑲、小夾道⑳、後院子一帶地方，都要打整得虔㉑潔才好阿。

---

　　①　門枕：承托門扇門軸的墩臺。舊時的建築中，爲了承托門扇，往往在門下的下檻兩端設置墩臺，墩臺上鑿有小眼用以放置門軸，這種承托門扇門軸的墩臺，就叫做"門枕"，以石質居多。＊門斗。按：門斗，在房屋或廳室的入口處所設置的必經小間，起分隔、擋風、隔寒等緩衝作用。因此，此處注釋"門斗"是不對的。門枕應是門斗的一部分。

　　②　＊腮門。閣，剛鶴切。

　　③　杌子：屋柱子上的橫方木。＊金鐘架。按：金鐘架：方言詞，梁架，房屋裏用杉木構成的呈金字形的梁架。

　　④　檁子：古代建築擡梁式房頂用來支撐的一種木頭。＊桁。檁，力錦切。

　　⑤　椽子：屋面基層的最底層構件，垂直安放在檁木之上，以支持屋頂蓋材料的木杆。

　　⑥　＊簷，移簾切。

　　⑦　格拉頭：即"旮旯頭"，角落的意思。今天各地方言中仍有"旮旯兒""旮旯兜""隔落頭""角落頭"等說法。＊□□頭。

　　⑧　＊枱角、床角。角頭之稱。按：枱，案臺，桌子。角頭，不顯眼的邊角處，偏僻的地方。

　　⑨　＊企㙮。㙮，苦暗切。

　　⑩　埽：掃。

　　⑪　灰：灰。＊梁上老年灰土。

　　⑫　堂屋：客厅。＊客堂。

　　⑬　桌，底本上第一個作"桌"，第二、三個作"東"，誤寫。

　　⑭　馬杌子：木制坐具，多爲方形，腿粗壯，沒有靠背，凳面多爲木制板面，也有用牛筋編成菱形鏤空形狀，較有彈性。今天東北方言中仍有此說法，徐世榮《北京土語辭典》等有"杌凳兒"的說法。＊斗欑子。

　　⑮　茶机：茶几。

　　⑯　拏：拿。

　　⑰　＊竹絲掃。筥，田聊切。

　　⑱　＊担，多旱切。

　　⑲　＊巷也。京中呼大街爲街，呼橫巷爲大衖衖、小衖衖。

　　⑳　＊冷巷也。

　　㉑　虔：虔。虔潔：誠敬純潔。

# 第五段　擺設

堂屋裡擺的東西，又要時樣兒①的。字兒、畫兒、条幅、對子、掛鏡、穿衣鏡、時辰鐘、掛灯②、地灯、風灯③、桌灯、壁灯、手灯④、灯台、蠟台、簾子、帳子、幔子⑤、蠅帚子⑥、茶船⑦、茶碗、痰盂、漱口盂，樣樣都要鮮明。有甚麼客來，叫小子們倒茶、裝烟、遞⑧檳榔、伺候酒，要麻麻俐俐、輕輕巧巧、肖肖皮皮，該擺圍瑳⑨的、上熟食的、九大碗⑩的、五湖四海⑪的、節節高的，有燒割⑫盤、清醬碟、火鍋、火碗，都要齊備，不拘滿漢席或是便飯，都要齊齊整整阿。

# 第六段　官話品

一个人學官話來做甚麼的呢？頭一件，預備自己⑬將來出身做官，伺候上司，臨蒞屬員，要做一个有本事的官阿。其次，就做大客商，或開行店⑭，或往外

---

① 時樣兒：入時。

② 掛灯：喜慶時懸掛的紅燈。

③ 風灯：有罩能防風的燈。

④ 手灯：原指舊時小兒的手提花燈，後通指手提燈。如清嘉慶十三年《如皋縣誌·禮典》：“小兒各執手燈嬉遊成隊，戶内皆掛包燈。”

⑤ ＊帷幔之類。幔，莫半切。

⑥ 帚：帚。《紅樓夢》三十六回：“寶玉睡着了，寶釵坐在寶玉身邊做針綫，旁邊放着蠅帚子。”＊馬尾掃。

⑦ 茶船：茶托子，又稱茶托或盞托，一種放置茶盞的承盤。

⑧ 遞：遞。

⑨ 瑳：盞。

⑩ 九大碗：中國民間喜慶筵席格局之一，流傳各地，因每席必備九大碗熱菜，象征吉兆而得名。今天，九大碗多流行于南方地區，如川鄂地區，而北方地區則多是八大碗。

⑪ ＊五簋四盤也。

⑫ 燒割：古代一種食品。禽畜肉整體烤熟，食時以刀割切。

⑬ 底本作“兒巳”，據丁未本改。

⑭ 行店：旅店、旅館。＊行，戶郎切。

省走水①，要做一个麻俐的客商。再其次，就是居家罷則，你是个有衣食的人、有體面的人，在鄉族中年長、月長，鄉情族事少不了，也有件把②事兒，要替人家料③理料理，也得見見地方④，把事兒說个底細情節，一則衛顧鄉族，二則保護⑤門楣。原是爲這三門起見，並不是學幾句官話，在大街上鬧頑意兒、笑話人家、嚇哄人家、混薰⑥人家，就筭⑦了事咯。所以你們總要把大方的話兒、接待長⑧上的話兒、應酬朋友的話兒、教⑨道晚輩的話兒、使喚底下人的話兒，到了外頭，有交官接府的話兒、對着買賣人的話兒，樣樣都有个欵⑩式，總要在這上頭留心，纔是正經的阿，纔不枉⑪了學官話的這一翻工夫阿。

# 第七叚　身體

人總要保重身體，又要乾淨，不要齷齪。洗臉時候，要把腦袋⑫、腦門子⑬、兩太陽⑭、天庭⑮、偏額、辮頂、耳腄⑯、耳輪、眼睛、下扒売⑰、脖子、腦梢

---

① 　岳國鈞《元明清文學方言俗語辭典》："走水：負責銀錢收支，《醒世姻緣傳》第五回：'薛三槐兩个輪着，一个掌櫃，一个走水。'"謝棟元《客家話北方話對照詞典》（遼寧大學出版社 1994 年）："走水，指水客的職業活動。"而"水客，來往于僑居國和家鄉之間爲僑胞、僑眷服務從而取得報酬的人"。洪乾祐《閩南語考釋》（文史哲出版社 2000 年）："閩南地區特指'從水路販運兩地價格差額很大的貨物圖利'。"同時解釋了做"走水"生意的"水客"産生的原因。由此可見，此處的"走水"是一个方言詞，指的是到外省做販運的生意。

② 　件把：一兩件。類似"個把兒"。

③ 　*料，平声。

④ 　地方：甲长、地保。

⑤ 　護：護。

⑥ 　*嚇也。薰，許云切。

⑦ 　筭：算。

⑧ 　*長，上声。

⑨ 　*教，平声。

⑩ 　欵：款。

⑪ 　底本作"枉"，據丁未本改。

⑫ 　*頭売。

⑬ 　*顖門。

⑭ 　*雲精。

⑮ 　*額頭。

⑯ 　*腄，音朵。

⑰ 　下扒売：下巴。

子、嗓根子①、肩窩子②，都要擦到。洗澡③時候，要把胳膊兒④、胳膊肘子⑤、手面、手心、手骨拐、大拇指頭、二拇指頭、胳肢窩⑥、胸膛、奶子、肚臍眼子、脊梁⑦、腰眼子、肋巴骨子⑧、小肚子、大腿、髁髏蓋⑨、腿肚子、臁子骨⑩、跨子骨⑪、腿脛骨⑫、屁股溝⑬、屁股旦⑭、腳丫子、卵胞子⑮、腳底板子、指甲蓋兒，都要洗到。勤剃頭、打辮子，把身子弄得乾淨些，替⑯人家坐攏⑰說話，纔不厭棄阿⑱。你若弄得邋⑲裡邋遢⑳的，怪髒㉑的、怪難看的，就叫人笑話你了，你想想是不是呢？

# 第八段　形容

省會地方，甚麼人都有，也有做買賣的、做老板的、開行㉒開店的、掌櫃的、夥㉓

---

① 嗓根子：嗓子眼兒。
② 肩窩子：肩膀的凹陷處，靠近鎖骨附近。＊領跟氹。
③ ＊洗身也。
④ ＊手臂。
⑤ ＊手睜。
⑥ ＊夾肋底。
⑦ ＊背脊。
⑧ ＊肋栅骨。
⑨ ＊讀波罗。髁髏，膝頭也。按：丁未本作"波羅"。
⑩ 臁：臁。臁子骨：臁骨，小腿。＊一利哥。臁，離塩切。
⑪ 跨子骨：胯骨，侉子骨。＊大刖下音。針對底本中的注釋未能查到相關資料，不明其意。
⑫ 腿脛骨：脛骨。＊一下脚骨。
⑬ ＊豚。
⑭ ＊豚墩。
⑮ ＊橘袋。
⑯ 替：跟、和。
⑰ 坐攏：坐在一起。攏，靠近。
⑱ 厭棄：厭惡而嫌棄。此處是被動用法。
⑲ ＊邋，力加切。
⑳ ＊遢，吐沙切。
㉑ ＊不潔也。髒，音臟。
㉒ ＊行，戶郎切。
㉓ ＊夥，胡果切。

計的、小夥計的、燒鍋的①,也有坐轎子的、抬轎子的、挑②担子的、弄戲法的、說書③的、打八角鼓④的、唱古兒詞的⑤、裝像聲的⑥,衙門裡頭有做官的、做幕客的、當官親的、跟官的、當門上⑦的、管簽押⑧的、當三小子⑨的、把衙的,一眼瞧見就要知道他是甚麼行⑩當了。說到一个人的生長,都各有不同,有高大漢子,有高蹺⑪子,有矮子,有胖⑫子,有瘠⑬瘦子。有白臉旦⑭的,有黑臉旦的。有兩撇鬍子的,有長鬍子的,有絡腮鬍子⑮的。有長得體面的,有長得醜陋的。各人的混名也多得狠着呢,我告訴你,有叫麻子⑯、有瞎子⑰、聾子、啞吧子、結吧⑱子、咬牙⑲子、咬舌⑳子、禿子㉑、佗㉒子、蹶子㉓、疤疸㉔臉子,這是天生成的毛病兒。還

---

① ＊火頭也。
② 底本作"桃",據丁未本改。
③ ＊講古。
④ 八角鼓:古時滿族人用於自娛的一種拍擊膜鳴樂器,因鼓身有八個角而得名,又稱"單鼓"。
⑤ 唱古兒詞:唱戲。
⑥ 像聲:相聲。
⑦ 門上:看门人。
⑧ 簽押:在文書上畫押。
⑨ 三小子:舊稱供僕人差遣的奴僕。
⑩ ＊行,戶郎切。
⑪ 蹺:挑。＊蹺,土了切。
⑫ 胖:胖。
⑬ ＊瘠,精旨切。
⑭ ＊面珠墩。
⑮ ＊亂鬍而多。絡,歷到切。
⑯ ＊豆皮。
⑰ ＊盲人。
⑱ ＊重話。
⑲ ＊吶牙。
⑳ ＊大舌头。丁未本作"大舌頭"。
㉑ ＊脫髮。禿,他谷切。
㉒ ＊佗,唐何切。
㉓ ＊跛佬。蹶,渠月切。
㉔ ＊疤疸,瘡疸。丁未本作"瘡痍"。

有各人的脾氣也有不同，都有混名，傻①子、獃②子、瘋子、蠢子，甚麼都有叫的。没有事出大街上逛逛就瞧出來了，把你的腰都笑彎了呢。

## 第九叚　稱呼

出門的人替人說話，彼此稱呼總要在行③。有稱老先生、先生、老伯台、老叔台、你老人家、老大哥、二哥、大爺、二爺、老兄台、老弟台，總要稱得合身分。捱④着老子、兒子、叔叔、姪兒，坐攏⑤一塊，就稱爺兒們。若是哥哥、兄弟，是平等的呢，坐攏一塊就稱哥兒們。若是母親、伯母、姪女，坐攏就稱娘兒們。若是姐姐、妹妹、姑嫂，是平等的呢，就稱姐兒們。這是錯不了的。捱着人家的女人，也有個稱呼阿，令堂伯母、令堂老太太、令正尊夫人、令正嫂子。有年紀的堂客稱老奶奶們，年輕的媳婦稱奶奶們，若是閨女，稱他姑娘們，這是初相會的稱呼。若有親有故的，就稱伯母、嬸娘、嫂嫂、姐姐、妹妹，也就使得了。就是見了底下人，也有個招呼阿。管家的、管事的、門工、院工，就叫一聲老張、老李，也不爲過。總之，見人要慈和，不好一股子高傲氣，拿架子，大排排兒，就叫人在背地裡抱怨你了。

## 第十叚　衣服

人出門總要珍重⑥。把帽子、靴子、袍子、褂子、大衫穿戴起，繫了腰。或是坐轎或是走道，都要端端正正。閒常小打扮，也要穿長褂子、馬褂，或是一裹元⑦、長綿襖⑧、夾襖、布褂子、白紬⑨褂子、夏布褂子、衩⑩褲、襪子，拔起鞋踭⑪

---

① ＊傻，沙瓦切。
② 獃：呆。＊獃，多開切。
③ ＊行，戶郎切。
④ 捱：碰。＊捱，蒲孟切。
⑤ ＊攏，力董切。
⑥ 鄭重，慎重。
⑦ 一裹元：一種無袖不開衩的長衣，其形如鐘，又名斗篷。
⑧ ＊綿襖。
⑨ 紬：綢。
⑩ ＊衩，沖卦切。差去声。
⑪ 鞋踭：鞋後跟。

來。若怕冷呢，裏面穿件綿背心、綿小襖，外面穿件得勝馬褂①、俄倫袋②、喜雀衣③，照舊繫個縐紬帶子，好帶個表兒、鼻烟壺，掖个小手巾、扇絡子④、烟荷包、檳榔荷包、搬指⑤套，不拘甚麼，總要麻麻俐俐的，不要叫人笑你是个俫⑥獃臭阿。

# 十一段　應酬雜客

人不拘到那⑦裡⑧，都要講理性，不要拿話打趣人家，做成那宗輕薄相、輕骨頭的樣兒。譬如在本處，揝着那些過路人，或是外省的、外府的、外縣的，在大街上，或是賣藥、賣外處土產的、筭命的、起課⑨的、賣字畫的。這些走江湖人，你要看顧⑩他，只管替他說正經話；你不看顧他，就不可招惹他，不好藐視他、打趣他。人以禮義爲先，不但是做買賣的，就揝着那和尚道士，化銀化錢化米的，或是過路流民討盤纏⑪的、打抽豐⑫的、打飢荒的、討錢討賞的，他若十分霸道，就叫更夫⑬地保攙⑭他出去，你不必動手打他。他若不是十分霸道，不過苦苦央及討賞，死皮賴臉不知足，推他他不肯去，你也不可破口罵他。你破口罵他，他也回口罵你，那是你自己吃虧得狠了。你要正正派派的說他，就說你們這些⑮過路人自然是窮苦的，你跑到我們這裡討錢，我們並不是不該當⑯挈⑰扶挈扶你們，總

① 得勝馬褂：清末新軍軍官服。一種短袖對襟馬褂，胸前上下兩方和兩側衣衩及後衩都鑲有青色緞雲勾，又號五雲褂。

② ＊得勝褂上領。俄，昂何切。

③ 喜雀衣：亦作“喜鵲衣”，黑白相配的背心。＊喜雀衣，袍廂背心。

④ ＊扇套。

⑤ 搬指：扳指，又稱搬指或班指。＊搬，迪潘切。

⑥ 俫：元雜劇中孩童的角色，後來表示對人的蔑稱。＊俫，茫哀切。

⑦ ＊那，上聲，下俱去聲。凡那字上聲者問之之詞何也，去声者指名之詞，彼處也。

⑧ “裡”，底本和丁未本都作“理”。

⑨ 起課：占卜問事，一種占卜的方法。

⑩ 看顧：照拂，照應。

⑪ ＊纏，澄延切。

⑫ 打抽豐：也稱打抽風、打秋風、打秋豐。

⑬ 底本作“天”，據丁未本改。

⑭ ＊攙，拈上聲，逐也。

⑮ 底本作“此”，據丁未本改。

⑯ 該當：應該、應當。

⑰ ＊挈，迪旁切。

是你們這些過路人太多了去了，一天沒有一百，也有八十个來討錢，我們也是居家過日子的人，那①裡有這麼些多餘錢來給你們呢？每人有三四个銅錢給你，也不筭少了，這就說不得我們不通情了，你們也要體諒體諒人情阿。你們雖是苦極的人，難道就不講情理嗎？你好好兒替我去罷，你再是②在這裡撒野，我們這裡守着衙門不遠呢，立刻告訴衙門的人把你們拉了去，拏③官法治你，你那④時就後悔了。我告訴你們阿，那些人聽見說這些情理的話，又通情，又利害，他也再不敢撒野了。⑤

# 十二段　病疼

人總要保養身子，不要混吃東西。燒的、燎⑥的、煎的、炒的、煨⑦的、熇⑧的、醋溜的、油炸的，這都是熱的咯。烝⑨的、煮⑩的、熬的、燉⑪的，這都是溫和的了。總要和自己臟腑的纔好吃阿，若錯吃了就會生病咯。人的病症也多得狠着呢，發燒的、傷風的、胃寒的、打噴嚏⑫的、打飽膈⑬的、惡心⑭的、跑肚子⑮的、腦袋疼的、眼疼⑯的、害眼⑰的、肚子疼的、發瘧子⑱的。還有外面的症候哪，長⑲瘡的、

---

① ＊那，上声。
② 再是：要是再。
③ 拏：拿。
④ ＊那，去声。
⑤ ＊者，問之之詞，何也，去聲者，指名之詞，彼處也。
⑥ ＊燎，力小切。
⑦ ＊煨，烏灰切。
⑧ 熇：一種烹飪方法，用微火把魚、肉等的湯汁耗干。該詞在現在的很多北方方言中依然使用，如"小心別把鍋熇干了"。＊熇，口到切。
⑨ 烝：蒸。
⑩ 煮：煮。
⑪ ＊燉，徒渾切。
⑫ ＊乞痴。嚏，丁計切。
⑬ ＊出飽氣。
⑭ 惡心：惡心。＊作悶欺吐。
⑮ ＊肚坏。
⑯ ＊疼，徒登切。
⑰ 害眼：俗稱紅眼病，即患上了急性結膜炎。＊眼熱。
⑱ ＊打擺子。
⑲ ＊長，上声。

長禿瘡的、長疥瘡的、火丁瘡①的、長痂瘩②的。痂瘩破了就結個痂渣③,將來痂渣掉了,還剩一個疤瘌④呢。所以吃東西樣樣都要小心阿。

## 十三段　動靜

一个人走道、站⑤着、坐着,都要大方,不好打趔趄⑥、塌拉鞵⑦、幌頭幌腦⑧、好跳、好躥⑨,這宗走法,就不好了。站着也要端正,不好叉着手、交着肘、插着腰、背着手、探着腿⑩、歪着身子,也不好看。坐着也要端正,不好蹺⑪起一隻腿、抽起一隻腿、支開兩隻手、支開兩隻腿、仰靠在椅圈⑫兒上、挐兩个腿搭在椅手兒上,有甚麽好看呢？走到炕上也要有講究,或是躺着⑬、盤腿兒坐着、仰臉兒睡着、歪身子兒靠着,都要有欵式,不要混顛倒着、混扒着⑭、豎起腿來、搭拉兩條腿來、忽然又躺着、忽然又蹾着、混搖腿、混搖髃髏葢、吐痰、吐唾沫、磕⑮烟灰、捽鼻涕、都不帶眼睛混來,人就笑你是輕狂人了,不是穩重人了。可是要記着,不要弄慣了脾氣⑯阿。

## 十四段　訓童

你做學生的人,上書房念書,甚麽都要有个規矩。清早起來,洗了臉喝了

---

① 火丁:即火疔,中醫外科病名。
② ＊痂瘩,瘤仔。痂,哥牙切。瘩,丁加切。
③ ＊痂渣,瘡□。丁未本作"瘡淹"。
④ ＊疤瘌,瘡痕。疤,邦加切。瘌,郎達切,讀若上平声。
⑤ ＊站,陟陷切。
⑥ ＊打趔趄,脚步不□。趔,力拽切。趄,清借切。
⑦ 鞵:鞋。塌拉鞵:指穿鞋的時候不提上鞋跟,把鞋跟踩在脚下,與下文"撒拉鞋"同一個意思。＊塌,託盍切。
⑧ ＊幌,戶廣切。幌頭幌腦,亂搖頭。按:"头",丁未本作"頭"。
⑨ 躥:向上向前沖。
⑩ 探着腿:兩腿分立,一腿伸向前,微微弓起。
⑪ ＊蹺,去堯切。
⑫ ＊圈,驅圓切。
⑬ ＊眠也。
⑭ ＊覆身也。
⑮ ＊磕,克盍切。
⑯ 脾氣:習性。

茶，禀告爹爹媽媽"孩兒往書房去了"，說過之後，包起書本，出大門口，端端正正、珍珍重重的去。兩隻脚不要混跳，兩隻眼睛不要混瞧東西，一直走到書房裡頭，把書本放下，望①聖人上頭作个揖，又替先生作个揖，然後坐着念書。把書背得熟熟兒的，纔送到先生桌上。背書時候，又要一句句伶牙俐齒，不要含糊錯漏。先生講書，你要留心聽着，不要東瞧西望。沒有受書的時候，就寫寫字。寫倣②字也好，臨帖也好，一撇一捺一橫一直都要留心描寫，不要走樣兒纔好阿。先生不在學房，你越發要老老實實的。坐在那裡，不要替書友們打架辯嘴、掏氣貪顽。你顧得頑，就顧不得念書。一會兒先生回來，你背不過書就要捱打咯。又敲腦袋咯，打手心咯，何苦來呢？你若有正經事，就要望先生告假，不要私自逃學。若放了學咯，你也照舊好好的走回家，不要在道兒上偷買果子吃，不要悄摩聲③跑到戲厰聽戲，叫人滿到處④裡找不着。就是不中用⑤的人了，放學回來，也要在太爺、奶奶、爹爹、媽媽、哥哥、嫂嫂、姐姐跟前作過揖，纔好坐下阿。你天天都要照樣兒做，不要忘記了阿。

## 十五段　珍重

　　求功名的人，走動起坐都要像个求功名的樣子。念書人求名，自然要斯斯文文，要有點儒氣。就是習武的，也要有體局，不要叫人笑話。在武館裡該拉弓射箭的、練武藝子的，自然要穿件短窄的衣裳。武不善作⑥，本來要這麼着纔是麻俐。若做完了工夫，出大街上走動，就要做同一个至誠人，穿同大衫褲子。到人家裡見了人，嘴裡說句話，都要帶着點珍重氣。這可是叫人敬重你了。你若粧⑦成那宗粗鹵樣子，盤起辮子、披件衣裳、不扣鈕子、不穿襪子、撒拉鞋、搖腦

---

① 望：對着，向着。
② ＊倣，分郎切。
③ 悄摩聲：悄悄地。
④ 滿到處：到處。
⑤ 中用：頂事，管用。
⑥ 武不善作：動武就不能講斯文。＊善，上声。
⑦ 粧：裝。

袋、挺胷凸肚、口裡好説硬掙話①、動不動就發標②翻臉，好像要打架的樣子，那就叫人瞧不起你了。不要説進學中舉，就饒③你中進士、做官，也不筭怎麽着，連你屋裡的老人家，也不大喜懽④。總要端品謙和、好相與、不驕傲，不拘⑤進名學、中名舉、做官也好，做鄉紳也好，都有人仰仗你了、稀罕你了。

# 十六叚　鬧臭話⑥

京裡在茶館吃茶，聽那些鬧皮科⑦的人説話，也有個頑意。他望着他的朋友們説笑話，纔是好聽呢。他説你這个人到底是甚麽脾氣呢？叫你那麽着，你偏要這麽着；叫你這麽着，你偏要那麽着，你到底要怎麽這呢？你這麽陽氣⑧嗎？你發甚麽標呢？你怎麽比得我們呢？你是个甚麽好活⑨呢？武大朗盤扛，你還搆⑩不着呢？武大郎放風箏，你出手就不高了。床底下踢毽⑪子，高到那⑫裡呢？貓兒頭戴帽子，混充鷹。猴兒頭戴帽子，混充人。屁股眼兒插蠟，筭甚麽人灯呢？耗子尾巴尖兒長瘡，有多大的膿血呢？蝦蟆墊桌腿，死捱罷哩。二胖子繫腰，稀鬆。猴子騎棉羊⑬耍棒⑭槌，甚麽人馬甚麽傢伙呢？你幹的事兒，老西兒

---

① 硬掙話：硬話、硬氣話。如《鴛鴦針》第二回：“口中縱要打强説句硬掙話，心下已自虚跳跳的。”＊硬，去声。

② 發標：發脾氣。如《老殘遊記》第九回：“即如朝廷裏做官的人，無論爲了什麽難，受了什麽氣，只是回家來對著老婆孩子發發標，在外邊決不敢發半句硬話。”

③ 饒：儘管、即便。

④ 懽：歡。

⑤ 不拘：不論、不管。

⑥ 臭話：指髒話。鬧臭話：説髒話、爆粗口。

⑦ 皮科：開玩笑的話。如《老殘遊記》第十三回：“因爲你已叫了兩個姑娘，正好同他們説説情義話，或者打兩個皮科兒，嘻笑嘻笑。”

⑧ 陽氣：神氣。

⑨ ＊貨。

⑩ 搆：構。＊搆，學也。

⑪ ＊毽，知硯切，燕子也。按：毽子（毽子），古代文人也稱爲“燕子”，並有詩句“踢碎香風拋玉燕”的描述。

⑫ ＊那，上声。

⑬ 底本作“弟”，據丁未本改。

⑭ ＊棒，步項切，旁上声。

拜把子糊弄局①。你說的話兒，王大夫候②脉一片虛。你有甚麼能耐呢？你只會蹭臉③，替人家賴厚④，替人家餂眼子⑤。你一塊豆腐的身家，鬧甚麼呢？沾⑥人家的光，瞧見人家有好吃的東西，你就像是老西兒下棋搓一个足⑦，額爾素⑧吹海笛子⑨不董眼的。你不是眞糊塗，你是桩糊塗的，你想挈架子，偏又丟架子；你想稱臉，偏又丟臉；你想堵氣強過人，偏又丟人，還鬧甚麼鴈兒孤呢？你還嗯⑩甚麼呢，還倔甚麼呢？放兩隻脚走甚麼道呢？你連張三李四都比不上了。你瞧張老三李老四，人又長得體面，又端品，又陽氣，有担戴靠得住，有口齒不欺人。腰裡頭又有幾个錢兒，一指鼻梁甚麼事情都應過來了，一挺腰子甚麼爲難都担戴了⑪。又殺得人又救得人，他幹的事總要占⑫理，不叫人家挈錯，不受人彈，不落褒貶。你想占他的便⑬宜也不能，想望他的跟前行覇⑭道也不能。你十分没理，他也會收拾你。收拾你一个到地兒，挈指頭鏧⑮你腦門子，打你脖子拐，打你嘴吧子。你再不依咯，挈脚踢你，挖你兩個眼睛，把大腿都跶⑯折你的，把手都擰斷你的，割你肌肌，把兩个卵子都擠你的出來。他看待底下人也不錯，都有恩典，總要好好兒的。若在他跟前搗⑰鬼、詵誦⑱他、瞞⑲了他，他查出來說你，你還

---

① 糊弄局:指做蒙人騙人的事,敷衍、蒙混了事。
② 底本作"侯",據丁未本改。
③ 蹭臉:磨臉皮,厚著臉皮。
④ 賴厚:賴著臉皮、厚著臉皮。
⑤ 餂:舔。舔眼子,即舔屁股,比喻向上司或有權有勢的人討好。
⑥ 底本和丁未本都作"沾"。
⑦ ＊搓,食也。卒與足同音,猶云吃一个卒也。
⑧ 額爾素:俄羅斯。
⑨ 海笛子:嗩吶的一種,流行在廣東、廣西、福建、湖南和江西等省。
⑩ ＊嗯,頂嘴也。
⑪ 這兩句話都是指人有擔當。一指鼻梁,說的是指着自己的鼻子承攬事情。腰子:腰杆兒。
⑫ ＊占,音站。
⑬ ＊便,蒲眠切,偏下平声。
⑭ 覇:霸。
⑮ 鏧:(鏧鏧)鼓聲。據下文,疑爲"鑿"之誤。
⑯ ＊用脚脛打人也。跶,音悄。
⑰ ＊搗,覩老切。弄也。
⑱ ＊誦,蒲善切。
⑲ ＊瞞,母官切。

不認錯、還要害①他鬧。他也照舊這麼收拾你。你再撒野，他叫人把鍊子鎖起來、挈繩子捆起來，狠狠的打一頓，送到衙門裡去，問你還尋死不尋死，知道王法不知。這麼利害誰不怕他呢？誰還敢惹他呢？你聽他說這些話，有趣沒趣呢？沒有事，出大街上逛逛，賣賣獃②，往前門一帶地方茶館、酒館裡坐坐，聽聽他們說話，才是有趣呢。

# 十七叚　即景

## 此時在桂洲設館

　　駕上貴省阿？豈敢，敝省是廣東。貴府呢？廣州府。貴縣呢？順德縣。府上在那③裡呢？寒舍在桂洲鄉外村。噯喲，原來是桂洲嗎？久仰了。聽見桂洲實在好地方。週年有許多會景④看阿。嘻，這是那裡話呢？不過是个虛名兒罷哩。其實見笑得很的。正月裡，大新年，他們在那⑤裡耍獅子、耍⑥龍灯、鬧花灯，在那裡討幾个喜錢兒罷哩。五月節，又在河底下閧龍船的。我們在河沿兒上瞧他們鑼鼓喧天的，嘈鬧幾天就完了。七月十五，玄壇菩薩誕⑦，各家都要辦彩色⑧，一鼓腦都有五六十台水色，在河底下遊鎮地方又有六七台戲，胡地涌口⑨又有對臺戲，那到有些意思。八月初二土地老爺誕，各家都要慶賀，搭个吹鼓亭，擺得熱熱鬧鬧的，滿數起來有一百多个吹鼓亭，男男女女大大小小都滿到處逛灯去。這都是鄉里的習氣，不過如此，有甚麼排常⑩熱鬧呢？將來有會景的時候請駕⑪來瞧瞧，就知道了，那裡比得上省城呢？並不是我們說謙話阿。

---

① 害：和。
② 賣獃：看熱鬧。
③ ＊那，上声，何處也，無所指者。
④ 會景：會景巡遊，廣東、香港等地的一種民俗文化活動盛會，又稱“飄色巡遊”。
⑤ ＊那，去声，彼處也，有所指者。
⑥ 底本作“耍”。
⑦ 玄壇菩薩誕是農曆的三月十五，而七月十五則是地藏王菩薩誕。此處疑誤。
⑧ 辦彩色：疑即飄色巡遊，見上注④。
⑨ 涌口：順德桂洲地名。
⑩ 排常：排場。
⑪ 駕：敬辭，您。對對方的敬稱。

## 十八段　酒食

省城外頭，可是鬧熱①了。沒有事，帶些銀子錢在腰裡，逛逛街，那些行戶②甚麼東西都有賣的，你喜懽買甚麼就買甚麼，買勾③了到城隍廟裡聽聽說書的、變戲法的、耍猴子戲的、唱央歌的、頑雀的、賣畫眉的、閑鵪鶉的，甚麼頑意兒都有。瞧勾了、走疺④了，上館子去。那館子實在鬧熱，有飽子⑤、有餃子、餑餑⑥、扁食⑦、湯麵、炒麵、饅⑧頭、燒餅、荷葉餅、小米稀飯、大米乾飯。甚麼點心麵飯米飯都有。又有燕窩、海參、魚翅、棉羊肉、鹿肉、野雞、山珍海味、羊尾巴、鹿尾巴、金華火腿、紹興酒、汾酒、老乾兒、花酒、水酒、糯米酒，你要甚麼，他就辦个甚麼兒過⑨你吃。請个客兒，待个東兒，再沒有這麼便當的了。

## 十九段　省儉

人出來走道，朋友們拉拉扯扯，逢場作戲，什麼沒有？年輕人都是保不住的，總由各人⑩有主意就好了。那鬧熱塲中，只可一到，不可多到，不但賭錢嫖娼是犯例的事，就是那茶坊酒肆吃喝頑樂，也不必長去胡鬧。你天天兒吃慣喝慣，難道這个錢是白得來的錢嗎？也是腰裡頭挲出來的錢阿。一日一日消乏了去，將來沒得用，就後悔了。何如我這會子省儉些，到底是一輩⑪子受用阿。

---

① 鬧熱，即熱鬧。
② 行戶，這裏指的是行商。
③ 勾：夠。足夠的意思。＊勾，古候切。
④ 疺：乏。＊疺，扶法切。
⑤ 飽子：＊包子。
⑥ 餑餑：含義較廣泛：一是北方對多種麵食的統稱，粗糧的、細糧的乾糧食品。二是糕點或用雜糧麵製成的塊狀食物。三是大個兒的饅頭，或是外面加棗之類東西的饅頭。
⑦ 扁食：在北方指的是餃子，而在廣東一帶則歸入餛飩的範疇。目前，餛飩、餃子、扁食，各個地區所指有很大不同。＊扁，補典切。
⑧ ＊饅，母官切。
⑨ 過：給。
⑩ 各人：自己。
⑪ 輩：輩。底本作"葷"，據丁未本改。

## 二十段　勸學儀注

本處人看見人迎賓送客、交官接府,幹了事回來順順利利的,就說因爲他會說幾句官話,所以有這樣本事阿。都是這麼說,他只知道會說官話的好處,不知道會說官話的人還有多少儀注①禮貌、言談慷慨,培植起來,纔顯得出官話的好處。你若光會說幾句官話,一切起坐站立,問答應酬,全然不董眼色,連站都不會站,也没有人家來理你了,也是不中用了。爲什麼人家的子弟從小就要約束他,叫他學禮貌,打躬②作揖,倒茶裝煙,都是子姪分内的事罷哩。站的地方,坐的位次,都叫他曉得方向。對長輩說話,怎麼是恭敬,怎麼是藐視;對平等弟兄們、朋友們說話,怎麼是謙讓,怎麼是得罪人,都叫他知道好歹。從小兒學慣,到年紀長成,自然在行。覺得有規矩,再會說一嘴官話,那更顯出他的麻俐來了。但是本處人都是姑息兒女的多,開口就說這个言談舉動是手把眼見的事,何用着急,到他大了一學就會的。誰知少年不學,到年紀大了,見了人只是臉紅紅兒的,嘴裡說不出話來,那時後悔也悔不來了。所以各人都要上緊教訓子姪阿。

# 見面常談

此段話頭更要先爲講究,不妨多看多練,雖日常俗套口頭語,但官常中問答,没有一日離得這个格式。年輕子弟更要熟讀之,不可忽畧。

人見朋友,總有幾句應酬的話兒,也要學習學習。若不說慣,將來見了人就没話對答了。譬如,客進門,問道:老大哥違教③得狠了! 答道:豈敢,彼此都不相見好久了! 問道:好阿、近來恭喜阿、高陞阿、發財阿。答道:好說,蒙過獎了!托你老人家的福,還筭平安,但是没什麼好處。問道:令尊夫人、令堂太太都納

---

① 儀注:儀節。

② 打躬:又作打恭,躬下身子作長揖。漢族的一種輕與跪拜的禮節。打恭與作揖不同,没有推手的動作。

③ 違教:謙詞,表示很久没有聽到教誨了,指的是很久不見了。《二十年目睹之怪現狀》第四十九回:"當下各人一一相見,通過姓名;小雲道過違教,方才坐下。"豐子愷《緣緣堂隨筆集·悼夏丏尊先生》(文化藝術出版社 1999 年):"八年違教,快要再見,而終於不得再見。"

福阿，替我請安了。令兄、令弟那①裡都替我問好了。答道：不敢當了。家父家母都還康健，家兄舍弟都托賴呢。回問道：府上老世伯、老伯母、令昆仲②都納福阿。答道：也托駕上的福，都還好呢。問道：去年令尊壽誕，令郎又榮娶，我還沒給你道喜呢，短禮得狠了。答道：家父生辰，他老人家不叫給人知道。小兒貧娶，不敢驚動了，所以我都不給你送信了。問道：我前年有件小事，承你費心替我出力奔走一翻，我還沒給你道乏③。答道：大夥④兒相好，該當效勞罷哩。單怕我張羅不到呢。問道：你前月送我這麼些東西，我領了還沒給你道謝呢。答道：這點粗東西算甚麼呢，有甚麼好謝呢，你題出口我就臊了。問道：大哥你是個大才大用的人，爲甚麼不出門找⑤點事業做做呢？答道：我是个愚蠢的人，任甚麼都不會，又没个能幹，只可在家裡藏着了。回問道：大哥你這幾年出門，實在好阿，大有所望阿。答道：見笑。我有甚麼能耐呢，能幹甚麼呢，不過糊口而已罷哩。問道：近來外頭有什麼新聞呢？答道：我那⑥裡知道呢？我總沒遠出過門，連外省外府我都沒有去過。官常中又不大走動，衙門裡頭的朋友們又不大交參⑦，所以外面的事情總不董得。將來我有空⑧可以走開的時候，我都要進京走一趟，順便經過各省地方逛逛，見見時面也可，不然人家問起我來，我不董得，就成了个鄉巴佬一樣了。問道：咱⑨們相與幾年了，我素每蒙你老人家的情，這麼過愛我，這麼抬愛我，這麼疼我，實在有緣法⑩了，總是我兄弟不能補你的情，這个怎麼好呢？答道：這是那裡話呢，你太言重了，太謙了，我多少事情還要仰仗你的、還要討你教的、還要你提拔我的，我還不能報你的情，你怎麼倒說這宗

---

① ＊那，去声。
② 昆：兄長、哥哥之意。昆仲、昆季、昆弟、昆玉，都是弟兄的意思。對說話對方兄弟們的敬稱可以稱"令昆仲"或者"賢昆玉"。
③ 道乏：道辛苦，指因爲別人爲自己出力而向人慰問，表示感謝。
④ 底本作"縣"，據丁未本改。
⑤ 底本作"我"，據丁未本改。
⑥ ＊那，上声。
⑦ 交參：交錯。這裏指事務上沒有交集、不大交往。
⑧ ＊空，去声。
⑨ ＊咱，滋沙。
⑩ 緣法：本是佛教用語，指機會、緣分，故稱遇到能隨緣指引入法門者爲"有緣法"。後"緣法"進入普通詞彙，主要指人與人相處得好不好，如果相處得好就叫"有緣法"。

謙話呢？令我當不起了。你還要格外體諒我、担戴我、栽培我纔好呢。問道：大哥，我這程子①有點事兒，總不得空②，實在少候了、少請安了。你閒常没有事，請到我寒舍坐坐了、談談了，到我那③裡吃頓便飯都好呵。爲什麼總不賞臉兒呢？答道：你儜④怎麼這樣說呢？我這程子也有點事兒，總離不了了家，所以没有到你那裡請安。你今兒大遠的來了，就在我這裡叙⑤談叙談，多住幾天兒纔回去了。問道：老大哥你太珍重了。你到我那裡坐，我就隨便兒，一點禮貌都没有。我到你這裡呢，你聽見我的聲兒，務必要接到大門口，進了堂屋又務必要讓坐，臨走的時候又務必要送出大門口，没有一遭兒不是這麼着，你叫我兄弟怎麼當得起呢？答道：我的好哥哥，你又比我年長，任甚麼都比我高，又這麼疼我兄弟。你儜過來，我敢不恭敬你儜嗎？我敢錯了禮嗎？像我這个還箟懶怠的呢。還有比我拘禮的呢，見了人務必要作揖、拉手、摟腰⑥，見了長一輩的又務必要打恭、打千⑦，這是越發珍重了。其實朋友們走攏，不必太拘泥，然而也不好太簡慢。太拘泥了，大夥都覺得煩苦；太簡慢了，一點禮貌都没有，又叫旁人瞧着太不像樣，你說是不是呢？

　　拜年
　恭喜了大新年。人家都來道喜，我們也該去拜拜年咯。⑧
　使得罷。則等我穿上袍褂，替你走一遭兒⑨就是了。⑩

---

①　這程子：這陣子、這段日子。＊這程子，一兩月間。
②　＊空，去声。
③　＊那，去声。
④　你儜：您。＊儜，泥耕切。
⑤　＊叙，徐去声。
⑥　＊摟腰，抱也。
⑦　打千：也作"打僉"，清代男子下對上請安時所通行的禮節，施禮者左膝前屈，打腿後彎，上體稍向前俯，右手下垂，這是一種介乎作揖和下跪之間的禮節。
⑧　＊問。
⑨　＊遭，次也。
⑩　＊答。

怕冷

好大冷天。幸虧穿了上了大毛皮襖,不然手都凍僵①了。

可不是嗎？你儜瞧,凍了這麼厚的氷②,爲什麼不冷呢？

看燈

大街上好熱鬧。耍獅子的、耍龍灯的、鬧③花灯的,什麼頑意兒都有着呢。

我也瞧見了。你儜④等着,歇歇我穿上⑤衣服替你再看看去。

行遠道

這个道兒遠着呢。離這裡四五里地,走得一身汗,何苦來呢？

怕什麼。只管逛⑥去,捱着有車的地方,咱們坐上就走。

見人美服

噯喲,你今兒上了畫了,這麼排常,你儜必有些喜事阿。

正是呢,我要到我們親家那裡吃喜酒。偏你儜了。

聞人打門

誰在外頭打門？來得這麼兇,你出去開門看是誰。

別理他,都是些个醉漢。惹他做什麼呢,裝不聽見就完了。

點灯

點个灯兒來阿,黑鼓影子,怎麼瞧得見呢？

大月亮的,點什麼灯呢？又沒什麼事兒。

裱窗

颳⑦了風了。明日叫个裱糊匠來把這些窗戶都裱起來了。

可不是嗎？叫去罷則。這裡現成的帋⑧,就裱上罷哩。

---

① ＊硬也。僵,居良切。

② 氷：冰。

③ 底本作"開",據丁未本改。

④ ＊儜,亦你也,語助詞。

⑤ 底本作"土",據丁未本改。

⑥ ＊閒步。逛,光一声。按："閒步",疑爲"閒步"。"光一声",此處待確定"一"所指是什麼。

⑦ ＊颳,古滑切,音刮,大風也。

⑧ 帋：紙。

着衣服粗

好好的一件衣裳,你又弄得稀腦子爛①。你也想想,好容易做來的嗎?

這件衣裳材料有限②,穿上身幾天就破了,與我什麼相干兒呢?

嫌人惡意

你何苦來? 爲什麼做成嚇眉虎眼兒③的? 你想嚇唬④誰呢?

你別管我。我是這麼脾氣,他不喜歡就拉倒。

嫌人講細話⑤

你瞧他們兩个在那裡唧唧呱呱⑥,不知說些甚麼,我總沒聽出來。

人有人的事,你管他呢,你單要打聽人家的閒事嗎?

難相與

這个人難打交道⑦,好利害,都要防着他,別上⑧他的檔⑨。

說是這麼說,然而我有我的主意,任憑他怎麼,他走不過我的門子。

笑無事忙

黑家白日⑩的忙來忙去,不知你幹些什麼,没看見你幹一件正經的事。

我的太爺,你就勾奇怪,我幹的事你何曾董得呢?

上茶館

現成的館子,咱們進去喝个茶咯,歇歇再走了,我的東兒就是了。

那⑪裡話呢,又來擾你嗎,今兒該我的東了,你不用費心咯。

---

① ＊初爛曰爛,再爛曰稀爛,極爛曰稀腦子爛。
② 有限:程度不够,此處指質量不好。
③ ＊惡口惡面也。
④ ＊唬,讀若呼。
⑤ 講細話:說悄悄話。
⑥ ＊呱,攻手切。
⑦ ＊難相與。
⑧ 底本作"土",據丁未本改。
⑨ ＊檔,登浪切。
⑩ 黑家白日:白天黑夜。
⑪ ＊那,上声。

### 新手做事

這件事情,我幹不來,總摩不着個門子①,又没个人來挑撥②我。

你没見過嗎,怨得③,你放心,等我慢慢兒告訴你个法兒。

### 笑人貪酒

好不駭臊,你天天兒蹭④人家的酒吃,你也該挈出幾个錢兒來阿。

好咯,我的太爺,你那⑤一天兒不擾我呢,我做的東兒還少嗎?

### 嫌没好菜

我們天天兒吃酒,都是這幾樣菜,也吃俗了,今兒鬧个什麼新樣兒呢?

没好廚子,能勾鬧得出什麼新樣呢?外甥打灯籠照舊就完了。

### 遇人過門前

噯喲,違教好久了,家裡坐咯,這幾年不見,你儜都發了福了。

這是那裡話呢,托你老人家的福。你府上代⑥這裡嗎?我改日再給你請安。

### 笑人輕狂

嗐⑦,這小子不堪,你瞧他幌頭幌腦的,兩个眼睛放在腦梢子後頭,好没出息。

他老子娘⑧不管他嗎?由他的性兒嗎?没家教的,活活的葬了他就完了。

### 求人做密事

我還煩你一件事,你别告訴人。你把這个⑨給我弄了來,我明兒再謝你。

你儜放心交給我,我有本事給你弄了來,錯了你儜罰我。

---

① 門子:門路。

② 挑撥:撥動燈芯使燈火明亮。引申爲啓發。如南唐李昇《詠燈》詩:"主人若也勤挑撥,敢向尊心不盡心。"

③ 怨得:怨不得。

④ ＊痴搏之類貪也。蹭,十鄧切。

⑤ ＊那,上声。

⑥ ＊代,在也。

⑦ ＊嗐,音害,嘆氣也。

⑧ 老子娘:指父母雙親。

⑨ ＊暗指鐥銀。

做事不密

我昨兒幹那①件事，我們老人家知道了大不喜懽，又捱一頓好罵了。

是不是呢。我叫你別去別去你偏要去。這會鬧出亂來了，可信服我了？

孩子訴苦

媽都不疼我了。又鑿②我腦袋了，又擰我胳脖了，打得人家生疼的了。

你掏氣嗎，怨得。好孩子，你乖乖③兒坐着別哭，歇歇咱們爺兒兩个聽戲去。

嫌人講大話

這个人没牢靠，全④說活絡話⑤，總不給⑥个准信，竟⑦是老謠⑧，我懶得替他走攏。

你還不知道他的脾氣嗎，混謗糊嗄⑨，混燻說話，没譜兒，我總没理他。

嫌人攜煙袋

你挐着人家的烟袋，朝死裡吃，不肯撂⑩下，再没有那麼討人嫌的脚色。

怎麼叫不董眼呢，各人明知道離不了烟袋，也該帶一枝在跟前兒阿。

不顧家

你成天跑到那⑪裡呢？滿屋子的客，你到底也在家裡張羅張羅阿，連个影兒都没有。

有一大堆子的人在那⑫裡，什麼事情照應不過來呢？單要我嗎，單靠我中甚麼用呢了？

---

① ＊那，去声。
② 鑿：凿。＊鑿，北話，讀若遭。
③ 底本第二个"乖"誤作"乘"，據丁未本改。
④ 底本作"金"，據丁未本改。
⑤ 活絡話：模棱兩可的話。
⑥ 底本作"結"，據丁未本改。
⑦ 底本作"章"，據丁未本改。
⑧ 老謠：没用的，不必考慮或不可信的事兒。
⑨ ＊嗄，千尋切，講妄話。
⑩ ＊撂，力灼切。
⑪ ＊那，上声。
⑫ ＊那，去声。

偪①人做事

幹事要認眞。我瞧你都是胡弄局，又不上前，又不漏臉，怎麼巴結得上呢？

不悮就是了。我不像人家，耍馬前刀②的、搶③差事的、挪④松香的、溜⑤溝子的，咱們不幹。

不理地方

這個地方弄得齷裡巴齪⑥的，也到底拾度拾度⑦阿，總没个人管管閒事兒。

何曾不收拾來着，禁得娃子們鬧？一會兒又弄⑧得稀腦子爛了。

老人兒戲

你滿嘴鬍子的人還替孩子們講頑笑，好没材料⑨，枉費你老了。

呵呵，這話奇了，誰害他頑，他只是挖窘⑩人，難道叫我竟給他頑就罷了。

做生意不前

人家做買賣就掙⑪了錢，我做買賣就賠⑫了本，眞用了運氣了，眞遭羔了。

什麼都要在行。你一个不在行瞎⑬充老板，憑在你怎麼，好買賣都給你弄撒了。

鬧小旦

朋友們都聽戲去、鬧相公去，你爲什麼這麼靜扮⑭呢？難道你還赶不上人家嗎？

---

① 偪：逼。

② 耍馬前刀：做眼前的事，在人面前獻勤。耍，底本作"要"，據丁未本改。

③ ＊搶，七兩切。

④ ＊挪，諾何切。

⑤ 溜溝子：巴結奉承，溜須拍馬。＊溜，力求切。

⑥ 齷裡巴齪：不乾净，臟。＊齷，於角切。齪，測角切。

⑦ ＊拾度，執拾也。

⑧ 底本作"義"，據丁未本改。

⑨ 没材料：没有水準，没料。

⑩ ＊窘，苦骨切。

⑪ ＊掙，則更切。

⑫ ＊賠，蒲枚切。

⑬ ＊瞎，許轄切。

⑭ 靜扮：又作靜辦、淨辦，清淨或乾淨義。如《竇娥冤》劇一："老身蔡婆婆，我一向搬在山陽縣居住，盡也靜辦。"此猶言頗爲清靜。＊扮，博幻切。

古語說得好，守着多大的碗兒吃多大的飯，咱們腰裡没錢，去混充什麽呢？

　　誠嫖

今兒樂咯。逛窑①子來，好多媳婦兒，鬧得个不是話②，花了个十來兩銀子。瞧着不是頑的，那個地方挺不得腰子的，一指鼻梁，腰裡的錢都飛去了。

　　警嫖

有趣，真樂，再没這麽開心，喝兩盅兒，帶些酒氣，摟抱着頑，再没有這麽值。留神阿，摟抱的時候再没這麽樂，明兒長髒瘡怪疼的，你就死給他看呢。

　　論做官

會做官的，皇上大喜。不會做官的，皇上大怒。有臉没臉，總在乎各人阿。這何用說呢？有點操守，明白點兒，就保得住。又儍③頭，又死要錢，那總是糸定了的。

　　誇好官

如今的中堂們、尚書、侍郎都好，都有本事，認真做官，所以這些外官都跟着好了。

總有个榜樣兒的。上頭要錢胡鬧，底下就胡鬧。上頭不要錢，底下敢嗎？這是一定的道理。

　　誠刻薄

我請教你④，這件事怎麽辦法兒好呢，我心想這麽辦，他不依我，直端了他是不是呢？

我告訴你⑤，別太板，也要隨和些兒，叫人家過得去，他肯認錯就撒開了，何苦認真？

　　嫌人搯氣

我在台階兒上站着，他望我後頭一推，差一點兒栽个大跟斗，這宗頑法。

---

①　＊窑，餘招切。
②　不是話：不像話。
③　＊儍，參去声。
④　底本作"都"，據丁未本改。
⑤　底本作"不"，據丁未本改。

他總不敢害①我頑。他若招我,我攢②着勁兒給他一槌,包管他要栽一個仰般脚③。

說人疲纏④

我饒他幾磨子⑤,他死皮賴臉還要來,真真不知死活的,怎麽了呢?

他欺軟怕硬⑥,是個草雞⑦毛罷哩,一合子就不來了,這雜種是個人嗎?

說人起腔勢

起咯起咯⑧,發了標了,鬧架子⑨咯,你瞧他這一鬧又没了局⑩咯。

哄誰呢?鬧到我跟前,我抹下臉來,認不得人,我一翻臉他就頑不開。

留客

人家好意兒留你,你就在這裡多住幾天了。你務必要走,倒像厭惡人家了。

嘻,你不知到我忙得狠。家裡頭狠盼⑪我呢,滿到處的尋我呢,又說我是个没籠頭的馬了。

送行

你進京嗎?多早晚兒⑫走,你告訴我,我給你餞行。等你一路福星給我帶些東西回來。

---

① 底本作"害",據丁未本改。

② ＊攢,在感切。

③ 仰般脚:仰面倒在地上,四肢叉開、四脚朝天的樣子。亦作"仰巴脚""仰巴脚子"。

④ 疲纏:糾纏磨煩,死皮賴臉,指一味不休地糾纏某人或某事。卷二中作者注"死皮"。

⑤ 磨子:本是指將米、麥等磨成麵的圓形石磨,此處指打轉、糾纏。如《紅樓夢》第九回:"你那姑媽只會打旋磨子。"北京話里也有"耍賴磨子"的說法,即"無理糾纏、放刁撒賴"的意思。＊磨,莫臥切。

⑥ ＊硬,五更切。

⑦ ＊草雞,雞母。

⑧ ＊起咯起咯,起腔起勢也。

⑨ 鬧架子:吵鬧打架。

⑩ 没了局:没了體面,失了局面。如《紅樓夢》第一百四十回:"茜雪見她又說這没了局的話,便要引他出來。"

⑪ ＊盼,望也。

⑫ ＊幾時候也。

我這早晚①就走了,不能担擱②了,你要什麼,我給你捎③來就是咯。

　　老人怕吃硬

没牙齒嚼不動了,燉④得爛爛兒的,別弄得挺掷子硬⑤,白可惜了。

我的牙齒比你強,什麼骨頭一嚼⑥就粉碎,一點兒硌磴⑦都没有。

　　擇友

別替那些五二鬼⑧走攏,他麿騙⑨你。那一起没良心的王八崽子算了人咯?

當真的,都是些个勢力小人,舔⑩眼子的,真个要離了他纔好呢。

　　看人寫字

你扒⑪着窗戶那裡瞧什麼、笑什麼? 我寫字寫得不好嗎?

怎麼這麼說呢? 我要學你的字纔看你阿,你倒說我咯。

　　誠亂貪

少吃油炸鬼⑫,火氣忒⑬大,多吃會受傷,你總是貪嘴頭兒呢。

我見他噴⑭香的、繃⑮脆⑯的,比別的好吃。有甜醬粥兒送,就不怕火氣了。

　　打彈弓

你瞧你八哥兒,在房脊兒上站着呢,挐彈弓打他下來。我的彈弓是有准的。

---

① 　＊立刻也。
② 　担擱:耽擱。
③ 　底本作"梢",據丁未本改。
④ 　＊燉,徒渾切。
⑤ 　＊硬掷掷也。掷,博江切。
⑥ 　嚼,才爵切。
⑦ 　硌磴:方言詞,蔬菜水果等的細梗。這裏指一點兒渣都没有,全能吃掉。
⑧ 　五二鬼:小混混,不務正業的人。
⑨ 　麿騙:騙人。如"麿騙鄉曲"。卷二中注釋"麿,害也"。＊麿,於刀切。
⑩ 　＊舔,他點切。
⑪ 　＊扒,博拔切。
⑫ 　油炸鬼:油條在粵語及閩南語地區的叫法。＊炸,讀若渣。
⑬ 　＊忒,他得切。
⑭ 　＊噴,普悶切。
⑮ 　＊繃,北萌切。
⑯ 　＊脆,此芮切。

你那天打幾十个彈子都是落①空，没有一个②打着，還說有准嗎？

　　說貓懶

這个貓兒總不管閒事了，滿到處的耗子他總不挐，明兒摔③死了他。

耗子果然來得兇，吵得睡不着，什麼東西咬个稀爛。

　　女子看狗

有个姑娘看見兩个狗兒跐種④，他挐手搗着眼睛⑤，歸跟⑥悄悄放開手了縫來看，你說好笑不好笑呢。

春心總是有的阿，他外面害羞，心裡頭難道不熱嗎？這也怪不得他。

　　起得晏

五更天才睡覺，晚飯後才⑦起來，挐着白日來當夜裡，你說怪不怪呢。

都是弄慣了脾氣，顛顛倒倒的，你叫他不這麼⑧着，他不舒服阿。

　　叫人讓路

大爺們、老爺們、大太爺，讓開點兒罷，我們要赶道呢。

歇⑨着罷，這麼大条道，你單揀這裡走，閃開些罷。

　　老媒

有个姑娘，不知誰家的，在衚衕口兒走過，又標緻又穩重。我明兒給我們老表做个媒。

這个姑娘倒不錯，我認得。他是那家子的女孩，對你們老表真配的了。

　　送嫁

好个黃道日子，有人討親、有人嫁女，我們表妹也出閣，我還要送送轎去。

我没那麼大工夫，一概人情我都拉倒，我們老表討媳婦，我還没有過去呢。

---

① 　＊落，北音勞去声。
② 　底本作"介"，據丁未本改。
③ 　＊摔，讀若衰。
④ 　跐：踩。跐種：配種。＊跐，差上声。
⑤ 　搗着眼睛：捂着眼睛。
⑥ 　歸跟：到底。
⑦ 　底本作"木"，據丁未本改。
⑧ 　底本作"鬼"，據丁未本改。
⑨ 　底本辨認不清，據丁未本補。

懶做事

我連剃頭脩①癢的事都懶怠,又没个空兒,連洗澡的工夫都没有。

你要那麽楂巴撆手②的,抽个空③兒,什麽事情幹不來呢?

評論好歹

這小子有出息,熬得夜、做得活、耐得煩、靠得住,狠叫人疼。

那小子没出息,死懶不堪,一黑就睡,提不起的,實在掏氣,叫人生氣。

看跑馬

沙塵滚滚一溜④烟兒去了,你儜瞧見什麽東西,我總没看眞。

呵呵,你的眼睛那裡去了,跑輈⑤子馬的阿,你没瞧見你瞎了嗎?

消食

吃飯後總要走得這麽三五十步,遛遛⑥食,不然就存了食咯。

我總要拉幾髈⑦弓,把這身骨頭活動活動纔舒服呢。

放風箏

上山去放風箏,去挈⑧了線架子,放得高高兒的。

這宗儍頭風箏,怎麽放得起呢? 別白遭樏了線咯。

謙話

你儜這麽疼我、這麽抬愛我、這麽栽培⑨我,我還没補你的情⑩呢。

我少張羅、少照應、少效勞、少親教、少請安,你儜恕我呢。

---

① 脩:修。

② 楂巴撆手:也寫作"觰巴撆手""奓巴撆手",指丢開不管、甩手不幹,遊手好閒的。

③ *空,去声。

④ *溜,力求切。

⑤ 輈:輈。跑輈子,又叫"跑海","舊時一種有固定起點、終點的,有一定車費的,馬拉或驢拉載人車。"(引自高艾軍等《北京話詞典》) *輈,湯去声。

⑥ *遛,力求切。丁未本"遛遛食"注"散步消食"。

⑦ *髈,比郎切。

⑧ 底本作"挈",據丁未本改。

⑨ 底本作"啫",據丁未本改。

⑩ 底本作"清",據丁未本改。

添壽

望他老人家多活①幾年，瞧我們②過過日子，我們年輕人到底有个倚③靠。

他還足壯，吃得唱得，紅顏白髮的，眞是个福人，要活一百歲呢。

勤業

年輕人總要我④點事業，士農工商樣樣都好，總不要閒着，你說是不是呢？

何嘗不是這麼說呢，吃了老子娘的飯，竟是遊手好閒，也不是个道理阿。

求名

念書是要緊的，拉弓射箭是要緊的，没那兩件，挐⑤什麼來做官呢？

好阿，這纔是正經話阿。大夥總要勤學，還怕没出頭的日子嗎？

---

① ＊活，生也。

② 底本作"倜"，據丁未本改。

③ 底本作"尚"，據丁未本改。

④ 我：同"找"。 ＊我，側巧切。

⑤ 底本作"聖"，據丁未本改。

# 卷　二

## 官話別俗

　　每見本處人學習官話，字音有極工，腔口①有極肖，但於物件稱謂及成語應酬仍用鄉談俗語，是以令人難曉。凡各物名目，本省與外省有相同者，有不相同者，不可不辨。今編列數十欵於後，間②或以土語注脚，以便查考。

## 目錄

---

①　底本作"曰"，據甲午本改。
②　底本作"間"，據甲午本改。
③　疋：匹。

# 天文

| | | | |
|---|---|---|---|
| 上天 | 皇天 | 天色朦朧 | 蒼天 |
| 天亮<sub>即天光</sub> | 好暖活①天 | 好涼快天 | 天陰 |
| 天②晴 | 半陰半晴 | 開天③ | 天還沒開呢 |
| 好熱天 | 好冷天 | 好大太陽 | 太陽愰眼<sub>日頭罩眼</sub> |
| 晒得迷迷糊糊的<br>晒得昏昏頓頓 | 日頭④地<sub>所晒之處</sub> | 背陰子⑤<sub>即陰地</sub> | 日頭平西⑥ |
| 日頭落了 | 天色暗了 | 日暈⑦<sub>日邊圈氣</sub> | 月暈<sub>月邊圈氣</sub> |
| 日食 | 月食 | 日亮<sub>日頭</sub> | 月亮<sub>月光</sub> |
| 月芽<sub>新月</sub> | 月影 | 月色朦朧 | 殘月 |
| 月落了 | 天要起風了 | 颰⑧大風 | 好狂風 |
| 旋風<sub>鬼頭風</sub> | 頂風 | 順風 | 劃喇喇的⑨<sub>大風聲</sub> |
| 風滅了 | 天起雲⑩了 | 青雲 | 白雲 |
| 紅雲 | 黃雲 | 彩霞 | 打雷 |
| 打乍雷⑪<sub>忽然一陣</sub> | 天打閃<sub>即閃電</sub> | 天出虹 | 下雨 |

---

① 底本作"沾",據甲午本改。
② 底本作"大",據甲午本改。
③ 開天:久陰後開始晴天(參見董樹人《新編北京方言詞典》)。
④ 日頭:太陽。
⑤ 背陰子:陰涼地。
⑥ 太陽在西方將落。
⑦ ＊暈,音運。
⑧ ＊颰,古人切。按:當作"古八切"。
⑨ 劃喇喇:嘩啦啦。＊喇,音辣。
⑩ 起雲:轉陰,下雨前起雲。
⑪ 乍雷:炸雷,指清脆響亮像爆炸聲一樣的雷聲。

| | | | |
|---|---|---|---|
| 微絲雨 | 微風小雨 | 濛鬆雨①密雨絲 | 雨涿②濕了東西涿，滴也 |
| 淋濕了衣裳 | 雨漂進來 | 潦水③狠大水過街面 | 天不能晴 |
| 風雨調勻④ | 下驟雨⑤即白撞雨，又叫日亮雨 | 下霜露結爲霜 | 下雹⑥ |
| 下露 | 下霧 | 好大露水 | 好大烟霧 |
| 好大雪雨結爲雪 | 下雪了 | 綿花雪 | 鵝翎雪⑦ |
| 米心雪⑧ | 凍了冰凍澄也，水結也 | 冰窟窿水面打破，冰成孔⑨ | 冰楞冰条 |
| 冰河了冰封河面，可以行人 | 滿天星 | 星宿⑩ | 北斗星 |
| 南斗星 | 牛⑪郎星 | 織女星 | 星展眼⑫或見或隱 |
| 星過度即星飛 | | | |

---

① 濛鬆雨：毛毛細雨。此處三個關於"雨"的詞語，一個比一個大些。
② 涿：水滴。此處指小雨打濕了東西。＊涿，音卓。
③ 潦水：路上的流水，積水。
④ ＊勻，音雲。
⑤ 驟雨：暴雨，急驟的雨。廣東方言中亦稱"白撞雨""白撞"。清屈大均《廣東新語·天語》："凡天晴暴雨忽作，雨不避日，日不避雨，點大而疏，是曰白撞雨，亦曰過雲，亦曰白雨……"（轉引自清黎簡著，周錫、韋夏選注《黎簡詩選》，廣東人民出版社，1983 年第 48 頁）＊驟，音皺。
⑥ ＊雹，音包。
⑦ 鵝翎雪：鵝毛大雪。
⑧ 米心雪：源自滿語，多出現在初冬或冬末初春，由於空氣溫度相對較高，雪花落下時會稍微融化凝結在一起，類似蕎麥花序總狀的雪花，下寬上窄。由於滿族人長期生活在白山黑水之間，屬於亞寒帶甚或北寒帶氣候，所以滿語中描寫冰雪的詞語特別多，比如前面的"鵝翎雪"等。
⑨ 兩"冰"字，底本和甲午本均作"水"。
⑩ ＊宿，音秀。
⑪ 底本作"生"，據甲午本改。
⑫ 展眼：眨眼。

# 節序

| | | | |
|---|---|---|---|
| 立春 | 迎春 | 鞭春①即打春牛 | 雨水 |
| 驚蟄 | 春分 | 清明 | 穀雨 |
| 立夏 | 小滿 | 芒種 | 夏至 |
| 小暑 | 大暑 | 立秋 | 處暑 |
| 白露 | 秋分 | 寒露 | 霜降 |
| 立冬 | 小雪 | 大雪 | 冬至 |
| 小寒 | 大寒 | 上元② | 賀元旦③ |
| 賀元④ | 賀新正⑤ | 元宵 | 花朝即二月二日⑥ |
| 春社⑦ | 秋社⑧ | 端陽 | 重陽 |
| 三伏天最熱 | 三九天最冷冬至日數至第九日一輪，三九二十七日之內最冷 | 臘八節十二月初八送臘八粥，北人以爲節，彼此相送百菓粥 | 大建⑨月大 |
| 小建⑩月小 | 孟春正月 | 仲春二月 | 季春三月 |
| 孟夏四月 | 仲夏五月 | 季夏六月 | 孟秋七月 |

---

① 鞭春：立春時節在迎春儀式上打春牛。

② "三元"是漢族傳統節日。上元爲正月十五（元宵節），中元爲七月十五（中元節），下元爲十月十五。後來，下元漸漸被遺忘了。

③ 這裏的"元旦"指的是夏曆（即農曆）的正月初一，民國起纔表示公曆（即陽曆）的 1 月 1 日。

④ 賀元，即慶賀元宵節。

⑤ 新正，農曆新年正月或正月初一元旦。

⑥ 花朝：即花朝節，一般定於農曆二月十五日，因正值仲春，繁花盛開，又俗稱"百花生日"。歷史上各地花朝節的日期並不完全一致，還有定於二月二日和二月十二日的。二月二日的記載並不多，可能是因爲此日本有佳節，重複之後人們難以適從。除本書外，《韓墨記》裏也記爲二月二（參見何小顏《花之語》，中國書店 2008 年）。

⑦ 春社：立春後第五個戊日祭祀土神，以祈豐收。

⑧ 秋社：秋季祭祀土神的日子。

⑨ 大建：農曆的大月份，即有三十天的月份，也稱"大盡"。

⑩ 小建：農曆的小月份，即有二十九天的月份，也稱"小盡"。

仲秋八月　　　　季秋九月　　　　孟冬十月　　　　仲冬十一月

季冬十二月　　　　單月　　　　　　雙①月　　　　　閏月

冬景天②言冬日之
景況　　　　　　夏景天言夏日之景況

# 時刻

甚麼時候了問幾
時了　　　　　　太早呢　　　　　　大清早呢　　　　　一黑早天尚烏

老早　　　　　　還早　　　　　　　不早了　　　　　　上午了

中午　　　　　　下午　　　　　　　晌午正午　　　　　一會子一陣間

停一會即等一陣　多早晚了問有幾
　　　　　　　　時候　　　　　　這早晚如今　　　　此刻就要

目下③就去　　　馬上就來　　　　忽然間　　　　　忽喇吧即忽然間

太遲了　　　　　太晚了晏也　　　起來得晚起身
　　　　　　　　　　　　　　　　得晏　　　　　　晚不晌④挨晚

晌午錯晏晝過⑤　小晌午小晏晝,早
　　　　　　　　飯後些　　　　　天色晚了　　　　黑朧朧的黑麻麻

定更⑥了　　　　三更半夜的　　　雞叫了　　　　　從前

以前　　　　　　往後　　　　　　　以後　　　　　　前幾天

前年　　　　　　大前年　　　　　去年舊年　　　　今年

明年　　　　　　後年　　　　　　　大後年　　　　　前兒前日,呼前日⑦爲
　　　　　　　　　　　　　　　　　　　　　　　　前兒

---

①　＊雙,書汪切。
②　冬景天:方言詞,即冬天。
③　目下:眼下。
④　晚不晌:應是"晚半晌"的音變形式。
⑤　晌午錯:即剛過中午。晏晝:方言詞,廣東地區指中午及下午。
⑥　舊時晚上八時左右,打鼓報告初更開始,稱爲"定更"。
⑦　底本作"口",據甲午本改。

| | | | |
|---|---|---|---|
| 昨兒<sub>昨日</sub> | 今兒<sub>今日</sub> | 後兒 | 明天 |

昨兒<small>昨日</small>　今兒<small>今日</small>　後兒　明天

昨天　今天　大後天　早多着呢<small>時候尚早的</small>

成日家①<small>盡日也</small>　黑家白日<small>連日帶夜</small>　五更頭兒　黑洞洞的<small>黑麻麻</small>

是時候咯罷　没踪②　這程子<small>一月半月之久</small>　這會子<small>目下一時也</small>

子丑寅卯辰巳午未申酉戌亥　子初子正③　丑初丑正④　日子<small>子正以後爲日子</small>

夜子<small>子正以前爲夜子</small>　剛纔<small>昨先</small>　熬不得夜<small>熬捱也</small>　老陽傍西了<small>日頭挨西</small>

## 地理

五岳　五湖　四海　山頂

山尖子<small>山峰</small>　大嶺　小嶺　山腰<small>山中間</small>

山洞<small>山岩圓口</small>　山澗<small>山坑</small>　山峽<small>兩山夾埋中有河</small>　斜坡子<small>斜墚</small>⑤

陡坡子<small>企墚</small>⑥　坑坑墶墶⑦的一个氹⑧<small>一个凹的地</small>　平地　空地

磯丁梆塊的<small>有坭⑨粒瓦塊的地</small>　荒地　潮濕地　地發潮

---

① 成日家:整天裏。
② 没踪:没影。
③ 子初:指 23:00—24:00;子正:指 24:00—1:00。
④ 丑初:指 1:00—2:00;丑正:指 2:00—3:00。
⑤ 墚,險陡的堤岸、山崖。底本作"撳",據甲午本改。下同。
⑥ 企墚,方言詞,很陡的堤岸。
⑦ 墶:窪。
⑧ 氹:凼。水坑。
⑨ 坭:泥。

| | | | |
|---|---|---|---|
| 地下霪①得狠 地濕到透 | 地爛 | 坭淖②得狠 地有不乾不濕的,路有爛坭的 | 地乾爽了 |
| 挺硬的地 寔在硬 | 晶霪的地 晶甚字之意,凡物皆有稱,如晶薄晶濕之類③ | 野地 | 天壇 祭天處 |
| 日壇 | 月壇 | 村鄉 | 村庄 |
| 潵④了水倒水花下地 | 屯裡 耕田人多住的村庄,田邊屋塲 | 庄裡 亦是耕種之所 | 小市⑤ |
| 大市 | 集塲 墟塲也⑥ | 較塲⑦ | 塘舖⑧ 有兵走遞⑨文書的 |
| 營汎⑩ | 營房 營兵所住之處 | 驛站 約一百里爲一站,有馬號走本章處爲驛 | 腰站⑪ 半站 |
| 鎮頭 大市塲貨物出入之處 | 馬頭 船隻灣泊之處,即埠頭也 | 渡頭 | 關口 |
| 口子 小関口 | 萬里長城 | 長江 | 黃河 |

---

① 霪:泥濘的意思。

② 淖:濘。

③ "晶"表"很"义,如姚繼忠整理的民謠《從小就聽毛主席的話》:"風吹雨下嘩啦啦,衛東放學跑回家,衣服淋得晶晶濕,好像一隻水鷄娃。"（摘自《朵朵葵花向陽開》,河南人民出版社 1974 年,第 56 頁。）

④ ＊潵,蘇假切。

⑤ 市:集中買賣貨物的固定場所。

⑥ 集場,方言詞,北方地區對"集"的説法。集:北方農村或小城鎮定期舉辦的買賣貨物的地方。市,每天都有;集,不是每天,如逢十有集。而南方部分地區稱集爲"墟",也作"圩"。

⑦ 較場:校場。

⑧ 舖:鋪。

⑨ 遞:遞。

⑩ 汎:泛。營泛,軍區兵站。《官場現形記》第十二回:"官兵有兩種。一種是綠營,便是本城額設的營泛。""上司也曉得該處營泛兵力單弱。"

⑪ 腰站:驛站的中間站,以便休息打尖或換馬,也稱"腰頓"。

| | | | |
|---|---|---|---|
| 河汊①子橫叉水路 | 河套子倔頭涌滘② | 大河 | 小河 |
| 裡河地內鄉內之河 | 外河 | 河沿河邊 | 長潮水大 |
| 退潮水乾 | 死水溝死水涌 | 港口小海口 | 坑子 |
| 埂子③地將 | 峽口 | 河底下 | 岸上 |
| 灘頭 | 山脚 | 山窩 | 橋 |
| 橋梁 | 浮④橋 | 大路上 | 大道大路,呼路爲道 |
| 小道小路 | 堵了路塞了路 | 嶇⑤嶇路 | 曲曲灣灣的 |
| 拐彎的走運橫路走 | 筆直的走 | 十字路 | 三叉路 |
| 田上 | 田攏子田基⑥ | 土堆子坭堆 | 水窩子⑦水氹 |
| 篆窩子同上 | 墺⑧地 糯澁⑨,墺同溺。 | 水脬⑩水泡 | |

## 都邑

| | | | |
|---|---|---|---|
| 北京城 | 南京城 | 外城 | 內城 |
| 城樓 | 城圈 | 城垛城人,又稱女墻 | 城墙底下 |

---

① ＊汊,同汊。

② 倔:同"崛",突出的意思。涌:方言詞,河汊子。滘:方言詞,指水相通處(多用于地名),如雙滘鎮、道滘鎮(均在中國廣東省)。

③ 埂子:種植農作物的壟。＊埂,音梗。

④ ＊浮,讀若夫。

⑤ 嶇;崎。

⑥ 基:堤、埂。

⑦ 水窩子:又稱井窩子,在老北京的胡同裏,有一些水井,在水井旁邊,通常會有一些窩棚,這些窩棚就被稱爲"水窩子"。

⑧ ＊墺,同溺。

⑨ 澁,方言詞,爛泥的意思。＊糯,相土入声;澁,迫下去声。

⑩ 脬:同"泡"。"水",底本作"本",據甲午本改。

| 城裡① | 城外 | 官堆② | 大街上 |
| 大衚衕大巷 | 小衚衕小巷 | 死衚衕倔頭巷 | 炮台 |
| 箭道③ | 營盤④ | 望樓⑤ | 帳房 |
| 公館 | 城門洞安城門處 | 行臺⑥ | 箭亭⑦ |

# 宮室

| 皇城 | 紫禁城 | 太廟 | 大殿 |
| 便殿 | 大內宮內 | 朝內 | 朝房 |
| 王府 | 相府 | 衙門 | 轅門⑧ |
| 照牆⑨ | 衙⑩道 | 上馬石炮台⑪ | 吹鼓亭⑫ |
| 儀門正門 | 大堂 | 宅門 | 川堂⑬ |
| 丹墀⑭ | 花廳 | 辟雍⑮學宮 | 文武廟 |

---

①　裡,底本作"裡",甲午本作"埋"。

②　官堆:倉儲名。宋元舊制,按鹽丁數額辦理鹽課,課鹽收倉堆存。存鹽之倉稱爲"官堆"。

③　箭道:舊時官府所設練習射箭的場所。

④　營盤:營寨、營房,軍營的舊稱。

⑤　望樓:一是指觀望景色用的建築物,如屋頂吊樓或池中小亭;二是指供遠望敵方用的樓。此處應指後者。

⑥　行臺:舊時地方大吏的官署與居住之所。也可以用來指客寓,旅館。

⑦　箭亭:清代皇帝及其子孫練習騎馬射箭的地方。箭亭名爲"亭",實質上是一座獨立的大殿,位於紫禁城東部景運門外、奉先殿以南的開闊平地上。

⑧　轅門:軍營營門。

⑨　照牆:即照壁,古時稱"蕭牆",現北方很多地區稱爲"影門牆"或是"影壁(牆)"。

⑩　衙道:官府或庭中的中路。

⑪　上馬石:爲騎馬人準備的,是一個有兩步臺階的石頭。作者此處注"炮台",不知何故。

⑫　吹鼓亭:官府供儀仗鼓樂手用的屋子。

⑬　川堂:即穿堂。

⑭　丹墀:指宮殿的赤色臺階或赤色地面,也指官府或宗廟的臺階。

⑮　辟雍:古代的一種學宮,專供男性貴族子弟在這裏學習各種技藝,亦作"璧雍"。

| 兩廡①廊房 | 暖閣 | 會客廳 | 房子 |
|---|---|---|---|
| 屋子 | 寬寬綽綽②的寬濶 | 窩窩囊囊的小窄 | 正房 |
| 偏廈側屋 | 掛廊 | 窗戶窗口 | 卧房 |
| 浴③房洗身屋 | 淨房厕坑 | 茅厠同上 | 陽溝明渠 |
| 陰溝陰渠 | 渠眼子水寶口④ | 天溝子瓦上天坑 | 天井週圍有瓦蓋的 |
| 院子天階之類 | 前院子無樹木爲院,有樹木爲園 | 後院子 | 房簷⑤簷邊 |
| 夾道兩邊夾牆窄路 | 角鏮⑥角頭也 | 戲園戲館 | 橫頭紅樓五十四回載,此名少叫⑦ |
| 飯店 | 稻子塲地塘 | 茶館 | 耗子洞老鼠窿 |
| 馬圈⑧大馬房 | 耗子窩老鼠窿尾⑨ | 狗窩 | 雞窩 |
| 牛圈牛欄 | 灶台灶頭 | 灶門灶口 | 雀窩雀巢 |
| 灶簷灶眉 | 房樮 | 灶洞灶裡 | 晒塲晒穀地 |
| 馬台石⑩ | 晒台晒棚 | 通亮眼小天窗 | 同一个院子住着 |

---

① 兩廡:宮殿或祠廟東西兩側的房子。
② ＊綽,請若吵音。按:"請"當作"讀"。
③ ＊浴,同玉音。
④ 水寶口:方言詞,渠眼之意。《大正新修大藏經》:"佛言,應織物遮水寶口。爾時浴竟棄浴室去,後火燒浴室。"《茂名文史》第十四輯(茂名市政協文史資料研究委員會1992年,第146頁):"誰知到了晚上,他竟偷偷地從學校圍牆邊的水寶口鑽了出去。"
⑤ ＊簷,音言。
⑥ 角鏮:即旮旯,角落。可參見卷一中"格拉頭"的注釋。"角落"和"旮旯"是同源詞。＊角,讀各;鏮,讀拉。
⑦ 橫頭:正面兩側的位置,或長方形物體較短兩側的位置。《紅樓夢》第五十三回:"這邊橫頭排插之後小炕上,也鋪了皮褥,讓邢夫人等坐下。"
⑧ ＊圈,音眷。
⑨ 窿尾:洞穴。今天廣東部分地名中仍有用"窿尾"的。
⑩ 馬台石:上下馬的時候脚踩的石頭。

## 屋料

| | | | |
|---|---|---|---|
| 正樑 | 大駝<sub>金鐘架</sub>① | 二駝 | 柱子 |
| 柱墊子② | 柱盤子 | 檁子<sub>桁</sub> | 托枋③<sub>方桁</sub> |
| 椽子<sub>角</sub>④ | 樓鎭<sub>閣母</sub> | 火磚 | 大方磚<sub>堦</sub>⑤<sub>磚</sub> |
| 小方磚 | 土磚<sub>坭磚</sub> | 石灰 | 蠣灰<sub>蠔灰</sub>⑥ |
| 青灰<sub>烏烟</sub> | 墙跟底下 | 葢房子<sub>起屋</sub> | 砌牆<sub>起墙</sub> |
| 打點縫子<sub>洗磚口</sub><br>灰蠟 | 和⑦坭<sub>撈坭</sub> | 打牆<sub>舂墙</sub> | 刷⑧牆 |
| 墁地<sub>以氊鋪地</sub> | 塡地 | 地屛板<sub>地閣</sub> | 台堦<sub>堦級</sub> |
| 墙拐角<sub>墙外角頭</sub> | 板瓦<sub>大瓦</sub> | 筒瓦⑨ | 瓦面 |
| 瓦籠子<sub>瓦坑</sub>⑩ | 花邊瓦 | 打脊⑪ | 房脊 |
| 頂篷<sub>天花板之類</sub> | 竹架子<sub>牛挨之類</sub> | 漏槽 | 簷篷 |
| 篷撑子<sub>枝篷竹竿</sub> | 柵欄<sub>闊邊疏杉柱</sub> | 格扇<sub>明瓦窗門之類</sub> | 屛門<sub>密板屛門</sub> |

---

① “駝”，卷一作“柁”，下同。柁：屋柱上的橫木。金鐘架：廣東地區把房屋裏用杉木構成的呈金字形的梁架稱爲“金鐘架”。

② 墊：墩。支撑柱子的底座。

③ 枋：水準構件，位於如窗戶或走道之上，或是連接兩柱或兩框架的構件。

④ 椽子：放在檁上架著屋頂的木條。廣東地區稱爲“桷”。＊椽，音傳。

⑤ 堦：階。

⑥ 蠣灰：又稱蜃灰，蠔灰，俗名白玉，是我國沿海地區一種重要的傳統建築材料。連橫《臺灣通史》卷二十六工藝志（廣西人民出版社、人民出版社 2011 年，第 477 頁）：“沿海之地多畜牡蠣，臺人謂之蠔，取其房燒之，色白，用以堊墻造屋。”

⑦ ＊和，去聲。

⑧ ＊刷，書滑切。

⑨ 筒瓦：接合兩瓦壟子之間空隙用的燒製的筒狀瓦，中間要用灰沙填塞，以防漏水。一般簡陋的房頂是不用筒瓦的。

⑩ 瓦籠子：亦作“瓦壟子”“瓦楞”，建房頂時用瓦片砌成的凹下的排水槽。

⑪ 打脊：打屋脊。

門閫子①<sub>地袱</sub>　　門插子<sub>門閂</sub>　　門插關<sub>壓門閂之</sub>　　門消息<sub>門鬼</sub>
　　　　　　　　　　　　　　　　　　企木

門了弔②<sub>門鍊</sub>　　門掩錢<sub>菊花鎖③</sub>　　門環子　　　　門枕子<sub>門斗</sub>

老鴉嘴<sub>雀腦</sub>　　門墩④子<sub>門砧</sub>　　門轉身<sub>轉抽⑤</sub>　　門角鐏<sub>門扇底</sub>

關上門　　　　門屈戎⑥<sub>走馬之類</sub>　　門縫子<sub>門縛</sub>　　打門

拍門　　　　　扣上門　　　　關死了門　　　　没關死了門

房子倒塌⑦了　　房子拆了　　　賃⑧房子住　　　陝墙<sub>掩手</sub>

風火牆<sub>鑊耳之類⑨</sub>　　獸頭<sub>鼇魚頭之類</sub>　　覆洞<sub>閣口梯之上鑽</sub>　　門斗
　　　　　　　　　　　　　　　　上去者

門要關活絡些　　裱糊頂格<sub>裱天</sub>
　　　　　　　　花板

## 衣冠

頂子　　　　　朝帽　　　　　緯帽　　　　　暖帽

涼帽　　　　　羽纓帽⑩　　　帽頭<sub>暖帽胎</sub>　　帽叉子<sub>涼帽胎</sub>

帽篷<sub>同上</sub>　　　小帽　　　　　帽梁子<sub>帽頂耳</sub>　　帽絆子

---

①　門閫子:即門限,門檻的意思。地袱:護欄的底座。
②　門了弔:即門弔兒,門上的搭鈎,又作"門了鳥"。
③　底本作"菊花頭",據甲午本改。
④　門墩,又稱門座、門臺、門鼓、抱鼓石,四合院中門或正門底部,起到支撐門框門軸作用的一個石質的構件,也是門枕石伸在門外的部分。
⑤　門轉身:門軸。
⑥　屈戎:本是指單軸關節的一種,有一個運動軸,關節可以圍繞這個軸進行垂直的運動。但注釋中"走馬"是方言詞,在南方指樓房上的走廊。該詞的確切詞義不明。
⑦　底本辨識不清,據甲午本補。
⑧　*賃,音吝。
⑨　風火牆:防火牆。
⑩　羽纓帽:即羽纓冠。清福格著、汪北平點校《聽雨叢談》(中華書局 1984 年,第 11頁):"羽纓耐風雨,夏日行裝用之,無職庶人不准戴緯帽者亦用之。其纓以犀牛毛用茜草染成,佳者鮮澤柔細,望之如絨。"茜草根可做大紅染料,故這裏的帽纓是大紅色。

| | | | |
|---|---|---|---|
| 斗篷 大雪衣,竹雨帽亦叫斗篷 | 風帽 帽罩 | 帽的子 頂下皮錢 | 草帽子 |
| 領子 | 領衣 | 朝服 | 蟒袍① |
| 褶褂 | 披肩 | 公服 | 品級帶子 |
| 皮袍褂 | 棉袍褂 | 實地紗 | 夾袍褂 |
| 亮紗 | 棉紗袍褂 | 夾紗袍褂 | 外套子 即袍上面大褂 |
| 一口中 | 一裊圓 一口中② | 背心 紅樓廿四囬載 | 坎肩 紅樓一百○一,即背心 |
| 四不象 袍罩之類 | 鷹胯子③ 背心之類 | 馬墊子 馬褂別名 | 長棉襖子 長衲 |
| 小棉襖子 短衲 | 長衫 | 大帾子 長衫,單長衫曰帾 | 長帾子 同上 |
| 昭君套 係女人用,即皮額 | 綑条子④ | 大衿子⑤ | 汗褂 汗衫 |
| 褲子 | 套褲 | 叉褲 套褲 | 托肩 |
| 腰 | 夾 | 袍叉子 | 衣裳縫子 衫骨 |
| 袖口 | 繚縫⑥子 縫字,衣縫子 | 鍬縫子 挑骨 | 鈕子 |
| 扣⑦子 鈕 | 梢扣子 袍後角所釘,兩便⑧扣起 | 衣裳裂了縫咯 | 大披褂起來 排常 |

---

①　蟒袍:古代官員的禮服。上繡蟒,又名花衣、蟒服。

②　裊:裹。底本作"一日中",據甲午本改。

③　胯:膀。鷹胯子:鷹膀褂子,一種帶袖的坎肩,因有兩袖,好像鷹的翅膀,所以稱爲"鷹膀褂"(參見季學源著《紅樓夢服飾鑒賞》,浙江大學出版社,2012年)。《清稗類鈔·服飾·巴圖魯坎肩》:"京師盛行巴圖魯坎肩兒……南方呼爲'一字襟馬甲'……其加兩袖者曰鷹膀,則宜於乘馬,步行者不能著也。"

④　綑条子:製衣包邊時縫的布條。綑:捆。

⑤　衿:襟。大襟:指紐扣偏在一側的中式上衣或袍子的前面部分,通常從左側到右側,蓋住底衣襟。

⑥　*縫,去聲。

⑦　底本作"拍",據甲午本改。

⑧　兩便:兩邊。

| | | | |
|---|---|---|---|
| 衣裳破了 | 打个捕①釘<sub>補掩</sub> | 衣裳髒了<sub>污濁也</sub> | 衣裳花裡胡哨的<sub>大多痕迹</sub> |
| 抖抖衣服<sub>頓頓塵埃</sub> | 熨熨衣服<sub>熨衫，用熨斗熨衣也</sub> | 担担②衣服<sub>拍去衣塵</sub> | 合衫<sub>袍罩</sub> |
| 別弄髒了<sub>勿整腌臢</sub> | 褲襠子<sub>褲囊</sub> | 褲腰<sub>褲頭</sub> | 褲腿<sub>褲脚</sub> |
| 護膝<sub>包膝</sub> | 襪子 | 靴子 | 鞋鞤③子<sub>鞋旁</sub> |
| 靴鷂子<sub>靴桶</sub> | 鞋後根<sub>鞋踭④</sub> | 撒拉鞋<sub>撻踭</sub> | 拔起鞋來 |
| 鞋刷子<sub>鞋擦</sub> | 楦頭<sub>帽楦、鞋楦⑤，木模也</sub> | 木屐⑥ | 鳳冠 |
| 霞珮⑦ | 氅⑧衣<sub>齊袖袍</sub> | 雲肩⑨ | 圓領<sub>女衣</sub> |
| 腰圍<sub>亦叫抹胸</sub> | 裹脚帶 | 被襠頭⑩ | 被套<sub>馬包</sub> |
| 褥子 | 馬褥子 | 坐褥子 | 拜墊子 |
| 鷂子鞋<sub>半截靴</sub> | 繫起衣裳<sub>繫，挽也</sub> | 手帕子<sub>手巾</sub> | 雲額<sub>包頭，亦叫得</sub> |
| 抹眉蘇<sub>包頭</sub> | 把腰帶律順了<sub>律，理也。攄順物件</sub> | | |

## 紬緞布疋

| | | | |
|---|---|---|---|
| 花紬 | 紡紬 | 綿紬 | 春紬 |
| 寧紬 | 漢府緞 | 繭紬 | 貢繭 |

---

① 捕釘：補丁。
② 担担：撣撣。
③ 鞤：幫，古同幫，鞋幫的意思。＊鞤，音邦。
④ 根：跟。"踭"，底本作"踏"，據甲午本改。
⑤ 鞋：鞋。"鞋楦"，底本作"雖楦"，據甲午本改。
⑥ ＊屐，音极。
⑦ ＊珮，音背。
⑧ 氅：氅。大衣、外套的意思。＊氅，音廠。
⑨ 雲肩：即披肩。
⑩ 被襠頭：被頭。用來包住被子的上頭，以避免弄髒。

| | | | |
|---|---|---|---|
| 慕本緞 | 錦緞 | 羽緞 | 緞片 |
| 屯絹 | 剪絨 | 棉布 | 京布 |
| 粗布 | 細布 | 斜文布 | 印花布 |
| 夏布 | 葛布 | 機白布 | 蕉麻布 |
| 疋頭 | 零剪 | 棉線 | 絲線 |
| 打結子<sub>又叫打加踏</sub> | 棉花 | 絲綿<sub>豬肚棉</sub> | 木棉花 |
| 趕集去<sub>趕墟，買東西。集，墟也</sub> | 趂集<sub>趕墟，買東西</sub> | 扯羅帶子①<sub>雞腸帶</sub> | |

# 水火

| | | | |
|---|---|---|---|
| 河水 | 一流水 | 潮水 | 井水 |
| 雨水 | 水清 | 水溷②<sub>水濁</sub> | 水泡子<sub>水抱</sub> |
| 水沫子<sub>水糜</sub> | 水乾 | 水潦<sub>大雨，水過地</sub> | 打水 |
| 挑水<sub>担水</sub> | 水皮<sub>水面</sub> | 水底 | 擰出水來<sub>扭出水來</sub> |
| 鹹水<sub>又叫苦水</sub> | 淡水<sub>又叫甜水</sub> | 噴③水 | 赴水<sub>遊水</sub> |
| 淬懵子<sub>迷水中取魚</sub> | 潑水 | 淌水<sub>流水，慢流也</sub> | 澈了水<sub>茶盅滿澈下地處</sub> |
| 涼水 | 熱水 | 水開了 | 沸④出水來<sub>滾水出煲外⑤</sub> |
| 點着火 | 點着香火 | 點個亮來<sub>灯籠之類</sub> | 點个灯 |
| 搧着爐子<sub>撥着炉</sub> | 烤烤東西<sub>用火焙物</sub> | 照照東西 | 火苗太大了<sub>火尾太大</sub> |
| 火滅了 | 火爐都滅了<sub>火屎都熄了</sub> | 柴濕點不着火了 | 油都凍了<sub>凍澄也，結也，天冷則然</sub> |

---

① 羅帶子：羅纓，絲羅帶子，佩玉的帶子。
② ＊溷，音渾。
③ ＊噴：平声。
④ ＊沸：音費。
⑤ "外"，底本辨識不清，據甲午本補。

火烟燻得了不得
了烟屈了不得

## 飲食

| 弄茶 | 燒茶 | 泡茶 | 倒茶 |
|---|---|---|---|
| 端茶搬茶 | 攃①茶斟茶，又叫篩茶② | 哈③茶凡飲謂之哈，凡食謂之吃，寧可謂哈爲吃，不可謂吃爲哈。 | 哈酒 |
| 裝烟 | 燙酒 | 堆花酒 | 紹興酒 |
| 膏粱酒④ | 花酒 | 汾酒 | 甜酒 |
| 酒麯子酒餅 | 酒糟 | 酒淡 | 酒釀厚味也 |
| 酒釀太濃曰釅 | 茶淡 | 茶釀 | 茶釅 |
| 餞行酒 | 下馬酒 | 接風酒 | 清湯 |
| 紅湯⑤ | 雜碎湯 | 哈一口 | 哈个四兩指酒而言 |
| 哈乾了飲起了 | 都要告乾大家都要飲起報明 | 攃滿了斟滿了 | 好酒量 |
| 量廣阿 | 量淺呢 | 哈醉了 | 好多菜阿 |
| 豁拳⑥猜謎 | 就菜哈一盅趁菜飲一盃⑦ | 未有下酒的菜下酒即送酒也 | 太哈多了 |
| 醉昏昏了 | 太多菜了 | 我請你 | 我擾你 |

---

① 攃：塞。 ＊攃，音塞。
② 底本和甲午本均將"又叫篩茶"放在了"哈茶"註釋的後面，誤。
③ 哈：喝。
④ 膏粱酒：高粱酒。
⑤ 傳統的"紅湯"是指紅棗、紅豆、花生外面的紅皮熬製的湯，也可加入一些紅糖，又稱三紅湯。
⑥ 豁拳：猜拳，劃拳。
⑦ 盃：杯。

| | | | |
|---|---|---|---|
| 尔的東還是我的東呢? | 打平夥①罷閒午 | 不要蹭人家的吃 | 不要打破鑼②攙薄③人的份子 |
| 不要闖席④ | 粧醉的 | 眞醉的 | 忒醉了 |
| 不哈了拉倒罷 | 一會再哈罷 | 弄飯吃 | 大夥同爨 |
| 自己開爨 | 大米乾飯 | 小米稀飯 | 麵餅 |
| 麵飯 | 蒸餅 | 煮飯 | 煨飯以煲爲煨 |
| 捫飯不泌飯湯爲捫飯 | 疲了同糖不脆 | 飯得了 | 飯責糊了煮燋⑤了,不能食 |
| 飯爛了 | 飯哥巴飯燋 | 飯加渣飯糜干 | 盛⑥飯來載飯來 |
| 吃稀飯米未煲爛 | 哈粥擂爛的 | 早飯 | 中飯 |
| 晚飯 | 飽飽吃一頓 | 膩隔油多不消化 | 咽不下去吞不落 |
| 拿湯泡飯 | 嗆着嗓子嗉喉 | 圖吃 | 嘴饞 |
| 吧嗒嘴嗒嗒嘴 | 吃得嚦嚦喇喇 | 醉得迷迷糊糊 | 總不尅化⑦ |
| 吐了 | 多謝了 | 虛邀了 | 太破費了 |
| 花了錢呢 | 好多菜呢 | 海參 | 魚翅 |
| 燕窩 | 豬 | 魚 | 雞 |
| 鴨 | 燒的 | 煑的 | 燜⑧的 |
| 炒的 | 煨的 | 炖的 | 九大碗 |
| 圍餞 | 熱食 | 節節高 | 燒割盤 |

---

　①　打平夥:一種鄉間的聚餐方式,就是大家湊份子吃一頓。

　②　不要打破鑼:不要眼饞,不要嫉妒別人的東西。

　③　攙薄:攙和。如明張介賓著《景岳全書·本草正(下)》:"研水攙薄飲之,立吐風痰盡出。"(上海第二軍醫大學出版社 2006 年,第 1157 頁)

　④　＊席,音息。

　⑤　燋:焦。

　⑥　＊盛:音成。

　⑦　尅化:消化的意思。

　⑧　燜:燗。

| | | | |
|---|---|---|---|
| 點心 | 餑餑大酥餅之類 | 饅頭無餡之包 | 燒餅 |
| 大肉飯① | 小肉飯 | 山珍 | 海味 |
| 都有了 | 好厨子會弄菜 | 燒肉 | 醬肉 |
| 醃肉 | 燻肉 | 扣肉 | 大炒肉 |
| 小炒肉 | 熘肉 | 片火腿② | 白片肉 |
| 豬肉 | 鹵肉 | 噴香 | 炖肘子炖圓蹄 |
| 炒腰花 | 豬舌頭 | 豬爪子豬髈肉 | 肋条 |
| 前夾髈 | 炒牌骨 | 生炒雞 | 炒肫③肝即腎也 |
| 羊尾巴 | 鹿尾巴 | 銀絲麵 | 雞絲麵 |
| 雜會 | 炒雜碎 | 炒事件④同上 | 好鮮湯 |
| 好味道 | 吃個足了 | 他的菜弄的不好 | 又有哈拉味⑤□的 |
| 怪腥的 | 亨臭的 | 惡臊的 | 怪澀⑥的味刧 |
| 太稠⑦了俗語皺了不稀也 | 太筋⑧了靫⑨也，又叫疲了 | 稀腦子爛的爛如豆付⑩ | 乾燥糊拉的 |
| 鹹浸浸的 | 餕⑪了與饅同 | 吃蟹黃子黃膏 | 蟹壳 |

① 大肉飯、小肉飯,是滿族詞彙。
② 片:用刀將物斜削成扁薄形狀。
③ ＊肫,讀准平聲。
④ 事件:時件,鳥獸類的内臟。
⑤ 哈拉味:家裏的油、點心等食物放時間久了,就會産生一股又苦又麻、刺鼻難聞的味道,俗稱"哈拉味"。
⑥ 澀:涩。＊澀,音色。
⑦ ＊稠,直由切,音籌。
⑧ ＊筋,同金讀。
⑨ 靫:靭,同"韌",柔軟又結實。
⑩ 豆付:豆腐。
⑪ ＊餕,讀若搜,土音宿。

| 蟹臍 | 熱喇喇<sub>紅樓五十七</sub> | 喝一大海①<sub>紅樓廿六</sub><br><sub>大海碗</sub> | 把茶壺灪②乾淨了<br><sub>灪同涮,灪乾淨也</sub> |

# 五穀

| 稻子 | 粳稻子<sub>上等的</sub> | 撖谷子<sub>有穀無米的</sub> | 礕糠<sub>老糠</sub> |
| 米糠 | 紅米 | 白米 | 稗子米 |
| 麥③子 | 豆子 | 赤豆子 | 白扁豆 |
| 綠豆 | 黃豆 | 白豆 | 落花生 |
| 蠶豆 | 蘭花豆<sub>油窄④過</sub><br><sub>蠶豆</sub> | 豆角子<sub>又叫豇豆</sub> | 豆腐腦<sub>豆付花</sub> |
| 灣豆<sub>面豆、刀豆,原</sub><br><sub>叫豌豆</sub> | 凍豆付<sub>冰硬的</sub> | 麻豆付 | 付皮 |
| 一顆豆 | 一捽⑤<sub>一撮</sub> | 一升 | 一斗 |
| 一石⑥ | 一担 | 飈米⑦<sub>用鍋尖拔米</sub> | 連枷⑧<sub>打禾⑨用,一截竹</sub><br><sub>一截木,又名簽子</sub> |

# 麵食

| 磨麵 | 和麵 | 趕麵<sub>以短棍研麵</sub> | 趕麵棍 |

---

　　① 海:此處指酒海,一種大型的盛酒容器,因盛酒量多,故稱“海”。《紅樓夢》中還有“一海茶”的用法。

　　② ＊灪,數患切。

　　③ ＊麥,讀若賣。

　　④ 窄:炸。

　　⑤ ＊捽,音作。

　　⑥ 石:中國市制容量單位,十斗爲一石。

　　⑦ 飈米:用農具播揚,以便去殼。

　　⑧ 連枷:由一個長柄和一組平排的竹條或木條構成,用來拍打穀物、小麥、豆子、芝麻等,使籽粒掉下來。也作“梿枷”。

　　⑨ 底本作“未”,據甲午本改。

切麵麵片　　　　掛麵線麵　　　　麵筋　　　　　打糗①子打漿糊

煑麵糊結麵粥　　桃花麵半麵半粉　麵和酪麵粥　　痂瘩湯麵粒煑的

片兒湯麵片煑的　食麻糊芝蔴擂的　饅頭無餡②的飽　餑餑大酥餅之類

飽子　　　　　　餃子　　　　　　水晶飽　　　　餶子③

餛飩扁食　　　　酥餅　　　　　　浮酥④　　　　奶子酥

油餅　　　　　　鍋盔口生　　　　米糕　　　　　糕條雲片糕

元宵水圓　　　　黍角粽子　　　　油煠⑤鬼　　　麻花

酥酪⑥牛奶也

## 婚姻

保親媒人　　　　下定　　　　　　過聘　　　　　討親

加冠　　　　　　送添箱送花礼　　送賀禮　　　　伴婆從嫁婆

陪嫁丫頭　　　　拜堂　　　　　　吃交盃吃餪房⑦飯　洞房夜

鬧房反新婦　　　廟見拜祠堂　　　回九間門以九日爲期　再醮⑧

填房又叫續絃　　吃喜酒

## 生養

兩口子和氣了兩　行房　　　　　　身上有喜了　　作痛
公婆叫兩口子

----

① ＊糗,讀若醬。
② 底本作"節",據甲午本改。
③ 餶子:花卷。
④ 浮酥:酥油茶上浮結的油脂,通常會泛出柔韌而油亮的光澤,是真正的奶油。
⑤ 煠:炸。
⑥ 酥酪:奶酪。
⑦ 餪房:舊俗結婚前後宴請新夫婦。
⑧ 醮,古代冠禮、婚禮時用酒祭神的一種禮節。再醮,婦女再嫁。

臨盆生仔時候　　　穩婆接生婆　　　　養下兒子了生落仔　　有了小娃子了

頭生的頭一胎　　　雙生的孖仔　　　　背①生兒父外出死　　遺腹兒子父死后生
　　　　　　　　　　　　　　　　　　而生

供床公床母②拜　　吃奶子飲乳　　　　把屎把尿搦屎尿　　　留頂搭留辮③頂
床頭

孝順毛腦門心另留　　歪毛左右留髮,即　　坐搖車坐祿哥之類　　粘涎滴滴的流口水
一撮　　　　　　　　叉角鬠之類

吵吃要物食　　　　撒嬌詐嬌　　　　　善臉好笑容　　　　　滿地打滾的滿地碌沙

跳格登的跳跳　　　小孩子矇瞎摸　　　摔跟斗打跟斗　　　　藏毛兒⑤掩眼藏密處
擦擦　　　　　　　　盲公④

粧馬虎詐假老虎　　馬虎來了⑥　　　　放响鐘以繩車响　　頑燈兒
　　　　　　　　　　　　　　　　　　竹筒

放風箏　　　　　　吹哨子吹嘩嘩　　　打纺車子放風車　　淬僧子瘽入水裡

彈腦子以手指彈　　搗皮壳打口鼓　　　隔肢人怪麻酥以　　好頑好曠⑦好荡
頭壳　　　　　　　　　　　　　　　　手指乱折人曰隔肢

围脖子口水肩　　　抱裙　　　　　　　洗三朝　　　　　　　兜兜護肚

襁褓背帶　　　　　没褲襠褲襠開　　　出天花出痘　　　　大好了

---

①　底本作"皆",據甲午本改。下同。

②　床公床母:床神,也叫床公床婆。舊俗小兒生三日沐浴(三朝洗兒),必祭床公床母。

③　底本作"辮",據甲午本改。

④　矇瞎:捉迷藏。摸盲公,清褚人獲《堅瓠集》中作"扎盲盲",清人西厓《談征·事部》作"摸盲盲"。

⑤　藏毛兒:捉迷藏。徐世榮《北京土語詞典》中寫作"藏悶兒"。本字應是"藏矇",後因與"兒"合音變成"藏貓"。俞敏(1987):"北京人逗小孩兒,常藏起來或是擋住臉來說[mɒr¹³¹]……它是[mɐr]的變體,舊時別處方言的'(藏)貓兒'!"

⑥　馬虎:即媽虎子,傳說中的可怕的動物,大人們常用"媽虎子來了"來嚇唬嬰幼兒,使其停止哭鬧。唐代開始就有了"麻胡"的記載,後來一直在北方地區流傳使用,并產生了"媽猴子""媽虎子""麻鬍子""媽呼子"等多種不同的變體形式。如《北京話詞典》中有"媽虎子、麻胡子、麻虎子",《新編北京方言詞典》中有"媽猴子、媽虎子"等。

⑦　*曠,音逛。

摔踏慣了的 慣跌倒地　　毛孩子能有多粗多奊①呢

## 身體

| | | | |
|---|---|---|---|
| 腦袋 又叫腦瓜子即頭壳 | 頭角拐 額角 | 點點頭 | 搖搖頭 |
| 仰着頭 | 光着腦袋 光頭 | 篷着頭 散髮 | 披着頭髮 紅樓七十 |
| 辮頂 | 頭髮旋 又叫旋髮 | 腦門子 額門 | 歇了頂 露頂 |
| 禿子 頭髮脫了即齉鬎② | 髮際 髮腳 | 膚皮 頭皮枯乾坭 | 剃頭 |
| 打辮子 擯辮 | 鍋圈 辮旁新留短髮 | 梳③高髻 | 盤頭髻 大扁髻 |
| 盤頭鬢④子 髻叫鬢子 | 天庭 又印堂 | 偏額 | 兩太陽 雲精 |
| 挽個鳩子 豬屎髻,男子札⑤辮 | 腦梢子 後枕 | 腦後窩 頸尾坑 | 獨食窩 酒凹,又叫爭嘴窩 |
| 山根 鼻上處 | 鼻瓜子 鼻籠皮 | 鼻窟寵 | 鼻鬚 鼻裡毛 |
| 鼻子堵 大塞 | 齉⑥鼻子 半塞 | 塌鼻子 扁鼻 | 醒鼻子⑦ |
| 抽鼻子 縮鼻 | 糟鼻子 紅鼻 | 割鼻子 崩鼻 | 鼻痂瘟 乾鼻屎 |
| 打噴嚏 打嚏噴同,打乞痴 | 扯呼子 鼻鼾 | 眼眶子 眼圈 | 眼珠子 |
| 眼梢 眼角 | 青矇睛 發光睛 | 眼水 | 眼淚 |

---

① 奊,方言詞,粗大的意思,如"身高腰奊""他長得很奊"。
② 齉鬎,也作"癩痢""痢痢"。
③ *梳,同書音。
④ 鬢:纂。纂兒,婦女梳在頭後邊的髮髻。*鬢,音纂。
⑤ 札:扎。
⑥ 底本辨識不清,甲午本作"齁"。齉:鼻子不通氣,發音不清。
⑦ 醒鼻子:即擤鼻子,擤鼻涕。

眵礦智①眼屎多　　眼泡子眼肚②皮　　眯着眼閉埋③眼　　眼皮

䀹④眼　　睫巴眼亂斬眼⑤　　害眼眼熱　　瞎子盲⑥眼佬

斜眼　　老單子隻眼　　近趨眼近視眼　　暴子眼凸眼

疤拉眼眼皮有疤　　雌雄眼　　睜開眼　　瞪着眼眼都定

眯縫眼半開眼　　假粧坭師傅合埋眼　　眼矇　　眼麻胡眼麻查⑦

打瞌睡吸眼、坐倒、合眼亂點頭　　打肫兒同上　　眼巴巴的瞧着　　耳朵⑧

耳朵眼子耳窟　　兜風耳　　耳輪耳邊　　耳陣耳邊對面小肉

耳珠女人掛耳墜處　　耳梢　　耳後根　　害耳底耳底痛

割耳朵崩耳　　耳膜耳屎　　耳糠乾的　　耙耳糠濕的

重聽耳聾　　聽不見　　札耳珠女子串耳　　臉即面

臉旦面珠　　臉紅紅兒的　　洗臉　　擦擦臉

不顧臉　　害羞怕醜　　不害臊不怕醜　　歪臉

皺皮臉　　孤拐子顴骨　　哭喪的臉　　回過臉兒來佢轉面來

老公相亞婆⑨面　　抹下臉反面　　腮綹骨　　嘴丫子嘴丫角

漱口　　張開口　　咬一口　　人中

嘴唇　　下扒壳　　割唇子崩口唇　　嘴吧吧

嗒嗒嘴　　呱都着嘴弩起嘴　　辯嘴講口　　嘴饞貪食

---

① 眵礦智,方言詞,北方方言中指眼屎。＊癡媽胡。
② 底本作"胈",據甲午本改。
③ 底本作"理",據甲午本改。
④ ＊䀹,音陝。
⑤ 睫巴眼:頻繁地眨眼睛。斬眼:眨眼。今北方方言中多說"擠巴眼"。
⑥ 底本作"音",據甲午本改。
⑦ 麻查:模糊不清的意思。有"麻查、麻喳、麻茶、麻嗒、麻搽、麻渣"多種寫法,讀作[ma za]或[ma tsa]。
⑧ ＊朵,又音刀。
⑨ 老公:老年人的統稱。亞婆:對老年婦人的尊稱。

| | | | |
|---|---|---|---|
| 鬍子 | 鬍鬆子<sub>鬚特剃過出回</sub> | 鬍莊<sub>初出鬚特</sub> | 連鬢鬍子<sub>大鬍鬚連上①辮</sub> |
| 繚腮鬍子<sub>大亂鬍鬚</sub> | 三尖鬍子 | 五綹鬍子 | 舌頭尖 |
| 巧舌子<sub>會說話</sub> | 大舌頭<sub>大利頭</sub> | 啞巴子<sub>啞佬</sub> | 結吧子<sub>重話,即流口</sub> |
| 打格磴<sub>講話折鄧</sub> | 咬舌子<sub>利音不清</sub> | 弔鐘<sub>又叫喉珠</sub> | 嗓根子<sub>喉欖裡,又叫喉結子</sub> |
| 嗓子<sub>喉嚨</sub> | 嗓子乾了 | 削腮 | 嗓子啞了 |
| 嗓子破了<sub>声折</sub> | 嗓子乾了 | 叉着嗓子了<sub>骨鯁之類</sub> | 打哈哈<sub>打咸潑</sub> |
| 咳嗽 | 放唾沫<sub>吐口水</sub> | 打飽膈<sub>食飽喲長氣</sub> | 吐痰 |
| 打膈兒<sub>喲短氣</sub> | 打息逆<sub>打思厄</sub> | 大牙 | 門牙 |
| 瞭牙<sub>暴牙</sub> | 牙縫<sub>牙鏄</sub> | 牙花<sub>牙屎</sub> | 牙黃<sub>同上</sub> |
| 牙床<sub>牙內</sub> | 牙叉骨<sub>牙較骨②</sub> | 牙活動了<sub>牙欲跌</sub> | 弔了牙 |
| 墊着牙<sub>硬着牙③</sub> | 粘着牙<sub>糙牙</sub> | 梳梳牙<sub>剌牙</sub> | 脖子<sub>頸</sub> |
| 直着脖子 | 縮着脖子 | 拴他脖子 | 㾮袋脖④<sub>大頸泡,女人亦有</sub> |
| 肩髈 | 髈梢<sub>髈尖</sub> | 擠着肩髈<sub>兩人拍埋肩</sub> | 肩窩<sub>膊頭氹</sub> |
| 鎖子骨<sub>頸下兩橫骨</sub> | 脊梁<sub>背脊</sub> | 牽板骨<sub>飯匙骨,又名哈拉巴</sub> | 心坎 |
| 心口 | 心窩<sub>心口</sub> | 惡心<sub>作悶要慪</sub> | 生氣 |

---

① 底本作"士",據甲午本改。

② 牙叉骨:牙床骨。《醒世姻緣傳》第五十七回:"俺自己幾口子還把牙叉骨吊得高高的打梆子哩!"《金瓶梅》第三十七回:"等他的長俊了,我每不知在那裏曬牙揸骨去了!""牙揸骨"即"牙叉骨",而"曬牙揸骨"則是死的俏皮話(參見蔣宗富著《语言文献论集》,巴蜀書社 2002 年)。

③ 墊着牙:咯着牙。硬,咯的意思。

④ 㾮袋脖:地甲病。

| | | | |
|---|---|---|---|
| 慪氣激人惱① | 觸惱激氣怒也 | 發毛驚諕② | 駭怕心慌 |
| 胸堂胸脯 | 胸脯子 | 挺起胸脯子 | 駝子亞駝，曲背子 |
| 前雞胸 | 後羅鍋後背凸起 | 奶子乳 | 寒毛 |
| 脫兒即奶子 | 毛吼眼毛管 | 肋巴骨 | 軟肋軟掩 |
| 腰眼子腰骨 | 伸懶腰 | 彎了腰 | 繫了腰束腰 |
| 插着腰 | 閃着腰 | 大肚子 | 小肚子 |
| 肚子疼 | 鼓起肚子 | 肚臍眼 | 肚皮子 |
| 光脊梁脫汗衫見肉 | 唾沫星吐口水花 | 狐臭氣 | 齷齪污遭 |
| 髒得狠同上，髒污也 | 洗澡洗身 | 搥背 | 修癢搔痕 |
| 搔癢同上 | 孝順兒抓癢的東西，牛骨爬子 | 怪麻酥肉酸 | 捻搭糊的一身發軟 |
| 捻不癒不乾爽也 | 滑溜溜的 | 胳脖子手臂 | 肘子手蹲 |
| 胳膊肘子手蹲外 | 胳脖腕子手蹲 | 胳肢窩架勒底 | 蝦麻古都老鼠③仔混名，大髖肉團也。 |
| 攢④勁弩起力 | 巴掌 | 手心 | 手面 |
| 手掌紋 | 手腕子 | 手骨拐子手眼 | 大母指頭 |
| 二母指頭又叫食指 | 中指 | 無名指 | 小母指 |
| 支生指多一只 | 指甲葢 | 指甲縫鏮也 | 並生指兩指合埋 |
| 指頭肚子手指紋處 | 手骨節 | 磨起膔⑤子手生枕 | 燙起皰子 |
| 指窩紋 | 蹶腿跛脚 | 手打顫打震 | 伸出手 |
| 袖着手 | 拱着手 | 撒開手 | 背着手 |

---

① 慪氣：生氣。
② 諕：諕。
③ 底本辨識不清，據甲午本補。
④ ＊攢，音趲。
⑤ ＊膔，音講。

擎①着手<sub></sub>曳高手　　搭拉着手垂手　　拉拉手相拉手　　屁股

撅起屁股蹺高屎窟　　跑肚子肚阿②　　屁股亂號放响屁　　屁股旦臀珠

屁股溝糞門鏄　　屁股眼　　肛門　　脫肛

尾巴椿子尾龍骨　　肌肌陽物　　撒尿小便　　卵泡春袋,腎囊

卵子春核　　胯襠腿底　　大腿　　腿肚子脚囊

肢膞③蓋膝頭　　腿灣子脚均　　腿脡骨脚筒骨　　歪腿子

臁子骨剌哥　　琵琶骨大髀骨　　跨子骨春根骨　　蹺着腿坐着

穩盤大座　　盤腿兒坐着　　交着肘交手踭　　撒開腿

搭拉腿　　脚面　　脚心　　脚丫子

脚後根脚踭　　脚指　　脚麻了脚沁　　脚底板子

走出皰來了　　踩脚以脚踩地　　跂跴着脚曳高脚　　脚指甲

倒搭脚鴨蹄脚　　合桃骨脚眼　　光脚了打赤脚　　脫④即乳

膕子起枕皮　　二棒骨脚脡骨　　胖子　　懷子骨脚眼

高大漢子　　矮子　　矬子同　　瞟眼⑤紅楼廿八囘,賣眼角也

奔樓頭⑥凸額　　臉皮皴⑦了脚踭 凍裂之類

## 動靜

懶得動　　搖搖頭　　點點頭　　仰着頭

---

① ＊擎,同晴。按:底本誤作"同睛",據甲午本改。

② 跑肚:拉肚子。阿,同屙。

③ ＊肢,音波。膞,音羅。

④ ＊脫,居佳切。

⑤ 瞟眼:斜著眼看人。

⑥ 亦有"鏄髏頭""鏄顱頭""碑樓頭""鏄婁頭"等不同寫法,用來指額頭高且凸。本字應是"梆子頭",指大腦袋,後用"梆兒頭"專指前額凸出,後音變爲"鏄兒頭"。今天的"鏄婁頭""鏄(兒)拉頭"都是其變體形式(可參見《北京話詞典》《北京土語詞典》等)。

⑦ ＊皴,音村。

蹲着<sub>紅楼六十三回</sub>　　低着腦袋<sub>低頭</sub>　　磕响頭<sub>叩响頭</sub>　　蹾着地下<sub>摺埋却，縮低</sub><br><sub>地下</sub>

躺①在地下<sub>躺，</sub>　　站起來<sub>企起、站</sub>　　站攏些<sub>企埋的</sub>　　站遠些<br><sub>睡也</sub>　　　　　　<sub>企也</sub>

站在旁邊　　　　　站開些　　　　　東西硌②着了<sub>有</sub>　　踹③在地下<br>　　　　　　　　　　　　　　　　　　<sub>物硬</sub>

坐下罷　　　　　　坐在那裡罷　　　坐在這裡罷　　　拿頭頂着

掉轉臉背着<sub>掉</sub>　　把肩夯④着<sub>夯，</sub>　　拿手端着　　　　一个手兒挽着<br><sub>轉面</sub>　　　　　　<sub>托也</sub>

兩个手兒摟著<sub>抱住</sub>　兜着底兒　　　　挲手參着　　　　袖着東西<sub>放入衫袖裡</sub>

擱在這裡<sub>擱，放也</sub>　放在地下<sub>珍重放</sub>　丟在地下<sub>亂丟下</sub>　撿起來<sub>執起</sub>

拾起來<sub>同上</sub>　　　叠起衣裳　　　　墊起棹⑤子來　　栓住他<sub>以繩綁住</sub>

解下來　　　　　　掠⑥過來<sub>強取物件</sub>　取過來　　　　　奪過來

搶他的東西　　　接過來　　　　　推開他　　　　　慢慢捱⑦罷了

滾罷<sub>罵人，滾碌也</sub>　滾下去　　　　　幌頭幌腦的<sub>搖頭</sub>　端眉縮脖的<sub>登眉縮頸，</sub><br>　　　　　　　　　　　　　　　　　<sub>搖腦</sub>　　　　<sub>鬼鼠樣</sub>

眉來眼去　　　　　泚牙料齒的<sub>支開</sub>　擠着脖子<sub>夾埋肩</sub>　手里擎着一枝花<sub>輕輕</sub><br>　　　　　　　　　<sub>口似笑</sub>　　　　　　　　　　　　<sub>的拈住</sub>

打他脖子拐⑧　　打他耳瓜子　　　指桑罵槐的<sub>指東</sub>　打盹兒<sub>盹即睡</sub><br>　　　　　　　　　　　　　　　　　<sub>瓜話葫蘆</sub>

不要隔肢他<sub>以手</sub>　撅着嘴　　　　　遊遊蘇蘇的來<sub>似</sub>　掰⑨着<sub>掰開以手減物</sub><br><sub>折人軟掩</sub>　　　　　　　　　　　　<sub>遊魚慢慢來</sub>

---

①　底本作"躼"，小字"躺"誤作"躺"，據甲午本改。<br>
②　＊硌，音擱。<br>
③　＊踹，差上声。<br>
④　＊夯，音抗。<br>
⑤　棹：桌。<br>
⑥　＊掠，羅去声。<br>
⑦　捱：挨。<br>
⑧　脖子拐：用手打在腦勺子上，亦稱"脖拐""脖兒拐"。<br>
⑨　底本作"辦"，據甲午本改。＊掰，拜平聲。

嚎啕大哭　　　哈哈大笑　　　低三下四的<sub>肯</sub>　　　抓巴撂手①<sub>忙手忙脚</sub>
　　　　　　　　　　　　　　　低頭

賊鬼是的<sub>大鬼骨</sub>

# 行走

走道　　　　　　趕②路<sub>走急些</sub>　　趕路<sub>愈發急</sub>　　　走一遭<sub>行一遍</sub>

走過兩次　　　　大夥兒去<sub>大家去</sub>　走一回　　　　　你在頭裡③走

我在後頭跟着　　讓我先走　　　　饒我兩步<sub>饒，讓也</sub>　往那裡去

走迷了道<sub>走失道</sub>　走差了道　　　　赶得上赶不上呢　橫竪④赶不上了

歇歇再走了　　　還有多遠呢<sub>問有</sub>　没多遠了　　　　望前就是
　　　　　　　　　多少路

有多少站數呢　　還有一兩站<sub>一百</sub>　有多少里數呢　　有一百里
　　　　　　　　　里爲一站

有八十里　　　　有一里　　　　　有半里　　　　　晌午要打尖<sub>在細店</sub>
　　　　　　　　　　　　　　　　　　　　　　　打中火⑤

點燈時候就住了　赶快走　　　　　騎馬也好　　　　騎驢也好
在大店安歇

騎小驢也好　　　坐大車也好<sub>三四</sub>　在⑥單驢子車也好　坐驢車也好
　　　　　　　　　個牲口拉的

不要坐牛車叫人　坐小車也好<sub>用人</sub>　坐四轎也好　　　坐二轎也好
笑話　　　　　　推的

---

　　① 疑是卷一中的"揸巴撂手"，應是甩手不幹、遊手好閒的意思。但小字注"忙手忙
脚"，却完全是相反的意思。

　　② 趕，快走。

　　③ 頭里：前面。

　　④ 竪：豎。

　　⑤ 打中火：也作"打中夥"，行路的人在途中吃午飯。

　　⑥ 在，應爲"坐"。

| | | | |
|---|---|---|---|
| 兜轎也好 | 總要走得快當① | 小子們也要給小轎他坐 | 不要叫他跑腿 |
| 恐怕走乏了 | 走不動 | 跟不上就不好了 | 走道要穩重 |
| 不要慌慌張張 | 不要打趔趄企②不穩 | 不要東瞧西望 | 好生走道 |
| 別絆倒別,不要也,有物③阻住脚曰絆 | | | |

## 言語

| | | | |
|---|---|---|---|
| 說話是要講究的 | 要說正經話 | 没有事只管談談說說 | 長談講得耐 |
| 我替你說話 | 要老老實實的說 | 別撒村億頼④ | 不要撒謊講大話⑤ |
| 不要唧唧呱呱 | 吟吟沉沉細講話 | 嚷⑥來嚷去吆來吆去,上声 | 混嚷亂叫 |
| 要明明白白 | 清清楚楚 | 不要支支離離 | 顛顛倒倒 |
| 花花哨哨 | 唧唧噥噥吟吟沉沉,大講話 | 絮絮叨叨囉囉唆唆 | 半吞半吐 |
| 這就不必說 | 不用說了 | 不要說了 | 偏要說 |
| 你別告訴人 | 這話說不出口 | 他說話總是荒唐的 | 不中聽的 |
| 聽不得的 | 靠不住的 | 咱們兩个商量罷 | 你看他們兩个胡說巴道的 |

---

① 快當:快速,迅速。
② 底本作"金",據甲午本改。
③ 底本作"勿",據甲午本改。
④ 億頼:無賴、壞的(據岳國均等《元明清文學方言俗語辭典》)。
⑤ 講大話:粵方言詞,說謊。
⑥ ＊嚷,上声。

| | | | |
|---|---|---|---|
| 糊謥亂講無憑,紅樓夢用嗄① | 混爀人爀,嚇也,或作讓讀 | 混造謠言 | 混嚇喉②人喉亦嚇也 |
| 你叫他這麼說 | 他偏要那麼說 | 你叫他那麼說 | 他偏要這麼說 |
| 總要嗔③他一頓嗔④,怒也 | 罵他一頓 | 依不依由他 | 橫竪我們說到了 |
| 不要叫人彈 | 不要叫人褒貶 | 見人要說吉利話 | 說相軟話 |
| 說謙話 | 不要搗鬼搗,弄也 | 不可說驕傲話 | 狂話 |
| 粗話 | 糊說巴道的 | 奚落人打趣人也 | 斜話⑤ |
| 謔薄話削薄話 | 話口袋好說話的 | 說話没譜兒 | 說謊弗屁上論注第十条 |
| 撒謊哄誰 | 你還響⑥嗎强辯也 | 白搖背語,未會講定 | 卸了底咯露出馬爪 |
| 作比這麼說 | 這個話實在對勁合式也 | 總不對勁不合式 | 替你圓個謊罷與人遮瞞大話曰圓謊 |

## 好意相與

| | | | |
|---|---|---|---|
| 一片婆心 | 照應照應 | 幫顧幫顧 | 指點指點 |
| 指教指教 | 好大度量 | 老慷慨 | 老四海 |
| 又和美 | 果然硬直 | 果然公道 | 不欺人 |
| 又有口齒 | 忠厚至誠 | 我常沾他的光 | 領他的情 |
| 多謝多謝 | 驚動驚動 | 感激感激 | 托賴托賴 |
| 有担戴的 | 作得主意 | 一面如故 | 抬愛得狠 |
| 以心相應 | 想着我們的呢 | 惦着我們的呢惦,念也 | 捎帶我們的呢捎帶,帶起也 |

---

① 底本作"謥",據甲午本改。
② 喉:虓。
③ *嗔,陳字上平声。
④ 底本作"與",據甲午本改。
⑤ 斜話:以反諷、曲說其質、幽默見長的俚語。
⑥ *響,强去声。

肯栽培人家　　　千金可托的　　　不肯忘恩的　　　我替他面善得狠①

不知在那裡會　　會獻勤兒<sub>賣假</sub>
過了　　　　　　<sub>小心</sub>

## 惡意相與

他是个混賬人　　好狠心<sub>好毒心</sub>　　好狠毒　　　　好利害

好刻薄　　　　　好囉唆　　　　　又撒野<sub>放刁</sub>　　又賴貓<sub>無認賬</sub>

笑面虎　　　　　笑裡藏刀　　　　眉來眼去　　　做神弄鬼

挑是挑非　　　　糊塗蠻纏<sub>寔在蛮</sub>　強頭強腦<sub>硬頭不</sub>　一肚子鬼
　　　　　　　　　　　　　　　　　　　<sub>服人</sub>

一味好利　　　　雞蛋裡尋骨頭　　裝聾作啞的　　裝羊做獣的<sub>詐笨</sub>

疲纏得狠<sub>死皮</sub>　　總想拿人的錯<sub>抽</sub>　弄人的頭巾　　占人的理
　　　　　　　　　<sub>人後脚</sub>

糊弄局　　　　　拐騙人　　　　　調戲人　　　勾引人

刁磴②人<sub>挑持③</sub>　　強壓人　　　　　衝撞人　　　圖賴④人

飛贓⑤嫁禍　　　瞞着人　　　　　抱怨人　　　逼勒人

拿着人來填餡<sub>拿別人</sub>　拿手搭⑥他脖子　唬嚇人<sub>上⑦論二条</sub>　麠騙人<sub>上論二条。</sub>
<sub>消氣</sub>　　　　　　<sub>京報用此搭字</sub>　　　<sub>用,亦用嚇唬。</sub>　　<sub>麠,害也。</sub>

什麼要緊,殺了腦袋
一個大疤痊<sub>爛仔之言,</sub>
<sub>殺頭不過一个大刀痕也</sub>

---

　　①　面善:面熟的意思,如《望江亭》第三折:"这个姐姐,我有些面善。"這句話的意思是
"我跟他面熟得很"。
　　②　刁磴:刁難。
　　③　挑持:挑剔。
　　④　圖賴:把罪過推到他人身上,企圖誣賴他人。
　　⑤　*贓,音藏。
　　⑥　*搭,丘加切,扠也。
　　⑦　底本作"土",據上下文改。

# 笑人罵人

| | | | |
|---|---|---|---|
| 癡人 | 蠢子 | 俬猷子笨漢 | 念灶經的猷子吟沉人 |
| 鄉巴佬鄉下仔 | 裝村① | 撒村憊賴 | 小家子 |
| 撒野放刁,無王法 | 放刁 | 跑梁子跳梁 | 頑皮 |
| 死皮賴臉面皮厚 | 屁股當臉 | 不顧臉 | 你也不配不襯身份也 |
| 沒有臉 | 沒規矩 | 沒②見時面 | 慣跐空③踏空,人不穩重也 |
| 假固東西④ | 掩耳盜鈴 | 好支架子⑤ | 大模大樣 |
| 裝大屁股裝腔 | 充大鬼頭 | 鐵公雞一毛不拔⑥ | 討人嫌乞人憎 |
| 粧胖兒大樣 | 好厭惡 | 惹人笑罵的 | 好不知趣 |
| 像甚麼東西 | 不在行 | 懵⑦懂人 | 打飢荒的乞借錢 |
| 打抽豐的 | 沒家教的 | 饅頭財主假財主 | 冒失鬼荒唐人 |
| 不長毛的不成器 | 又護短 | 下作鬼 | 無三不四人 |
| 不禁頑笑 | 奴才 | 雜種 | 混帳攘的 |
| 老土山毒⑧ | 當兎子的 | 屎攘的 | 狗攘的 |
| 狗肌肌禽的 | 狗肌肌臊的 | 王八旦 | 王八崽子 |

---

①　裝村:有二義:一、裝傻充愣,假裝粗野。如張燕瑾《中國十大古典幽默滑稽劇》(中國戲劇出版社 2012 年,第 760 頁):"……不如急早歸家,還在此裝村弄假!"二、出醜作怪。如《平山冷燕》第六回:"……欲要認真,又怕裝村,欲要忍耐,又怕人笑,急得滿面通紅。"

②　底本作"投",據甲午本改。

③　跐:踩、踏。

④　假固:方言詞,又寫作"夾股",指一個人不敞亮、不大方。

⑤　支架子:虛張聲勢,擺出富有的樣子。如《紅樓夢》第一百零六回:"外頭的名聲,連大本兒都保不住了,還擱的住你們在外頭支架子,說大話,誆人騙人?"

⑥　扠,甲午本作"拔"。

⑦　＊懵,音夢。

⑧　山毒:方言詞,即"土气"的意思。

王八肏①的　　　王八羔子臊的 羔仔巴　王八僕②　　溜溝子

舔眼子的　　　契弟 紅樓九囬，此名少叫　唆肌肌的　　捱臊的③

婊子養的　　　喲丟 戲激人

# 罵婦人

老虔婆　　　撈毛的 扯皮条人，龜婆龜公之類　　傻婦　　　潑婦

你放潑④了　　浪蹄子　　　　　　　臭蹄子　　婊子

養漢子 勾野佬　野牝⑤　　　　　　　發浪 發姿⑥　粉頭⑦

賣屄⑧子 陰戶也

# 喜怒

喜懽　　　　恭喜了　　　道喜了　　　笑起來

笑個不了　　大夥逗笑 引人笑　取笑　　　嘲笑

見笑　　　　笑個不住　　笑煞人　　　誰替你笑呢

滿面堆笑　　轉過笑臉來　嘻嘻笑　　　呵呵笑

大嗓子笑　　掌不住⑨笑　微笑　　　　粧笑

---

①　＊肏，音義臊也。

②　僕：漢。

③　據張傑編《斷袖文編·中國古代同性戀史料集成 2》(天津古籍出版社 2013 年)，當兔子的、溜溝子、舔眼子的、契弟、唆肌肌的、捱臊的，這幾個詞語都與斷袖有關。

④　放潑：撒潑、耍賴。

⑤　＊牝，音髕。

⑥　＊姿，土語，效平聲。

⑦　粉頭：古代對妓女的一種稱呼。

⑧　＊屄，音卑。

⑨　底本作"作"，據甲午本改。

| 假意而笑 | 偷笑 | 生氣 | 挑斥挑持 |
| 惱了 | 着惱 | 大惱 | 氣惱 |
| 別惱 | 惱起來抱怨人家 | 自家慪氣自己激氣 | 氣得眼都花了 |
| 隱不住了 | 按不住了 | 混罵人咯 | 混打人咯 |
| 何苦來呢 | 隱耐些罷 | 一聲兒不言語更好 | |

## 勸戒

| 念書別懶 | 幹事要穩重 | 要老實 | 跟好人學好人 |
| 別嫖別賭 | 別貪酒 | 別貪玩貪遊耍 | 別淘氣反斗 |
| 不要鬧酒 | 別多事 | 別過家 | 別惹禍 |
| 見長一輩的要恭敬他 | 見兄弟們也要謙和 | 見朋友們也要好相與 | |

## 稱羨

| 忠臣孝子 | 好個斯文人家 | 一家子都是這麼好的 | 人又長得好 |
| 兄弟們又好 | 他兩口子也好 | 僕子也好 | 胖胖兒的 |
| 瘦瘦兒的 | 白臉旦 | 高䠂子高得瘦些 | 好骭①子身分消廀 |
| 好儀表 | 好陽氣好煞氣 | 好慷慨 | 有心胸 |
| 好齊整 | 好俊人物俱得用此字 | 好麻利快當速捷 | 有寧耐 |
| 好手段 | 有出息的有中用出頭日子 | 又爽快 | 大官人 |
| 公子哥 | | | |

_____

① ＊骭，音赶。

## 稱女人

| | | | |
|---|---|---|---|
| 狠美貌<sub></sub>狠,甚也 | 狠標緻生得好貌 | 又窈窕 | 又俊肖 |
| 鳳眼鴛眉的 | 小小金蓮 | 懂得禮義 | 知上下高低 |
| 服侍翁姑 | 痛愛兒子 | 會做針黹① | 會描會繡的 |
| 能裁能剪的 | 當家理務的 | | |

## 朝廷稱頌

| | | | |
|---|---|---|---|
| 皇上 | 萬歲爺 | 聖駕 | 龍顏 |
| 天顏 | 聖躬 | 聖駕萬安 | 龍顏大喜 |
| 好聖眷 | 聖旨 | 天恩 | 皇恩 |
| 御賜 | 皇后 | 貴人 | 懿旨皇后之言 |
| 娘娘 | 千歲 | 殿下 | 阿哥 |
| 公主 | 皇親 | 附馬 | 額府②即附馬 |
| 王爺上伯叔兄弟 | 福金③王爺之妻 | 郡主④王爺之女 | 郡馬王爺之婿 |

## 閒人稱呼

| | | | |
|---|---|---|---|
| 令始祖 | 令高祖 | 令曾祖 | 令祖 |
| 令尊翁大人 | 令壽堂大人 | 令尊老世伯 | 老太爺 |
| 令堂老伯母 | 老太太 | 姨娘 | 姨太太 |
| 令正夫人 | 令正尊嫂 | 如夫人稱人妾 | 姨奶奶同上 |
| 令伯 | 令叔 | 令兄 | 令弟 |

---

① ＊針,音眞。黹,音指。
② 府,甲午本作"附"。
③ 福金:即福晉。
④ ＊郡主,君去聲。

令妹　　　　　　令姐　　　　　　令郎

　　大約稱人俱加一令字，自稱用個家字舍字敝字，至若官常稱呼與民間自有不同，此隨時按身分出口，是說不定的。

## 尋常對稱

| | | | |
|---|---|---|---|
| 父<sub>爹爹</sub> | 母<sub>媽媽</sub> | 兄<sub>哥哥</sub> | 弟<sub>兄弟</sub> |

父爹爹　　母媽媽　　兄哥哥　　弟兄弟

姐姐姐　　妹妹妹　　伯父伯爺　　伯母伯娘

叔二爹三爹　　叔母嬸娘　　嫂嫂嫂　　弟婦尔嬸子

祖父公公，太爺　　祖①婆婆，奶奶　　姑丈姑爹，姑爺　　姑母姑媽，姑娘

舅父舅舅，舅爺　　舅母舅母，衿母　　姨丈姨爺　　姨母姨媽

他們爺兒兩個說人兩父子或兩叔姪　　他們哥兒兩個兩弟兄　　爺兒幾個幾父子　　哥兒幾個幾弟兄

兩妯娌②兩嬸母，意竹利③，妯娌同州里　　娘兒幾個母女幾個　　姐兒幾個姊妹幾個　　兩口子兩夫妻

翁婿兩個　　甥舅幾個　　爺兒們尊卑在內　　哥兒們長幼而言

姐兒們長幼平等　　老頭子　　老人家　　老奶奶

老婆子　　小孩子　　小娃子　　媳婦已嫁

閨女未嫁　　哥哥　　兄弟　　姐姐

妹妹　　小子們　　丫頭們　　門工

管家的　　院工　　管家媳婦　　乾爹

乾媽　　乾兒子　　乾女兒　　乾媳婦

乾女婿

---

①　"祖"本指祖父，但底本和甲午本均作"祖"，疑脫"母"字。

②　＊妯，同州。娌，同里。按："妯"，底本作"娌"，據甲午本改。

③　甲午本無"意竹利"三字。此處"意"應作"音"。

# 文業

| | | | |
|---|---|---|---|
| 念書人<sub>讀書亦叫得</sub> | 作文字<sub>作文章亦叫得</sub> | 作詩 | 對對子 |
| 教讀的先生 | 設帳 | 上學房兒去 | 念書<sub>即讀書</sub> |
| 背書<sub>土名念書</sub> | 寫字 | 寫倣子<sub>印格</sub> | 描紅<sub>閨珠</sub> |
| 騎縫兒寫<sub>騎格寫字</sub> | 受書 | 講書 | 聽書 |
| 温書 | 理書 | 作課文 | 覆書 |
| 打個稿兒 | 謄正了 | 抄本①了 | 寫錯了 |
| 抹了去 | 筆 | 筆尖 | 筆杆 |
| 筆嘴都禿了 | 筆帽子<sub>筆筒</sub> | 筆筩 | 筆絡子 |
| 硯石 | 硯台 | 方硯 | 墨 |
| 研墨 | 墨研得稀了 | 墨研得稠了 | 墨床② |
| 册頁③ | 寫卷 | 卷鎮④ | 壓尺⑤<sub>書壓</sub> |
| 打個倣子<sub>先生寫格</sub> | 一點 | 一畫 | 一横 |
| 一直 | 一撇 | 一捺 | 一勾 |
| 一挑 | 漫⑥<sub>漫寫</sub> | 繳絲旁 | 立人旁<sub>亻旁</sub> |
| 反犬旁<sub>犭旁</sub> | 寶葢頭<sub>宀頭</sub> | 耳埰旁<sub>阝旁</sub> | 斜文旁<sub>攵旁</sub> |
| 剔才旁<sub>扌旁</sub> | 剔土旁<sub>土旁</sub> | 圖章⑦<sub>圖書</sub> | 耳字旁 |

---

① 底本作"木"，據甲午本改。
② 墨床：墨架、墨臺。
③ 册頁：中國書畫裝裱體式之一。因畫身不大，亦稱"小品"，又稱"册葉""葉册"。
④ 卷鎮：即書鎮，又稱"鎮紙""鎮尺""文鎮"。
⑤ 壓尺：鎮紙的一種，又稱"書尺"。
⑥ 漫：慢。
⑦ 圖章：即印章、圖書章。與圖書是兩個概念。

# 卷 三

## 目錄

## 科目

| | | | |
|---|---|---|---|
| 縣考① | 府考 | 院考 | 下塲入塲 |
| 頭考頭塲 | 覆考② | 考棚考試之處,棚同篷 | 批首③案首 |

---

① 底本作"縣考音善",據甲午本改。
② 覆考:復試。
③ 批首:舊時科舉考試指院試名列第一。

| 入了學了 | 得了秀才了 | 考相公<sup>北邊鄉稱考試</sup>考相公 | 得了相公<sup>稱得了秀才</sup>爲得相公 |
|---|---|---|---|
| 生員① | 廩生② | 增生③ | 附生④ |
| 歲考 | 科考 | 正案⑤科舉 | 遺才⑥科舉 |
| 大科年 | 中舉要會試的 | 拔貢⑦要朝考⑧ | 副榜也有名阿 |
| 放榜了 | 中了就要上京了 | 還要會試呢 | 殿試呢 |
| 要想中狀元呢 | 榜眼探花呢 | | |

# 官職⑨

| 中堂宰相 | 大學士 | 六部尚書 | 六部侍郎 |
|---|---|---|---|
| 都察院 | 各道察院御史 | 宗人府 | 詹事府⑩ |
| 翰林院 | 國子監 | 太常寺⑪ | 太理寺⑫ |

---

① 生員:即秀才,亦稱諸生。

② 廩生:廩膳生。廩,廩。

③ 增生:增廣生。

④ 附生:明代在廩膳、增廣生定額之外所取的府州縣學生員,因附於廩膳、增廣生之後,故稱爲附學生員,簡稱附生。清代沿用。

⑤ 正案:正式審定的名單。

⑥ 遺才:科舉考試中,秀才未列於科考前三等者,可以再參加"錄科"和"遺祿"考試,凡錄取者可應分試。＊遺,音移。

⑦ 拔貢:清朝制度,初定六年一次,乾隆中改爲逢酉一選,也就是十二年考一次,優選者以小京官用,次選以教諭用。每府學二名,州、縣學各一名,由各省學政從生員中考選,保送入京,作爲拔貢。經過朝考合格,可以充任京官、知縣或教職。

⑧ 朝考:清代的科舉考試制度,新科進士取得出身後,由禮部以名冊送翰林院掌院學士,奏請皇帝,再試於保和殿,並特派大臣閱卷,稱爲朝考。

⑨ "官職、外官、武官"的部分內容具體可參見《清史稿·職官志》。龔延明著《中國歷代職官別名大辭典》(上海辭書出版社 2006 年)中也有詳細解釋。

⑩ 詹事府:清朝的中央機構之一,主要從事皇子或皇帝的內務服務。

⑪ ＊寺,讀四。

⑫ 太理寺:即大理寺。

| | | | |
|---|---|---|---|
| 鴻臚寺① | 光祿寺② | 太僕③寺 | 六科 |
| 中書科 | 通政司 | 理藩院 | 樞密院<sub>樞同書</sub> |
| 六部主事 | 五城兵馬司 | 內閣中書 | 行人司④ |
| 守御所 | 鑾輿衛⑤ | 哈⑥滿侍衛 | 侍衛 |
| 欽天監 | 太醫院 | 順天府 | 大興宛平二縣 |

## 外官

| | | | |
|---|---|---|---|
| 制台<sub>總督</sub> | 制軍<sub>同上</sub> | 撫台<sub>撫院</sub> | 撫軍<sub>同上</sub> |
| 藩台<sub>布政司</sub> | 藩司<sub>同上</sub> | 臬台<sub>按察司</sub> | 臬司<sub>同上</sub> |
| 運台<sub>鹽運司,即鹽道</sub>⑦ | 督糧道 | 分巡各道 | 知府<sub>稱太守</sub> |
| 同知⑧ | 知州⑨ | 州判 | 知縣 |
| 縣丞 | 巡檢 | 典史 | 教授<sub>府學官</sub> |
| 教諭<sub>縣學官</sub> | 訓導<sub>府縣副學官</sub> | 學台<sub>學院</sub> | 學正<sub>州教官</sub> |
| 主考 | | | |

---

① 鴻臚寺:自秦朝就設立的官署,主要掌朝會儀節等。

② 光祿寺:主要掌宮廷宿衛及侍從,北齊以後掌膳食帳幕,唐以後始專司膳。

③ 太僕:官名,始置於春秋。初,掌皇帝的輿馬和馬政,後逐漸轉爲专管官府畜牧事務。

④ 行人司:掌傳旨、册封等事。凡頒行詔敕、册封宗室、撫諭四方、徵聘賢才,及賞賜、慰問、賑濟、軍務、祭祀,則遣其行人出使。

⑤ 鑾輿殿:即鑾儀衛。

⑥ 哈:又寫作"蝦""轄",滿語中對侍衛的稱呼。

⑦ 鹽運司是掌管地方鹽務的官署名,此處應是鹽運司使,或稱鹽運使,即鹽道,負責食鹽管制和檢驗的官員,從三品。

⑧ 同知:明清時期的官職,即知府的副職。

⑨ 知州:明清以爲正式官名,爲各州行政長官,直隸州知州地位與知府平行,散州知州地位相當於知縣。

# 武官

| 將軍旗員① | 都統旗員 | | 提督稱提台 | 總兵稱鎮台,即總鎮 |
|---|---|---|---|---|
| 副將稱協台,即協鎮 | 參將稱參府 | | 遊擊②稱游府 | 都司稱都閫府③ |
| 守備稱守府 | 千總稱總部廳④,今稱分府 | | 把總稱總司廳 | 外委⑤稱協司 |

# 登仕應用

| 過堂 | 挑選 | 分發 | 截選 |
|---|---|---|---|
| 掣籤抽籤⑥也 | 領憑⑦ | 領劄⑧ | 署印 |
| 實授⑨ | 稟見 | 稟帖同上 | 手本⑩ |
| 上任 | 開印⑪ | 祭門⑫ | 謝恩 |
| 行香⑬ | 放告 | 奏摺⑭子 | 上本章⑮ |

---

① 旗員:即旗人官員。

② 遊擊:清代武官名,營之統兵官。從三品,次於參將一級。

③ 都閫府:清代正四品武官都司的別稱。

④ 廳:廳。

⑤ 外委:清代的額外低級武官,有外委千總、外委把總、額外外委,職位與千總、把總相同,但薪俸較低。《清史稿·職官志》四:"提督軍務總兵官從一品……鎮守總兵官,正二品……副將,從二品……參將,正三品……游擊,從三品……都司,正四品……守備正五品……千總,從六品……把總,正七品……外委把總,正九品……額外外委,從九品。"

⑥ 戬,籤:籤,同簽。

⑦ 領憑:舊時地方官赴任前,須先在京都吏部領取文牒,謂之"領憑"。

⑧ 劄:劄,同"札"。

⑨ 實授:以額定之官職,正式除授實缺。

⑩ 底本作"木",據甲午本改。手本,明清時見上司、座師或貴官所用的名帖,寫信時則附於信中,對方謙遜常封還。

⑪ 開印:意即古代官府在正月年節過後開始辦公,與之相反的是"封印"。

⑫ 祭門本爲七祭之一,此處應爲"文官點主,武官祭門"之意。

⑬ 行香:指正月初一清早,全城文武官員盛裝到各廟宇行香。或指官員謝恩時設香案上香。

⑭ 奏褶子:即奏折。

⑮ 本章:奏章。"本",底本作"木",據甲午本改。

| | | | |
|---|---|---|---|
| 收呈子① | 批呈子 | 查倉庫 | 查監獄 |
| 觀風② | 審事 | 迎春 | 迎降③ |
| 賀年 | 賀節 | 賀冬 | 勸農 |
| 犒④農 | 坐堂 | 斷事 | 當堂訊供 |
| 取保 | 候審 | 催呈子 | 拏人 |
| 摘⑤放 | 干証⑥ | 動刑 | 打嘴吧 |
| 打板子 | 上夾棍 | 鎖脖子脖頸也 | 跪鍊⑦ |
| 枷號 | 刺⑧字 | 有罪的問徒⑨ | 問軍 |
| 問劌⑩ | 再大罪的問絞 | 問斬 | 問陵遲 |
| 驗⑪屍 | 驗傷 | 勘竊 | 查河⑫ |
| 放餉 | 開征 | 驗餉⑬ | 告終 |
| 丁外艱⑭ | 丁內艱⑮ | 解任 | 起復 |
| 歸田 | | | |

---

① 呈子:民間向官方或下級向上級上呈的公文。
② 觀風:指官員們觀察民情,瞭解施政得失。
③ 迎降:迎接並投降對方。
④ ＊犒,音靠。
⑤ ＊摘,讀齋。
⑥ 証:證。干証:與刑案有關的證人。《清會典·刑部》:"凡詞內干證,令與兩造同甘結。"
⑦ 鍊:鏈。跪鏈:古代的一種刑罰,强迫人跪在燒紅的鐵鏈上。
⑧ 底本作"刺",據甲午本改。
⑨ 問徒:判處徒刑。
⑩ ＊劌,音寡。
⑪ 驗:驗。
⑫ 查河:奉旨到外地查案。如《雍正吏治録》(中國長安出版社 2014 年,第 274 頁):"當時,山東巡撫知道了欽差們揮霍的情况,不勝駭異,連連感歎:'八天之內,動用如許,則查河數月,更不知動用若干。'"
⑬ 驗餉:檢查銀糧。
⑭ 外艱:舊指父喪或承重祖父之喪。
⑮ 內艱:古代稱遭母喪为內艱。

# 官物

| | | | |
|---|---|---|---|
| 文憑① | 劄付② | 印 | 關③房<sub>暫時桃木印</sub> |
| 文書 | 令箭 | 敕書 | 封誥 |
| 雲板 | 案棹 | 公座④ | 贊堂⑤ |
| 籤筒 | 筆架 | 硃硯 | 轎子 |
| 號炮⑥ | 頭鑼⑦ | 金鼓⑧ | 旗 |
| 頭牌⑨ | 旗幟 | 傘 | 日照⑩ |
| 前呼 | 後擁 | 門鎗⑪ | 座鎗⑫ |
| 堂扇 | 驚堂⑬<sub>威風子</sub> | 號纛<sub>音圖</sub> | |

---

　　① 文憑:官府發的證明文書,此處應指古代官員赴任的憑據。

　　② 劄付:官府下行文書,即上級給下級的文書。而若是堂官委派屬員差務所給的劄付又稱"堂劄"。

　　③ 底本辨識不清,據甲午本補。

　　④ 公座:官員治理公事的座位。

　　⑤ 贊堂:公堂。

　　⑥ 號炮:原指軍中用來傳達信息的火炮,此處指官員出行時鳴炮示意。清朝時官吏的排場很大。

　　⑦ 鑼:鑼。頭鑼,古時儀仗隊中,列於首位之鑼。鳴鑼開道,是清朝才有的官員出行儀式。

　　⑧ 金鼓:原指行軍作戰壯聲勢的器具。此處也指清朝官員出行儀仗。

　　⑨ 底本作"牌",據甲午本改。舊時官員出行的前導儀仗之一,儀仗隊一般都會高舉"帥旗、彩旗、錦傘、頭牌"等,也有專門的帥旗隊、彩旗隊、頭排隊等。如《儒林外史》第四十三回:"門槍旗牌,十分熱鬧。"

　　⑩ 日照:遮陽傘。如《二十年目睹之怪現狀》第九十一回:"轎前高高的一頂日照,十六名江西巡撫部院的親兵。"

　　⑪ 鎗:槍。門槍,舊時高級官員出行時儀仗之一。

　　⑫ 座鎗:即坐槍,清朝官員出門的儀仗。如李鼎元《使琉球記》卷一(陝西師範大學出版社1992年,第17頁):"坐軟輿,昇者八人,前,負弩者一人、帶刀者一人;後,執坐槍者二人、步行扶輿者四人。"

　　⑬ 驚堂:即驚堂木。

# 身役

| | | | |
|---|---|---|---|
| 差官 | 堂官 | 門上 | 長隨 |
| 家人 | 管印 | 僉①押 | 總管 |
| 管賬 | 管廚 | 管倉 | 門子② |
| 茶房 | 號房③ | 三小子們 | 書辦 |
| 稿房 | 貼④寫 | 承差⑤ | 民壯⑥ |
| 馬快⑦ | 皂隸⑧ | 買辦 | 廚子 |
| 火夫 | 水夫 | 馬排子⑨ | 轎夫 |
| 禁子⑩ | 地保 | 更鍊 | 鄉勇 |
| 千里馬 | | | |

# 生意

| | | | |
|---|---|---|---|
| 老板本錢主 | 財東 | 掌櫃的 | 大客商 |
| 洋商 | 鹽商 | 本商亦本錢主 | 領局的行江 |
| 放賬的 | 夥計 | 小夥計 | 檔槽的店前接客小工⑪ |
| 經紀的中人担帶 | 拉縴⑫的貨中 | 所有都是買賣人 | 好買賣 |

---

① 僉:簽。
② 門子:舊時在官府中侍候官員的差役。
③ 號房:即門房,舊時守門者的俗稱。
④ 底本和甲午本均作"貼",依文意改。貼寫,抄錄文書的人員。
⑤ 承差:清代各部院衙門承擔書寫文稿等事吏人的總稱,亦名"經承"。
⑥ 民壯:明代爲備禦北邊和維持社會治安而組織的地方武裝。
⑦ 馬快:指舊時衙門裏偵緝逮捕罪犯的差役。
⑧ 隸:隸。皂隸,指舊時衙門裏的差役。
⑨ 馬排子:馬夫。如《八賢傳》:"即刻吩咐備馬,馬排子早已在堂下牽馬伺候著了。"
⑩ 禁子:監獄中看守罪犯的人。
⑪ 底本脫"工"字,據甲午本補。
⑫ 拉縴:爲雙方介紹、說合並從中謀取利益。

| | | | |
|---|---|---|---|
| 請來看貨咯 | 估估價咯 | 不打價 不二價 | 甚麼價錢的呢 |
| 一千両① 一萬両 | 這个價太高了 | 我還不起了 | 那裡話呢 |
| 開天索價 | 落地還錢罷哩 | 這個貨不儱頭阿② | 你嫌價高 |
| 我再讓點子罷 | 你也多添些兒阿 | 再沒有不成了 | 給個出門價錢罷 |
| 肯只管買 | 不肯就拉倒罷 | 請回來再商量 | 一估腦買了阿 |
| 還是買一半呢 | 打定主意了 | 好開個条子 | 馬上就交易了 |
| 夥計們 | 撈本兒咯 | 一齊動手了 | 約貨的約貨了 |
| 拿稱的拿稱咯 | 稱得先先兒的 | 這一筐子太先了 | 這筐子又太漫了 |
| 稱得太拉了 稱尾低 | 忕不像樣了 | 再邀過來 | 邀過來了 |
| 算賬了 | 別開謊賬阿 | 我們算一算 | 對不對 |
| 把這个貨帶回去了 | 明兒圍圍數的 | 看虧本不虧本 | 有錢賺③没有 |
| 好鬧熱的買賣 | 好冷淡的買賣 | 賠了本去 | 不能得撈得本的 |
| 東西賤了 | 賣不起價來了 | 這怎麼好 | 不怕的 |
| 把貨摞④起 | 咱們把這貨壓一壓 | 等明日有了價 | 我們再賣罷 |
| 暫且把幌子收了 幌子,招牌也 | 做買賣的要賺錢 | 這是該當的 | 還有這些江湖上的人 |
| 那一個不要弄兩個錢呢 | 你瞧 | 說書的 | 唱戲的 |

---

① 両:兩。

② 儱頭:即屪頭,本指軟弱無能的人。此處"不儱頭"指貨物都是好貨。

③ 賺:賺。

④ ＊摞,羅去声。

| | | | |
|---|---|---|---|
| 打班子①的 | 開戲園的 | 打十番②的 | 耍傀儡的③鬼仔戲 |
| 唱曲子的 | 唱古兒詞的 | 唱當子④的三脚戲⑤之類 | 變戲法的 |
| 爬竿的 | 跐軟索的 | 打鞦韆的 | 放搖毬的 |
| 踢毬的 | 打花鼓的 | 打蓮相⑥的 | 耍猴子戲的舞馬騮⑦ |
| 耍拳棒的 | 打把式的⑧ | 扮台閣⑨的扮色也 | 小爐匠的補花碗的 |
| 販牛馬的 | 車夫的 | 掌鞭的 | 當家的 |
| 管船的 | 頭公⑩ | 駝公⑪ | 灘師⑫ |
| 撐篙的 | 打槳的 | 拉捧⑬的拉攬 | 擺渡的橫水渡 |
| 廟里做香公⑭的 | 做匠人的 | 做小工的 | 做活的凡做工夫⑮ |
| 當夫子的 | 當千里馬 | 走包程的急程,限日子 | 走漫程的不限日子 |
| 剃頭的 | 修癢的 | 搖鈴的硺古佬搖鐺 | 打糖鑼的 |

---

① 班子:指戲班子。

② 十番:福建、江蘇、廣東等地古老的漢族民樂,是古代皇帝舉行大型慶典或是寺院道觀祭祀時的音樂,集打擊樂與吹奏樂爲一體。

③ 傀儡:木偶戲。"耍",底本作"要",據甲午本改。

④ 唱當子:即唱檔子,清代非常流行的一種演藝形式,以清唱小曲爲主。與小字的"三脚戲"還是不同的。

⑤ 三脚戲:一般寫作三角戲,一種漢族地方戲曲劇種,流行于閩北、浙江等部份地區,因只有三個角色而得名。

⑥ 打蓮湘:又稱打連厢,是一種漢族民俗舞蹈。

⑦ 舞馬騮:粵方言詞,耍猴。如"比人舞馬騮甘舞"意思就是被人當猴子耍。

⑧ 把式:主要指武術、氣功、摔跤一類的功夫。

⑨ 扮台閣:一種民間民俗表演,今天廣東、廣西、浙江等地仍然流行。

⑩ 頭工:指掌撐篙的水手。

⑪ 駝公:舵工,舵手。

⑫ 灘師:負責掌蒿指揮的人。

⑬ 捧:縴。

⑭ 香公:寺院裏照管香火雜務的人。

⑮ 底本作"大",據甲午本改。

播槟鼓①的碌鼓　　做散工的　　　　不要卸勁

## 農桑

| 春耕時候 | 要犁田了 | 也有用牛犁田的 | 也有用馬犁田的 |
| --- | --- | --- | --- |
| 還有用人犁田的 | 铁耙子 | 鏺②頭鋤頭 | 鋤頭 |
| 鋤田鋤地 | 刨地掘地 | 鏊③地 | 撒種子 |
| 蒔秧④ | 芸草⑤ | 糞田 | 灌田 |
| 水車子 | 葵篷⑥ | 斗篷雨帽 | 簑衣 |
| 鐮子⑦ | 打稻子 | 練稻子用牛或用石礶⑧ | 連枷⑨打禾連節木 |
| 點種子 | 澆水 | 種樹 | 栽花 |
| 劈菜綯⑩ | 好收成 | 好年成 | 豐年好 |
| 荒年不好 | 耕種要勤 | 種庄稼最好的事了 | |

## 女工

| 梳頭擦臉 | 搽⑪脂抹粉 | 裹⑫脚 | 裁衣 |
| --- | --- | --- | --- |

---

① 槟:杠。明田藝蘅撰《留青日劄》:"又以優人倒臥足上所舞弄者,俗名杠鼓。"（轉引自謝國楨著《明清筆記談叢》,上海書店出版社 1981 年,第 18 頁)據小字注"碌鼓"可知,此鼓是圓形的。

② 鏺:鐝。鐝頭,耕地的工具。與鋤頭類似,但略有不同。

③ 鏊:鍬。

④ 蒔秧:插秧。

⑤ 芸:同耘。耘草,除草。

⑥ 葵篷:粵西鄉間的一種常用雨具,由竹篾、蒲葵葉或竹葉爲原料編織而成,外形猶如龜殼。

⑦ 鐮子:鐮刀。

⑧ 礶:碌。碌碡,又稱碌軸,圓柱形農具,用來軋脫穀粒或軋平場院。

⑨ 連枷:也作"槤枷"。由一個長柄和一組平排的竹條或木條構成,用來拍打穀物、小麥、豆子、芝麻等,使籽粒掉下來。

⑩ 綯:幫。菜幫,根以上葉以下的地方。

⑪ 底本和甲午本均作"滕",校注者改。

⑫ 裹:裹。

| | | | |
|---|---|---|---|
| 紡綿<sub>綾花</sub> | 劈麻<sub>績麻</sub> | 搓線 | 撚線<sub>以手撚埋一条</sub> |
| 紡車子<sub>綾花車</sub> | 紡紗<sub>絞花</sub> | 打條子<sub>打帶子</sub> | 紡線<sub>絞線</sub> |
| 帶縫子① | 帶盤子<sub>打帶子</sub> | 打辮子 | 圓縧子② |
| 扁縧子 | 打綯擺③<sub>打布撲</sub> | 鍬紐絆④ | 打結子 |
| 捺底<sub>戝鞋底</sub> | 打帶子 | | |

## 非爲

| | | | |
|---|---|---|---|
| 狀師 | 訟棍⑤ | 光棍 | 拐子 |
| 打通通鼓⑥<sub>串合訛人</sub> | 打夾賬⑦<sub>打斧頭</sub> | 撞木鐘⑧<sub>借官撞騙</sub> | 開賭局 |
| 作塲主<sub>地家</sub>⑨ | 開窑子<sub>花林</sub> | 鬭⑩牌 | 抹牌⑪<sub>打骨牌</sub>⑫ |
| 顛三鏝⑬ | 押寶<sub>買寶字</sub> | 狀元籌⑭ | 鬭鷄⑮ |

---

① 縫子:衣服邊上的流蘇。

② 縧子:用絲線編織成的花邊或扁平的帶子。

③ 綯:幫。打幫擺,文獻中未見。小字注"打布撲","布撲"疑即"撲扯",指北方打袼褙時用的舊布、碎布片。由此,校注者推斷,"幫擺"大概就是北方地區常說的"袼褙",即用碎布、舊布糊成的厚片,常常用以製作鞋底。

④ 紐絆:即紐襻,扣住紐扣的套。

⑤ 訟棍:指舊社會唆使別人打官司自己從中取利的人。＊訟,音宋。

⑥ 打通通鼓:指雙方心照不宣,互相策應。

⑦ 打夾賬:打虛賬,從中賺錢。

⑧ 撞木鐘:借機撞騙。如《儒林外史》第二十三回:"順便撞兩處木鐘,弄起幾個錢來。"

⑨ 地家:地主。

⑩ 鬭:鬥。鬥牌,在玩紙牌、骨牌等時決出勝負。

⑪ 抹牌,即摸牌,打牌,指麻將、牌九、紙牌等漢族傳統博戲。

⑫ 骨牌:即牌九。

⑬ 顛三鏝:即丟三鏝,又叫丟三面,指的是把銅圓放在手掌心裏,然後丟在地上,看它是鏝還是字,以此決定輸贏。鏝:舊時銅錢上沒有鑄字的一面。

⑭ 狀元籌:用象牙或獸骨製成的簽形籌碼,玩的時候用手撒之,叫擲狀元籌,用此來賭錢。

⑮ 鷄:雞。

| | | | |
|---|---|---|---|
| 頑鶴鶉 | 打蛐蛐①打蟋蟀 | 不長進 | 打拉酥的樣子②落拓人 |
| 打杠子③截徑佬 | 辣子爛仔別名 | 爛崽④同土包子,又叫土⑤ | 五二鬼不三不四人 |
| 當闖將打仔 | 不服軟無受善 | 帶兎⑥子孌童 | 當小朋友的當兎子 |
| 走唱的⑦過街唱化知 | 賣爛的割頭皮肉乞食 | 做花子的 | 鑽⑧頭覓縫的覓窿覓罅的小人 |
| 都是你攛掇他引誘也 | 没調教的無人調停教導也 | | |

## 外教

| | | | |
|---|---|---|---|
| 和尚 | 方丈老和尚 | 當家⑨ | 搭醮⑩打醮。上諭注七条 |
| 住持 | 貧衲⑪ | 貧僧⑫ | 支客⑬ |

---

① 打蛐蛐:即鬥蛐蛐。經查,"鬥雞"也有說成"打雞"的。

② 打拉酥:蒙古語"darasu,darasun"的譯音,蒙古語義訓爲"酒、黃酒"的意思。打拉酥的樣子:"調侃有一等人終日酒杯在手,醉生夢死,落拓潦倒也"(引自方齡貴《古典戲曲外來語考釋詞典》,漢語大詞典出版社、雲南大學出版社2001年,第236頁)。

③ 打杠子:攔路搶劫的人。

④ 爛仔、爛崽:流氓。與注釋中的"土包子"不同。

⑤ 底本和甲午本均作"士"。

⑥ 底本和甲午本均作"兎",下同。

⑦ 走唱的:以賣唱爲業的。

⑧ 鑽:鉆。

⑨ 當家:即當家師,就是監院,主要管理寺院的行政,日常決策和財務等。方丈會禮請修行較好又會辦事的人來擔任當家,因而當家師在僧眾中會比較有威信。

⑩ 醮:醮。搭醮:道士設壇爲人念經做法事。

⑪ 貧衲:僧尼自稱的謙辭。僧人將化緣得來的布頭布片補綴連合,衲成僧衣,即百衲衣,所以他們常常自稱爲貧衲或老衲。

⑫ 貧僧:僧人謙稱自己。

⑬ 支客:即知客。幫主家招待賓客的人,有的地方叫知賓或大知賓,一般多在紅白喜事中出現,在當天的喜事或喪事辦理時權力很大,主人把一切事項都交給大知賓掌管。此處的知客是寺院中的知客僧的簡稱。知客僧主要有三種,一是寺院裏專司接待賓客的僧人;二是禪刹中負責接待賓客的僧職;三是爲禪林中司掌迎送與應接賓客之職稱。

| | | | |
|---|---|---|---|
| 禪師禪同纏 | 小沙尼 | 蘐林① | 靜室 |
| 道士出家的 | 陰陽②替人拜神的 | 火居道士③ | 焚修道士點香燒手臂 |
| 唱道情④ | 書符⑤ | 尼姑 | 受戒 |
| 端公⑥爲人拜神醫病 | 筮婆⑦問董婆 | 跳茅山⑧ | 誦⑨經 |
| 供佛 | 拜懺⑩ | 噴符水 | 放燄口⑪ |
| 伏壇俯伏神前不起 | 朝幡⑫ | 送祟跳茅山,打門口醮送鬼 | |

## 瓜菜

| | | | |
|---|---|---|---|
| 瓜園 | 點種 | 瓜秧 | 瓜架瓜棚 |
| 西瓜 | 冬瓜 | 南瓜番瓜 | 白瓜北瓜 |
| 甜瓜香瓜之類 | 癩瓜苦瓜 | 茄子矮瓜 | 蘿蔔 |
| 糠心蘿蔔通心 | 菜脯⑬ | 瓜皮 | 瓜蒂 |

---

① 蘐:叢。叢林:和尚聚居修行的處所,後泛指大寺院。又名檀林。

② 陰陽:即現在俗稱的陰陽先生或陰陽大師。指擅長星相、占卜、相宅、相墓等方術的人。

③ 火居道士:還食人間煙火的有家庭妻兒的道士。

④ 唱道情:漢族民間說唱藝術的一種形式。用漁鼓和簡板爲伴奏樂器,一般以唱爲主,以說爲輔,各地種類繁多。

⑤ 書符:即畫符。

⑥ 端公:即端工,男巫、神漢。指舊社會從事迷信活動、施行巫術的人,群眾每遇病痛災疫,少請醫生診治,反邀他們來幫忙訴神。

⑦ 筮婆:神婆。舊社會以祈福禳災、占卜等爲職業的女人。

⑧ 跳茅山:指舊時道士名爲驅除邪氣的誦經跳舞等活動。

⑨ *誦,音宋。按:底本作"音一宋",據甲午本改。

⑩ 懺:懺。拜懺,即懺悔。

⑪ 燄:焰。放焰口,佛教儀式,爲一種根據救拔焰口餓鬼陀羅尼經而舉行的施食餓鬼之法事,則餓鬼皆得超度,亦爲對死者追薦的佛事之一。

⑫ 朝幡:出壇向聖幡朝禮,以示崇敬,因爲幡是召集群仙的標志。朝幡時要在主幡前設香案,以科宣揚。

⑬ 菜脯:即蘿蔔乾。因蘿蔔在潮、閩、台等地,俗稱"菜頭",故蘿蔔乾稱"菜脯"。

| | | | |
|---|---|---|---|
| 瓜英① | 瓜瓤 | 芥菜 | 白菜 |
| 黃牙白② | 菠菜 | 韭菜 | 莧菜 |
| 香菜莞茜③ | 香椿 | 芹菜 | 窩苣④菜生菜 |
| 豆牙菜 | 菜梗子 | 羊肚菜⑤ | 髮菜⑥ |
| 磨姑⑦ | 加搭菜⑧大頭樣子，出天津 | 金針 | 菜綯菜身 |
| 菜葉 | 菜尖兒 | 一棵菜 | 菜子 |
| 蔥 | 蒜同算 | 薤⑨頭 | 花椒 |
| 胡椒 | 青椒辣椒 | 芋⑩頭 | 山药即薯⑪ |
| 紅白䕸豆豆角 | 彎豆 | | |

## 飛禽

| | | | |
|---|---|---|---|
| 公鷄 | 母鷄 | 笋鷄⑫ | 小鷄 |
| 絲毛鷄⑬ | 抖毛以嘴四毛 | 搧⑭翅拍翼 | 亮翅伸翼 |
| 烏骨鷄⑮ | 鷄嗉子⑯鷄四頭 | 鴨子 | 野鴨子 |

---

① 瓜英：瓜蔓。
② 黃牙白：即黃牙白菜，大白菜。
③ 香菜，北方俗稱"芫荽"；而"莞茜"又稱"洋芫荽"。
④ 窩苣：萵苣。
⑤ 羊肚英：即羊肚菇、羊肚菌。
⑥ 髮菜：一種菌類食物，學名是髮狀念珠藻。
⑦ 磨姑：蘑菇。
⑧ 加搭菜：疙瘩菜，即根用芥菜。
⑨ 薤：藠。藠頭系中國南方特有的稀缺蔬菜，與蒜蔥等同屬辛香類蔬菜。
⑩ ＊芋，音預。
⑪ 山藥原名薯蕷。
⑫ 笋鷄：供食用的小而嫩的鷄。
⑬ 絲毛鷄：又稱絲毛烏骨鷄、泰和鷄，觀賞用鷄品種，以其絲毛美而聞名於世。
⑭ 搧：扇。
⑮ 烏骨鷄：即烏鷄。
⑯ 嗉子：鷄脖子到胸口那裏一個暫時儲存食物的囊。

| | | | |
|---|---|---|---|
| 老鴨 | 塡鴨①即槽鴨 | 水鴨 | 下旦生旦 |
| 抱旦②抱閅③ | 家雀④朱雀 | 山麻雀 | 喜雀丫雀⑤ |
| 四喜⑥豬屎搾 | 老瓜⑦老丫 | 山鷄 | 草鷄 |
| 鸚哥⑧ | 虎把拉⑨山伯勞 | 八哥寮哥 | 騸⑩馬見獸門 |
| 鐰⑪鷄 | 脆⑫胵云蒲翅也 | | |

善狗、宦牛⑬、羯羊、闍豬、鐰鷄、浄貓、騸樹皆字典所載⑭。今雞曰鐰,餘皆曰騸。

## 走獸

| | | | |
|---|---|---|---|
| 麒麟 | 獅子 | 老鼠 | 老虎 |
| 象 | 鹿 | 人熊⑮ | 狼 |
| 狐狸 | 獺⑯ | 猴子 | 貂鼠⑰ |

---

① 塡鴨:一種强制肥育的飼鴨方法。
② 抱旦:孵卵,母雞孵小雞。
③ 閅:鬥。
④ 家雀:即麻雀。
⑤ 丫雀:清孫錦標《通俗常言疏證·動物》:"淮南謂喜鵲爲丫雀。"
⑥ 四喜:學名爲"鵲鴝",俗稱"四喜兒"或"豬屎渣"等,廣泛分佈于我國長江流域及以南地區。搾:榨。
⑦ 老瓜:即老鴰,烏鴉的別稱。
⑧ 鸚哥:鸚鵡的俗稱。
⑨ 虎把拉:即胡不拉。
⑩ *騸,音善。
⑪ *鐰,音線。
⑫ 脆:脆。脆胵,反芻獸類或鳥類的胃。蒲趨:方言詞,"脆胵"的土俗說法,今天北方方言中仍然使用這種說法。*脆,音皮氣。
⑬ 底本作"午",據甲午本改。
⑭ 明朱權《臞仙肘後經·蠶絲六畜類》:"騸馬、宦牛、羯羊、闍豬、鐰雞、善狗、浄貓。"
⑮ 人熊:學名罴,也叫棕熊。*熊,奚容切。
⑯ *獺,音撻。
⑰ 貂鼠:即貂。

| | | | |
|---|---|---|---|
| 銀鼠① | 馬 | 小川馬 | 騍馬②馬公 |
| 騍馬馬母 | 騸馬閹過 | 騾子 | 馬駒馬仔 |
| 馬眼岔③馬見物驚慌④ | 馬打滾地下翻身 | 大寬步 | 亂插花急急步 |
| 叫驢驢公 | 草驢驢母 | 驢駒仔 | 乳牛牛母有乳口 |
| 牛犢子牛仔 | 綿羊 | 山羊 | 草羊 |
| 羔子 | 公豬 | 母豬 | 豬跑圈⑤起水 |
| 打圈⑥子打種 | 哈吧狗 | 獅子狗氄毛 | 獵狗 |
| 狗起癢起水 | 一隻 | 一羣 | 耗子洞老鼠寵 |
| 耗子糞老鼠屎 | 一匹 | 一頭 | 猏猏猏叫貓聲 |
| 思思思叫狗聲 | 遛馬或作躂、作踛,躂跳⑦ | | |

## 鱗介

| | | | |
|---|---|---|---|
| 龍 | 鰍魚⑧ | 鯉魚 | 鯽魚 |
| 草魚又叫厚魚,即鯇魚 | 崇魚大頭魚⑨ | 斑鱯生魚⑩ | 時魚⑪三黎 |
| 坭魚⑫又叫跳魚,即花魚 | 坭狗鑽坭鰍 | 角魚⑬又叫塘罟,即塘虱 | 嘉魚 |

---

① 銀鼠:又叫伶鼬、白鼠。
② 騍馬:兒馬。今北方很多地方都把公馬叫作"兒馬"。
③ 馬眼岔:亦作"馬眼叉"。馬的視線模糊。
④ 底本和甲午本均作"謊",校注者改。
⑤ 豬跑圈:豬發情。＊圈,音眷。
⑥ 打圈子:指母豬懷小豬仔。
⑦ 躂:行走;踛:古同"陸",跳躍。
⑧ 鰍魚:即泥鰍。
⑨ 崇魚:鱅魚的粵語叫法,又稱大頭崇、大頭魚。
⑩ 斑鱯:斑魚。斑魚是黑魚的學名。而生魚是指烏鱧,俗稱黑魚。
⑪ 時魚:即鰣魚。
⑫ 坭魚:又名"海鯰魚"。跳魚又名"花跳魚""跳跳魚"。
⑬ 角魚:也稱"塘角魚""塘鯴魚"。

| 鱸魚 | 鱘鰉魚 尋龍魚 | 金魚 | 銀魚 |
| 麵条魚 白飯魚① | 獅子魚② 獅頭□ | 鳳尾魚 馬齊③ | 烏魚④ |
| 河豚魚 抱哥 | 鱉魚 脚魚⑤ | 鮀魚⑥ | 癩頭魚 花鰻梅 |
| 魚刺 絲骨 | 魚胞⑦ 魚叩 | 魚子 | 魚下子 魚生攭 |
| 魚白⑧ 魚獲 | 魚苗 新出魚花 | 魚脊 | 魚分水⑨ 噴水 |
| 活魚 | 鮮魚 | 鮮蝦 | 蟶乾⑩ 蚝類 |
| 鹹魚 | 牡蠣 蚝 | 蠔乾 即蚝豉⑪ | 蠣房 蚝房 |
| 田螺 又叫田獅 | 青螺 石螺 | 螄蚶⑫ 稱血螺 | 蟛黃 |
| 蜆 | 砂蜆 | 坭蜆 | 蛤蜊 蚌 |

## 虫蛇

| 蜜蜂 | 黃蜂 | 螞蜂 | 蜂蜇人 蜂斲人 |
| 蜂窩 蜂巢 | 蠶虫 | 蠶鵝⑬ | 燈鵝 |
| 蝴蝶 讀若帖 | 蜻蜓 螳迷⑭, 又名琉璃 | 蝙蝠 又叫福鼠 | 秋蟬⑮ 又叫枝鳥 |

---

① 麵条魚：即銀魚。粵語稱白飯魚。
② 獅子魚：學名"蓑鮋"。
③ 鳳尾魚，俗稱"子鱭"，學名"鳳鱭"。
④ 烏魚：即黑魚。
⑤ 脚魚：大鯢。
⑥ 鮀魚：俗稱"肥鮀"，是一種點類魚。
⑦ 魚胞：魚鰾。
⑧ 魚白：魚類的精巢。
⑨ 魚分水：分水鰭，也有人稱爲分水翅。
⑩ 蟶乾：曬乾的蟶肉。
⑪ 蠔乾：曬乾的牡蠣肉。蚝豉：蠣乾，牡蠣肉的干製品。蠔：蚝。
⑫ 螄蚶：即司奄。
⑬ 鵝，應作"蛾"。下同。
⑭ 螳迷，今多寫作塘尾。
⑮ ＊蟬，音纏。

| | | | |
|---|---|---|---|
| 蜈蛉 | 蜘蛛 | 八爪蟧蠟①，又叫蠨蛸② | 蒼蠅 |
| 壁虎蠅虎 | 蒼蠅放蛆③ | 蝎子以尾刺人手，如蜂類，南方無此虫 | 蝎虎子④鹽蛇 |
| 蚊子 | 蝎子蜇着 | 蠓子⑤蚊屬 | 白蛉⑥如蚊而小 |
| 蜈蚣脚高而色白 | 百足蜈蚣 | 蟆⑦蚱草蜢 | 蝗虫 |
| 坭虫⑧禾虫 | 螳螂又叫刀 | 蟋蟀又叫油蜋，即家札 | 灶馬⑨灶煆 |
| 霄行⑩放光虫，亦叫得 | 錢龍⑪放光虫 | 錢串虫同上 | 蝸牛閩螺虫 |
| 火虫又叫螢火 | 蚰蟮⑫黄犬之類即蚯蚓，又叫地龍 | 濕虫⑬肥猪虫如豆大白色 | 蝨子 |
| 蟻子⑭蟲蟞 | 跳蚤狗虱 | 馬蟥蚨姆⑮ | 臭虫木虱，又叫交悲 |
| 臭姑娘臭鼻夯，又屁虫 | 蝌蚪虫潤螺 | 蝦蟆茹嘟雷公魚 | 蝲蟽古⑯土狗，又叫喇喇古 |

---

① 蟧蠟：蟧蟧，即大蜘蛛。
② 蠨蛸：一種身脚細長的蜘蛛，別稱"喜蛛""蠨子"或"喜子"。
③ ＊蛆，音趨。
④ 蝎虎子：即壁虎。
⑤ 蠓子：比蚊子小，褐色或黑色。雌蠓吸人畜的血，能傳染疾病。
⑥ 白蛉：一種比蚊子小的小飛蟲，喜吸人畜血液，能傳染黑熱病。
⑦ 蟆：螞。
⑧ 今天的"泥蟲"是指分佈于兩廣沿海地區的泥丁，又名"土釘"。"禾蟲"指的是沙蠶。而據北方方言的說法，此處應是指學名爲"蚜蟲"的"膩蟲"，是一類植食性昆蟲。
⑨ 灶馬：突灶螽。又稱"駝螽""灶雞""灶蝦"。
⑩ 霄行：即螢，俗稱螢火蟲。
⑪ 錢龍：蚰蜒又稱"錢串子"。
⑫ 蚰蟮：蚯蚓。
⑬ 濕虫：潮蟲。
⑭ 蟻子：虱卵。＊蟻，支上声。
⑮ 馬蟥：水蛭。粵語寫作"蜞𧒄"。
⑯ 蝲蟽古：螻蛄。

| | | | |
|---|---|---|---|
| 屎壳螂<sub>笨屎虫夯</sub> | 蝈蝈<sub>似大頭蜢而肚大</sub> | 油胡魯①<sub>似竹節</sub> | 蟋蟀<sub>叫蛐蛐</sub> |
| 抖毛虫<sub>抹虫，一身毛的</sub> | 根②斗虫<sub>沙虫</sub> | 磕頭虫<sub>舂米公</sub> | 黑蟆蟻 |
| 白蟆蟻 | 蠹魚③<sub>食書的</sub> | 水仙子<sub>屎虫</sub> | 蛇 |
| 蟒蛇<sub>大爲蟒</sub> | 蛇吐信<sub>吐舌</sub> | | |

# 叠字

| | | | |
|---|---|---|---|
| 熱騰騰 | 汗流流 | 冷清清 | 顫④魏魏<sub>震震供</sub> |
| 靜悄悄 | 嘴吧吧 | 亂嘈嘈 | 心掛掛 |
| 口念念 | 意孳孳<sub>懽喜也</sub> | 眼巴巴 | 笑嘻嘻 |
| 哭啼啼 | 氣稠稠 | 喘吁吁 | 睡呼呼 |
| 高条条 | 矮墩墩 | 肥胖胖 | 瘦凌凌 |
| 紅通通 | 紅艷艷 | 白蓬蓬 | 黑麻麻 |
| 黑洞洞 | 綠陰陰 | 甜思思 | 滑溜溜 |
| 酸溜溜 | 辣蘇蘇 | 淡別別 | 稀幌幌 |
| 硬邦邦 | 乾燥燥⑤ | 直挺挺 | 曲灣灣 |
| 圓轆轆 | 短縮縮 | 平坦坦 | 明明白白 |
| 清清楚楚 | 麻麻糊糊⑥ | 唧唧咕咕<sub>小聲講話</sub> | 支支離離 |

---

①　油葫蘆，又名"結縷黃""油壺魯"。蟋蟀類昆蟲，由於其全身油光鋥亮，就像剛從油瓶中撈出似的，又因其鳴聲好像油從葫蘆裹傾注出來的聲音，還因爲它的成蟲愛吃各種油脂植物，如花生、大豆、芝麻等，所以得"油葫蘆"之名。

②　根：跟。清吳趼人《俏皮話・水蟲》："水中有一種蟲，必頭尾皆動，然後能行；其游行時，似翻跟斗，故俗呼之爲跟斗蟲。"

③　蠹魚：又稱"蠹""書蟲"等。

④　＊顫，音戰。

⑤　＊燥，音造。

⑥　麻麻糊糊：即馬馬虎虎。《老殘遊記》中寫作"鵏糊"，《二十年目睹之怪現狀》中寫作"麻糊""嗎糊"，後來在書面語中統一寫作"馬虎"。

| | | | |
|---|---|---|---|
| 顛顛倒倒 | 花花綠綠 | 絮絮叨叨 | 唎唎喇喇 |
| 噥噥嘟嘟吟吟沉沉 | 唧唧噥噥 | 拉拉扯扯 | 從從容容 |
| 忙忙碌碌 | 昏昏頓頓① | 鬧鬧熱熱 | 冷冷淡淡 |
| 曲曲灣灣 | 摩摩挲挲 | 馥馥郁郁 | 翻翻覆覆② |
| 茂茂盛盛 | 鬼鬼祟祟 | | |

## 雜話

### 此係日常口頭語,從各欵撮出

| | | | |
|---|---|---|---|
| 珍重 | 放恣 | 精怪 | 一古腦共總也 |
| 不害臊 | 討人嫌乞人憎 | 挪移③ | 回護④ |
| 包庇 | 忍耐 | 疎⑤虞 | 疎忽 |
| 撥拉開 | 麻俐 | 肖皮 | 撒嬌詐嬌 |
| 撒野橫逆 | 撒村懲賴話 | 撒賴圖賴人 | 撒謊講大話 |
| 一回 | 一次 | 一遭 | 一磨 |
| 一蹚⑥ | 不把滑⑦無担帶 | 没牢靠無老實 | 胡鬧 |
| 胡塗 | 胡嗆亂言 | 胡說 | 胡謅⑧造言 |

---

① 昏昏頓頓:昏昏沉沉,腦袋暈,不舒服。
② 翻翻覆覆:形容一次又一次重複。
③ 挪移:把轉款移作他用。
④ 回護:祖護。
⑤ 疎:疏。疎虞:疏忽。 ＊疎,音蘇。"音",底本作"昔",據甲午本改。
⑥ 一蹚:一趟。
⑦ 把滑:有把握。
⑧ 胡謅:胡說八道。

胡纏①纏擾人　　　發狂　　　　　發標②狂態起時　　發茅③荒張④

發諕　　　　　　發懶　　　　　發惛⑤　　　　　　發迷

發麻　　　　　　發木　　　　　發浪搖也　　　　發顫手震

發抖震動一身搖了　發狠勇猛作事　發作⑥　　　　　　混丟

混攖⑦拋也　　　　混撂棄也　　　混砸以石擊地也　混摔⑧用力丟物于地

混拋　　　　　　混战⑨以掌心拋物，　混攪　　　　　混鬧
　　　　　　　　　知輕也

粧羊詐呆　　　　粧憨詐笨　　　遭羔⑩遭央也，事無　死皮賴臉詐生賴死之意
　　　　　　　　　　　　　　　大小，不如意曰遭羔

好抬杠⑪好拗事　　搭出去以手扠人頸　拾掇⑫拾掇 執拾
　　　　　　　　　　　　　　　地方也

# 病

不爽快　　　　　不舒服　　　　不受用　　　　腦袋疼

發燒身熱⑬　　　　發瘧子發冷　　　肚腹不好　　　長禿瘡生黷𩑶⑭

熱顆子⑮熱節仔　　風痂瘩風落膜　　猴子飯蓋　　飯痂瘩同上

---

① 纏:纏。胡纏:胡攪蠻纏。
② 發標:發脾氣,耍威風。
③ 發茅:發毛。
④ 荒張:慌張。
⑤ 惛:昏。
⑥ 發作:動怒、發脾氣。
⑦ 攖:糾纏的意思。據小字注,此處應爲"扔"義。
⑧ ＊摔,書歪切。
⑨ 战:战攲,用手掂量。 ＊战,音顛。
⑩ 遭羔:糟糕。
⑪ 抬杠:爭辯。
⑫ ＊掇,音惰。
⑬ 熱:熱。
⑭ 黷𩑶:即痢痢,禿瘡的學名。
⑮ 顆子:痱子。

贅瘤子肉瘤　　　　瘋子發顛　　　　發嫻風①羊吊　　大麻瘋

瞎子盲眼佬　　　　害眼眼熱　　　　長瘡　　　　　黑子痣

痂瘩每逢一粒一結俱稱痂瘩　痂瘡瘡掩　　　疤疤瘡痕　　　痘疤痘瘡痕

瘤子內樓　　　　　歪腿子　　　　　駝子　　　　　打冷顫

納悶　　　　　　　發噁心惡心　　　麻子豆皮佬　　　蹶②子跛脚佬

瞧祟書送祟去③撒鬼　血痂瘩丕瘟④　　簾瘡爛赤哥⑤　　頭暈紅樓十一回

頭暈目眩紅樓第六回

# 死喪

倒氣斷氣　　　　死過去了　　　　仙遊　　　　　　掛白

發訃音⑥　　　　吊眼淚⑦　　　　怪哭的⑧　　　　哭得淚人一樣

棺木　　　　　　倒頭燈⑨　　　　倒頭果　　　　　壽席

七星板棺裡用　　　入殮殮　　　　　開喪　　　　　　做七

---

① 嫻風:癲癇,羊癲瘋。

② ＊蹶,本作瘸。

③ 祟書:舊時講述鬼神星命、吉凶禍福的書,常記錄某日得病或遇事不吉爲某鬼作祟。
送祟:送鬼。

④ 瘟:瘡。

⑤ 爛赤哥:即老爛脚。

⑥ 發訃音:對外發佈亡者之死訊,即發喪。親人亡故,喪家須通報近親、宗族、好友周
知。古時望族採用書面訃音通報,常人則多央人口頭告知,此稱"報白"。

⑦ 吊眼淚:掉眼淚。

⑧ 怪哭的:大哭。怪:很,非常。如梅蒐《益世餘譚·民國初年北京生活百態》(北京大
學出版社,2014 年):"有某鋪的學徒,在一個攤子上,連抓了三吊多錢的,一回也沒抓著,急
的孩子怪哭的。""當時敬了郵差一個大嘴吧,打得郵差怪哭的。""這還不提,小村莊沒地方
兒找草,急的鄉下人怪哭的。"

⑨ 倒頭燈:即引魂燈。

| | | | |
|---|---|---|---|
| 何步① | 銘旌② | 送殯③ | 一身熱孝<sub>新孝</sub> |

何步① 銘旌② 送殯③ 一身熱孝新孝

梁冠孝子帽　喪棒杖　道惱④以言語安慰人　謝孝⑤

閉喪封喪　下窆　封墓　上墳

善終　送帛⑥又名送孝　吊脖子⑦吊頸　抹脖子割頸

投河跳水　水淹死　墙壓死　栽倒死跌死

中風　難産　死不得　活過來了

好長命的

## 珍寶

珍珠　夜明珠　東珠⑧　璧玉

羊脂玉　翡翠　玉如意　玉環

温涼玉盞⑨　珊瑚　金鐲⑩子金鈪　玉鐲子玉鈪

---

① 何步，義未詳。古代有"方步"來表示墓地的大小，比如公侯一百方步、一品九十方步等。

② 銘旌：古代喪俗，人死後，按死者生前等級身份，用絳色帛制一面旗幡，上以白色書寫死者官階、稱呼，用與帛同樣長短的竹竿挑起，豎在靈前右方，稱之爲銘旌，也稱"明旌""旌銘"。大殮後，以竹杠懸之依靈右。葬時取下加於柩上。

③ 送殯：運送棺柩下葬，出殯時陪送靈柩。

④ 如《紅樓夢》第四三回："寶玉只回說：'北靜王的一個愛妾没了，今日給他道惱去。'"

⑤ 謝孝：舊俗指孝子家中人向吊唁者行禮。一般來說，相親朋友來參加自己親人葬禮，喪家需要磕頭表示感謝。亦指喪服滿後去拜謝曾來吊唁的親友。

⑥ 送帛：給吊喪的人送上孝服，讓吊喪的人穿孝。

⑦ 吊脖子：即上吊。

⑧ 東珠：清朝將產自於東北地區的野生大珍珠稱爲東珠（或北珠）。"穿珠點翠""結珠輔翠"是清代首飾的主要特色，宫廷首飾大量選用翡翠、珊瑚、碧璽、蜜蠟、紫英石、青金石等，中期以後又有鑽石，而彰顯尊榮者，當屬大顆東珠。

⑨ 玉盞：酒杯。

⑩ *鐲，音桌。

| | | | |
|---|---|---|---|
| 廂①寶石的 | 嵌②寶石的 | 寶石頂子③ | 光紅頂子 |
| 亮白頂子水晶 | 湼④白頂子白石 | 湼藍頂子暗藍 | 花紅頂子 |
| 亮藍頂子明藍 | 足金子 | 潮金子低金⑤ | 淡金子⑥ |
| 鍒⑦子 | 銀鍒子銀錠 | 大鍒子大錠 | 小鍒子小錠 |
| 大元寶五十両一錠 | 洋錢 | 响銅⑧ | 白銅⑨ |
| 黄銅 | 錫鑞錫叫錫鑞 | | |

## 雜貨

| | | | |
|---|---|---|---|
| 羅盤羅經 | 風鏡遮眼怕風 | 千里鏡⑩ | 天平 |
| 法碼⑪ | 算盤珠子 | 算盤痂瘩同上 | 秤毫⑫秤耳,又叫挽手 |
| 看懷裡秤挨身⑬ | 被窩 | 褥子 | 耳挖子⑭ |
| 耳鑷 | 耳撚⑮ | 刮子女人刷頭的 | 胰子洗身用⑯ |

---

① 廂:鑲。
② ＊嵌,音縴。
③ 頂子:清代禮帽頂飾,是區別官員品級的重要標誌。
④ 湼:涅。涅白:不透明的乳白色。
⑤ 低金:成色較低的金子,也稱次金。潮,方言詞,指的是成色低劣,如"潮銀"。
⑥ 淡金子:成色差、顏色淡的金子。
⑦ ＊鍒,音課。
⑧ 响銅:指由銅、鉛、錫按一定比例混合煉成的一種銅。
⑨ 白銅:以鎳爲主要添加元素的銅基合金。
⑩ 千里鏡:望遠鏡。"鏡",底本作"镜",據甲午本改。
⑪ 法碼:砝碼,在秤上補足重量的東西。
⑫ 秤毫:杆秤上供手提懸秤的條狀物,多用繩子或皮條制成,也稱秤紐。
⑬ 使用杆秤時,有"看懷裏"和"看背面"兩種方式,看懷裏提第二毫系,看背面提頭道毫系。
⑭ 耳挖子:即掏耳勺,掏耳垢的用具。
⑮ ＊撚,音稔。按:"稔",疑爲"捻"之誤。
⑯ 底本作"同",據文意改。

| | | | |
|---|---|---|---|
| 香肥皂 | 香油 | 荷包條子荷身繩 | 平口①腰平 |
| 荷包 | 小荷包漢袋 | 抽子即平口 | 兜兜兜肚 |
| 衣搭子②小馬包 | 錢插子③搭袋 | 烟袋別子④掖烟袋的玉器 | 烟袋加搭同上 |
| 腰帶 | 帶頭 | 帶扣 | 帶鈎 |
| 帶板⑤ | 回頭緣子帶頭捲緣 | 憑天倒撑車攪⑥ | 踢韃子 |

## 華彩⑦

| | | | |
|---|---|---|---|
| 彩門 | 錦帳 | 圍屏⑧ | 棹圍 |
| 椅披 | 椅墊 | 寶盖 | 迎神賽會 |
| 攢盒⑨ | 拜匣子⑩ | 高照⑪ | 燈籠 |
| 手燈 | 轎燈 | 掛燈 | 桌燈 |
| 劈燈 | 地燈 | 路燈 | 連珠彩 |
| 滿地毡⑫ | 蒼蠅旗 | 掛屏 | 地屏 |

---

① 底本作"日"，據甲午本改。
② 衣搭子：衣兜。
③ 錢插子：錢褡褳。
④ 烟袋別子：煙袋的墜飾。
⑤ 帶板：腰帶上由數塊乃至十數塊扁平玉鑲嵌的裝飾，是古代官品位的標誌。
⑥ 憑天倒：古代的一種賭具。"撑車攪"三字，底本辨識不清，據甲午本。
⑦ 華彩：戲台、舞台。文娛隱語。
⑧ 圍屏：可折疊的屏風。
⑨ 攢盒：組合盒，一個盒子裏面套多個形狀各異的小盒子，各個小盒子又可以拼成和大盒子相同的形狀。
⑩ 拜匣子：舊時放名刺、請柬、禮單的小箱櫃。《清稗類鈔》："拜匣，置柬帖之小篋也。"如《孽海花本事》："而後文僅說拿出一個拜匣子，裏邊都是些没用的字紙云云，始終未及裕寬之事。"又舊時定親習俗，由男方送給女方一些禮物，寫明生日時辰，放上一塊布和半打或一打襪子，以及錢、香、艾等，也稱拜匣子。
⑪ 高照：燭臺。
⑫ 《泉州傳統戲曲叢書》(中國戲劇出版社 1999 年)載的清代抄本《子儀拜壽》："廳面須結不見天，下鋪滿地毡，圍屏四片。"

彩亭　　　　　桌屏①　　　　　　　　　　戲台　　　　唱堂戲

瓔珞②擺古董　　辦點綴地方荒凉以景物添上好看

## 樂器

| 鐘鼓 | 八角鼓 | 太平鼓 | 花鼓 |
| --- | --- | --- | --- |
| 撥浪鼓小手皴③,兩耳自擊 | 木魚梆打更木筒、竹筒 | 戰鼓 | 漁鼓④ |
| 鼓嗓 | 痲瘩鑼凸銅鑼即銅鼓 | 號筒⑤ | 喇叭掌號吹的,撞口的 |
| 笛子 | 笙 | 瑣吶俗呼爲銅笛,直吹的 | 响盞⑥兩口連住銅盞 |
| 磬子 | 九勺鑼九个小鑼同一架 | 箏 | 鐃 |
| 鈸 | 琵琶 | 片叉小叉,小銅鈸 | 三絃⑦ |
| 二胡 | 胡琴二絃 | 月琴 | 檀板⑧又叫掛板 |
| 頭通二通三通頭報二報 | 篳篥⑨吹必必 | 琴 | 瑟 |

## 顏料

| 乳金 | 描金 | 漆⑩的 | 油的 |
| --- | --- | --- | --- |

---

　① 桌屏:擺在桌上作爲裝飾的小屏風。

　② 瓔珞:古代用珠玉串成的裝飾品,多用爲頸飾,它形制比較大,在項飾中最顯華貴。

　③ 皴:鼓。

　④ 漁鼓:即道筒、竹琴。

　⑤ 號筒:即銅角。

　⑥ 响盞:敲擊體鳴樂器,用於福建南音等民間器樂合奏以及地方戲曲的伴奏,由黃銅作成,鑼面平坦,是鑼類器樂中最小的一種。

　⑦ 絃:弦。

　⑧ 檀板:檀木製成的拍板。

　⑨ 篳篥:即觱篥,俗稱"管子"。

　⑩ 底本和甲午本均誤作"漆",校注者改。

| | | | |
|---|---|---|---|
| 大紅 | 赭石① | 紫棕② | 紫標③ |
| 桃紅 | 玫瑰紫 | 福紅 | 金魚紅 |
| 香色④ | 坭金色 | 深藍 | 二藍⑤ |
| 三藍 | 月藍 | 月白 | 紅青 |
| 天青⑥ | 元青⑦ | 灰色 | 黑青 |
| 旦青⑧ | 佛頭青⑨ | 碧綠⑩ | 油綠 |
| 鴨頭綠 | 靛花⑪ | 米色 | 棗色 |
| 茶花 | 古銅色 | 鳩⑫翎色 | 杏黃 |
| 鵝黃 | | | |

## 首飾

| | | | |
|---|---|---|---|
| 金簪子 | 銀簪子 | 金釵 | 扁簪⑬ |

---

　　① 赭石:多指暗棕紅色或灰黑色。

　　② 底本和甲午本均作"棕",校注者改。

　　③ 紫標:服飾發展到魏晉時候,王公貴族"服無定色,冠綴紫標,標以繒爲之"。後來,"紫標黃榜"又用來指封閉錢庫的意思。

　　④ 香色:茶褐色。

　　⑤ 二藍:青紫色,用紅花和靛藍染成的顏色。

　　⑥ 天青:深黑而微紅的顏色。也是硯石的一種。下文中的很多顏色都是硯石的種類,如鴨頭綠等。

　　⑦ 元青:玄青,深黑色。

　　⑧ 旦青:蛋青色。

　　⑨ 佛頭青:青黛色。

　　⑩ ＊綠,音慮。

　　⑪ 靛花:青黛。

　　⑫ 鳩翎色:黑色。"鳩"字,底本辨識不清,據甲午本。

　　⑬ 扁簪:通常橫貫於髮髻而露出兩端,因此兩頭造型如梭,中腰細窄,以金銀製品爲多,每以鏨刻或鏤空的方法裝飾紋樣。滿族婦女梳"兩把頭"時用的是扁方。

過肩挑①長頭杷　　金掛縫②簪頭縫　　一丈青③　　　　金鐲④金鈕

項圈⑤　　　　　壽星⑥　　　　八仙⑦　　　　　百家鎖⑧

戒箍子⑨

## 銅噐

鑼　　　　　　　鑼點⑩雲板⑪之類　銅盤賣粒用　　銅盆⑫

銅吊銅煲　　　　銅鍋銅鑊　　　　銅礶⑬銅甖　　煖⑭鍋

煖壺　　　　　　手爐　　　　　　茶船⑮　　　　熨⑯斗燙斗

銅線　　　　　　銅絲　　　　　　銅绣⑰　　　　銅鉎⑱

──────────

①　過肩挑：滿族婦女頭飾的一種，在梳好"兩把頭"（橫髻）後，正中會勒上抹額，右側則會插一根"過肩挑"，用珍珠、瑪瑙、翡翠、琥珀、珊瑚雕刻成各種花鳥蟲魚，連成一串，垂吊到肩。"挑"，底本作"桃"，校注者依文意改。

②　金掛縫：指的是珠串間以寶石的墜子。可單可雙，可以成排懸挑，或銜在鳳嘴，或墜與細口。

③　一丈青：耳挖簪。指的是兼帶挖耳勺的細長首飾，一頭尖細，一頭較粗，頂端作小勺。

④　＊鐲，音棹。

⑤　項圈：又稱領約，清代婦女用於約束頸間衣領之飾物。

⑥　壽星：首飾樓中"孩兒什作"諸般物件的一種，如《紅樓夢》第六十二回："鳳姐兒是一個宮製四面和合荷包，裏面裝一個金壽星。"

⑦　八仙：刻有八仙圖案的首飾，如明代有八仙過海金扁簪。

⑧　百家鎖：長命鎖、寄名鎖。

⑨　戒箍子：即戒指。

⑩　底本作"點"，據甲午本改。

⑪　雲板：一種擊奏體鳴樂器，俗稱"點"。鐵鑄厚板，通常製作成雲形，上繫繩，懸而用槌擊板發聲。

⑫　＊盆，噴平聲。

⑬　礶：罐。

⑭　煖：暖。

⑮　茶船：即茶托。

⑯　＊熨，音□。

⑰　绣：銹。

⑱　鉎：銈。即鐵鏽。

| | | | |
|---|---|---|---|
| 唾壺① | 痰盒 | 銅甑子② | 酒別子扁酒壺 |
| 背壺背起脊上，出門用 | 皮刀割皮草用 | 奶茶壺 | |

## 鐵器

| | | | |
|---|---|---|---|
| 铁爐 | 鉗子 | 火箸 | 通条③ |
| 斧子 | 刨子鋤類④ | 鑿子 | 鏨刀子 |
| 锹子 | 鋸子 | 索子⑤小鐵鍊 | 铁鎖 |
| 鎖黄⑥鎖鬚 | 鎖皮 | 鑰匙 | 銅釬⑦銅条 |
| 杓⑧子 | 漏杓子 | 油漏鉢 | 過江龍酒合在酒埕角出⑨ |
| 喚嬌娘⑩絨線客用銅鑼 | 驚閨⑪磨鏡客用铁片响牌 | 九連環九個銅圈，可以解悶 | 剪子 |
| 研船子又叫碾盤⑫ | 鉄碾研船車盤 | 鈒⑬剪 | 鈒⑭刀 |

① 唾壺：又名唾器，吐唾液的容器。
② 甑子：古代的炊具，蒸米飯用的。
③ 通条：指一端尖的鐵條，用來通爐子等器物，使不堵塞。
④ 鋤，即鋤頭，亦寫作"槲頭"。
⑤ 長而粗的鏈子或繩子。
⑥ 鎖黄：即鎖簧，又寫作鎖鑌。
⑦ ＊釬，音翰，又音千。
⑧ 杓：勺。
⑨ 酒埕：酒甕。
⑩ 喚嬌娘：古時行商在走街串巷時多用大聲吆喝的方式招攬顧客，即市聲。市聲又分爲叫賣聲和代聲或貨聲，代聲主要是因爲一些特殊行業由於民間禁忌而不便於大聲吆喝，於是就用器物發出聲響來代聲。其中賣閨房雜貨者手中的"喚嬌娘"就是其中一種，"以一小銅鑼置於金屬圈中，圈上系小錘，有柄，搖之丁丁作聲"。
⑪ 驚閨：一種裝有鈴鑌的小鼓，亦稱"驚繡"。舊時賣針脂粉的商販所用，持柄搖鼓，可引喚婦女出門購物。古時磨鏡者亦用之，如貨郎鼓等即是。
⑫ 研船：一種船型的以研磨爲主兼有切割作用的粉碎工具。"盤"，底本和甲午本均作"盤"，校注者依文意改。下文同。
⑬ "鈒"，甲午本作"級"。
⑭ "鈒"，甲午本作"极"。

| | | | |
|---|---|---|---|
| 喚頭①剃頭人鑷声 | 馬嚼環馬口铁 | 鉄鎖子②企砧 | 鉄罩籬 |
| 鉄火盤 | 酒提③ | 裁刀 | 刀鈍了 |
| 鏳一鏳用牙灰省之曰鏳④ | 好快刀利刀 | 雪白的刀 | 長瘡 |
| 短劍 | 快锯 | 月斧⑤ | 月鑼 |
| 腰刀 | 順刀⑥ | 長針 | 金鋼圈 |
| 鉄尺 | 拿腰刀砍他 | 拿柴刀劈他 | 拿順刀攘他攘,刺入也 |
| 拿挑刀挑他 | 拿劍砍他斬他 | 拿斧子砍他剁他 | 拿長針戮⑦他 |
| 拿小針札⑧他刺⑨他 | 拿倭刀撇他彎頭的鐮刀,無鋸 | 拿剪子鉸⑩他 | 拿棍子打他搪他搪,格也 |
| 拿刀板拍他 | 拿铁槌槌他 | 拿箭射⑪他 | 拿流星⑫去打他 |
| 拿鎗子鋸他截他 | 拿鑷子拔他 | 拿紙刀裁他 | 拿金鋼鑽鑽他 |

---

①　喚頭：系指街頭流動的小商販或服務性行業的工作者（如磨刀的、理髮的等）用來招引顧客的各種響器。

②　鐵砧子：捶砸或切東西時墊在底下的鐵板。也指古代的刑具，殺人時作墊用的砧板。＊鎖，音砧。

③　酒提：酒端子，打酒器。

④　鏳：古同鏳，金屬撞擊的聲音。此處指用牙灰擦除膩垢。牙灰：糠燒成的灰，常用來刷牙。

⑤　月斧：斧名。刀口呈偃月形，故名。

⑥　順刀：鐵質，通常一尺一寸，形如短劍。刃長八寸，闊一寸。梨木柄，長三寸。一般用作工具刀，或護身用短刀。

⑦　"戮"，疑應爲"戳"。

⑧　札：扎。刺的意思。

⑨　＊刺，音次。

⑩　底本作"餃"，校注者改。

⑪　＊射，音石。

⑫　流星：即流星錘，古代的冷兵器之一。

拿鉋①鉋他　　　拿小刀割他切他片他　淬銅②打鐵見水　　鐴③開
刺他刮他修好他

# 軍器

| | | | |
|---|---|---|---|
| 弓 | 箭 | 弓又 装弓袋带有身 | 鞦④袋 装箭袋带在身 |
| 硬弓 | 軟弓 | 詨頭 响箭頭⑤ | 鈚箭 铁嘴 |
| 鵠⑥子箭 | 鞦袋箭 | 箭翎⑦ | 搬指⑧ |
| 帽毧 地毬 | 刀 | 鎗 | 鳥鎗 |
| 劍 | 火藥 | 火炮 | 過山鳥⑨ |
| 刀出鞘 鞘即刀壳 | 馬上鎗 | 錢粮子 炮彈 | 流星 飛槌 |
| 鈎鎌鎗⑩ | 九龍袋 装火藥筒 | 火箭 | 馬鞍 |

---

①　＊鉋，音抱。

②　淬銅：此處指的是淬火工藝。把金屬工件加熱到一定温度，然後突然浸在水或油中使其冷却，以增加硬度。

③　＊鐴，音包，韻無此。

④　鞦：撒。撒袋，即撒答，源自蒙古語，箭袋的意思。

⑤　响箭頭：箭頭上有很多小孔，發射出去后受到空氣阻力會發出尖嘯聲。起初，是青銅製品，被用來當做信號彈，指揮軍隊前進或後退。後來變成了木製的，成爲人們的一種娛樂活動。

⑥　鵠子：箭靶子。＊鵠，音古。

⑦　弓箭箭杆的一端是箭頭，用於殺傷。另一端是箭翎，作用是提高飛行過程中的穩定性。

⑧　搬指：又作扳指或班指，射箭時戴在大拇指上鈎弦用的工具。後來才用作裝飾品。

⑨　過山鳥：民間自製的土炮，可裝火藥一斗（七十斤），射程八百米。過山鳥的工事一般設在堡上山城高處，炮口瞄準棧道關隘。

⑩　鈎鎌槍：中國古代的一種冷戰兵器。又稱"麻絭刀"，就是將鎌刀用麻繩綁絭在長槍上。用於步兵戰鬥，是古代兵車戰法中的一種兵器。其形制是在槍頭鋒刃上有一個倒鈎的長槍，專門用於對付敵人騎兵。

馬屉①<sub>墊汗的</sub>　　　馬鞯②<sub>馬肚裙</sub>　　　馬籠頭③　　　　馬踢胸④<sub>馬前响噹</sub>

偏韁⑤

# 石器

| 石鐘 | 石鼓 | 石碑 | 石磴 |
| 石棹 | 石磨<sub>又叫石礱</sub> | 石碪⑥ | 石柱 |
| 石墩 | 石人 | 石馬 | 石獅 |
| 試劍石 | 試金石 | 蠟石⑦ | 圖書石⑧ |
| 壽山石⑨ | 硯石 | 老坑石⑩ | 石牌芳 |
| 石井 | 石墓門 | 石墓桌 | 石界牌⑪ |
| 大理石 | 石臼子<sub>舂砍</sub> | 石碓⑫<sub>窩舂米砍</sub> | 擦脚石⑬ |

---

① 馬屉:即鞯,也稱鞍屉、護腰。因爲馬奔跑后容易出汗,所以爲防止馬的腰部中風或防止馬的脊梁和肋骨被馬鞍子磨傷,而在馬鞍下設一層襯墊,多爲一軟一硬的毛氈製作。＊屉,音替。

② 馬鞯:也稱鞍鞯,馬屉下面垂在馬背兩旁用來防止馬鐙碰傷馬身的馬具。＊鞯,音纏去声。

③ 馬籠頭:馬彎頭,駕馭馬的輔助用具之一,用於拉馬、牽馬、拴馬。

④ 馬踢胸:馬胸前的裝飾物。

⑤ 韁:繮。偏繮:把馬龍頭套到馬頭上的繩子,騎馬的人手握偏繮就可以駕馭馬匹了。

⑥ 碪:砧。

⑦ 蠟石:即黃蠟石,是一種名貴的觀賞石。

⑧ 圖書石:青田石中的普通品種,產於青田圖書洞,質地軟硬適度,不透明,顏色豐富,產量高。印家使用的青田石,主要是這種石頭。

⑨ 壽山石:產於福建,與青田石、昌化石、巴林石並稱爲我國四大印章石,分爲山坑、田坑和水坑三類。

⑩ 老坑石:指年代既久,素以出產量大且質精而著稱的石材。

⑪ 底本作"脾",校注者改。

⑫ 石碓:用來舂米的碓,也稱石碓臼、碓臼、石碓窩等,不同方言中有不同說法。＊碓,音對。

⑬ 擦脚石:浮石。

碾①子以石輥②研麵曰碾

## 磁器

| 洋貨 | 江西貨 | 福建貨 | 本地貨 |
|---|---|---|---|
| 磁瓶 | 磁罐 | 磁盆 | 磁缸 |
| 冰盤③ | 七寸盤 | 五寸碟 | 大碟 |
| 小碟 | 圍碟④ | 五簋碗⑤ | 斗碗 |
| 大碗 | 小碗 | 飯碗 | 茶碗 |
| 燈碗 | 茶盃 | 盖盅 | 盖碗 |
| 墨碗⑥ | 十錦的⑦ | 瓦鼓⑧ | |

## 瓦器

| 甕缸 | 小缸 | 小墰 | 酒罐子 |
|---|---|---|---|
| 油罐子 | 水錦 | 瓦盆 | 瓦鍋 |
| 沙鍋凡有瓦器者皆稱爲沙 | 沙吊 | 瓦鉢子 | 大鉢頭 |
| 小鉢頭 | 大小黃盆⑨ | 砂盆 | 大小盖盆憾盅 |

---

① ＊碾,年上声。
② "輥"字,底本辨認不清,據文義定。
③ 冰盤:大盤子,因其光潔如玉而得名。也作冰鑒的俗稱,其樣式爲圓或方形的盤、盆,在其中堆放冰雪,再在冰雪上安置冷飲、瓜果。根據後文,此處指的是前者。
④ 圍碟:圖案拼盆(花色拼盆)四周圍放的單味小碟,一般在花色拼盆周圍放置六或八只單味的小盤冷菜,組成花型圖案,使筵席豐滿,檯面美觀。
⑤ 五簋碗:據清姚廷遴著《歷年記·記事拾遺》:"其式比宋碗略大,又加深廣,納肴甚多。"(轉引自《清代日記彙鈔》,上海人民出版社 1982 年)
⑥ 墨碗:裝墨汁的碟子。
⑦ 十錦:雜取同類諸物配合成各種式樣,謂之"十錦"。
⑧ 瓦鼓:陶制坐具,其形如鼓,也稱瓷墩。
⑨ 黃盆:用土坯燒制,呈土黃色。

牙盆①<sub>糯米用</sub>　　噴壺<sub>淋花用</sub>　　夜壺<sub>小便用</sub>　　悶葫蘆<sub>錢罌②</sub>

瓦喳兒③<sub>破瓦井</sub>

# 竹器

| | | | |
|---|---|---|---|
| 斑竹 | 撐篙竹 | 茅竹 | 篍竹 |
| 竹笋 | 竹頭 | 竹節 | 竹茹④ |
| 竹篾 | 竹片子 | 紫竹⑤ | 簾子 |
| 篷子 | 竹床 | 竹馬⑥ | 竹箱子 |
| 竹排 | 竹蓆 | 竹枕子⑦ | 竹箍 |
| 竹絡子 | 竹籃子 | 竹筐子 | 竹籃筐 |
| 竹籠子 | 烘⑧籠<sub>用火烘衣物笠</sub> | 蒸籠 | 篩羅⑨<sub>羅斗</sub> |
| 米篩 | 坭篩 | 簸⑩箕 | 土篩箕 |

---

① 牙盆:用普通泥土做成,只經一般煅燒,呈圓形,裏面有一圈圈明顯的縱向牙紋。和它成雙成對的,還有一根手臂粗的石榴樹枝做的研磨棍。牙盆用以研磨食物,將穀子磨碎,煮成糊來充饑。

② 悶葫蘆:一種類似儲錢罐的東西。罌:罌。錢罌:粵語方言詞,小孩存錢的陶罐(參見李吉劭《東莞方言分類詞典》,廣東人民出版社 2013 年)。

③ 瓦喳兒:碎瓦片。

④ 竹茹:又名"大頭典竹""淡竹"。

⑤ 紫竹:墨竹。

⑥ 竹馬:一種兒童玩具,典型的式樣是一根杆子,一端有馬頭模型,有時另一端裝輪子,孩子跨立上面,假作騎馬。

⑦ 竹枕子:用竹子做的枕頭。

⑧ ＊烘,上平聲。

⑨ 篩羅:一種形似篩子的竹器。 ＊篩,音施。

⑩ ＊簸,音樸。

糞箕　　　　　　　掃箒①掃把　　　　　稻子圍　　　　　窩錢②細窩

刨了筐除去宛③稱物　竹淺子飯筐箕④　　竹快子⑤　　　竹篗子即笠

竹夫人⑥　　　　　籮笆　　　　　　竹囤子⑦　　　油囤子竹油筒

酒囤子　　　　　　羌擦子　　　　　魚籠　　　　　魚笱子⑧魚摤

筥籮⑨柳木扁籮子

## 木器

花梨　　　　　　　紫檀　　　　　　紫榆即孫枝⑩　　沙木杉木

櫪木⑪　　　　　　烏梅木　　　　　楠木　　　　　各樣木

八仙桌⑫　　　　　合仙桌⑬　　　　琹⑭桌　　　　條桌

---

① 箒:帚。

② 窩錢:古時買店房有租錢、窩錢之分;買窩錢,則是指明朝中期買鹽引的錢。兩者均與竹器無關。而在指代竹器的詞彙里存在"團窩"一說,指的是比簸箕深一些的簸器,如:"經包公這麼一說,把一些財主都嚇倒了,就都往早已準備好的團窩里丟錢。"(引自白庚勝主編《中國民間故事全書·湖北·遠安卷》,知識產權出版社 2010 年版,第 51 頁)

③ 宛:碗。刨,去掉、除掉的意思。刨了筐,意思是稱重時把裝東西的筐去掉。

④ 筐箕:用竹篾編制的盛物品用的器具,底兒爲圓形,幫較淺,常用來盛飯、盛米等。"筐",底本誤作"笘"。

⑤ 快子:筷子。

⑥ 竹夫人:是一種圓柱形的竹製品,長約一米左右,是用竹篾編成的圓柱形物,中空,四周有竹編網眼。竹夫人是熱天消暑的清涼之物,可擁抱,可擱脚。

⑦ 竹囤子,竹編容器,也可用其作爲儲藏穀物、種子等。＊敦,上声。

⑧ 魚笱子:一種捕魚的工具,魚簍,口子内按有倒鈎。

⑨ 筥籮:用柳條或篾條等編的盛器,幫較淺。＊筥,音頦。

⑩ 紫榆:紅木。紅木是現在常見的硬木,但是明和清前期的文獻中很少提及,清中後期才開始廣泛使用。北方和江浙一帶稱紅木爲"紫榆",廣東地區則稱作"酸枝",即小字注"孫枝"。

⑪ 櫪,同"櫟"。

⑫ 八仙桌:方桌的一種。方桌根據桌面的大小,分爲四仙桌、六仙桌、八仙桌。

⑬ 合仙桌:桌面是長方形的,桌腿較高。

⑭ 琹:琴。

炕桌①　　　　抽屜②櫃桶之類　　　鬼子桌③　　　　扇面桌④

桌面　　　　　桌心　　　　　　桌縫子台鏰,凡鏰　　桌邊
　　　　　　　　　　　　　　　謂之縫

桌簷⑤　　　　桌裙⑥　　　　　桌蹠角桌角頭　　桌腿台脚

桌樑⑦台面裡橫木　桌撑子橫木又名台橫　桌子活動了墊穩他　竪櫃企櫃

欄櫃⑧鋪面擺的　櫃鼻子⑨雀惱、櫃口、銇掩　櫃銷鋌⑩櫃铁捶　學士椅⑪

太師椅⑫　　　羅圈椅⑬　　　　春櫈⑭　　　　　板櫈

---

①　炕桌:一種可放在炕、大榻和床上使用的矮桌子。基本式樣可分爲無束腰和有束腰兩種。

②　屜:屉。﹡屜,音替。

③　鬼子桌:尺寸較小的桌子,形狀不可考。傅璇琮《中國古代小説珍秘本文庫4》(三秦出版社1998年,第583頁):"即來艇後,從人一面擺出點心、糖果、圍碟等物,放在鬼子桌中。"與此類似,明清家具中也有"鬼子椅",傳到北方後改稱"玫瑰椅"。

④　扇面桌:桌面作扇面形的桌子,相當於六方桌的一半,和月牙桌一樣,多成對,兩張可以拼成一張六方桌。

⑤　簷:同"檐"。

⑥　桌裙:即桌幃。

⑦　樑:梁。

⑧　欄櫃:商店的交易處所,即櫃臺。

⑨　櫃鼻子:釘在櫃門上的小金屬物件。

⑩　銷鋌:類似插銷之類的物件。如逄振镐著《山東古國與姓氏》(山東人民出版社2006年,第698頁):"下部有圓形銷鋌,鋌端有穿孔,認供扞閂,將卯銷固定於紐座上。"

⑪　學士椅:清代的學士椅是一種直靠背椅,沒有扶手。

⑫　太師椅:最早使用于宋代,最初的形式是一種類似於交椅的椅具,圓形、搭腦、豎向靠背式並附加荷葉型托首的交椅(因其下身椅足呈交叉狀而得名)。明代則把一種圈椅稱爲太師椅。清代的太師椅指一種扶手椅,形體較大、莊重華貴。

⑬　羅圈椅:簡稱"圈椅"。圈背連着扶手,從高到低一順而下,座靠時可使人的臂膀都倚着圈形的扶手,感到十分舒適。明代中後期,還會在椅圈盡頭扶手處的雲頭外透雕一組花紋,人們稱之爲"太師椅"。

⑭　春櫈:比條凳略寬的長方凳,一般放置在床前,可供兩三人同坐,亦可以放置器物。古時民間用來作爲出嫁女兒時上置被褥、貼喜花、請人抬着送進夫家的嫁妝家具。

涼床①　　　　　馬杌子②<sub>斗方</sub>　　　風櫃③　　　　　風櫃轉手

風櫃斗子　　　　風櫃葉　　　　　木磨盤④　　　　轉軸⑤<sub>磨心木，凡三</sub>
<sub>絃琵琶準亦稱軸子。</sub>

磨牙⑥　　　　　磨拐子⑦<sub>磨澃。又叫手</sub>　挨磨<sub>推磨</sub>　　　　木桶
　　　　　　　　　<sub>車孫、手磨澃。</sub>

吊桶　　　　　　櫑桶<sub>有柄的</sub>　　　　杩桶⑧　　　　　木杓子<sub>木讓子</sub>

杵子⑨　　　　　梯子<sub>梯橫</sub>　　　　　油榨子⑩　　　　糖榨子

紡車子<sub>絞花用</sub>⑪　衣架　　　　　　　餅模子⑫<sub>餅印</sub>　　　磚模子<sub>磚印</sub>

水牌子⑬<sub>酒館用</sub>　扁挑<sub>担子</sub>⑭　　　案板砧⑮<sub>板</sub>　　　扁挑關<sub>扁挑兩頭釘</sub>

木塞子<sub>木寧</sub>　　　木屑<sub>木楝碎</sub>　　　木渣子⑯<sub>碎木不能用</sub>　鋸末子⑰<sub>亦木楝碎</sub>

---

①　涼床：竹製的矮床，供暑日小憩。據《通俗常言疏證》引《荊釵記》："可將冬暖夏涼描金漆拔步大涼床搬到十二間透明樓上。"（轉引自《中國文物大辭典（下冊）》，中央編譯出版社 2008 年，第 741 頁）《魯班經匠家鏡》有涼床式："此與藤床無二樣，但踏板上下欄杆要下長，柱子四根，每根一寸四分大。"（轉引自明午榮編著、吳道儀圖解《圖解魯班經》，陝西師範大學出版社 2010 年，第 242 頁）

②　馬杌子：一種四條腿方形而沒有靠背的矮凳。

③　風櫃：一種排風設施。

④　舊時的石磨常常是由兩扇厚石磨片和木磨盤組成的，木磨盤用來接麵粉。比如河南地區的道情戲里就有這樣的戲詞："陪送你一盤紅石磨，梨木磨盤是新的。"

⑤　＊軸，音若周。

⑥　磨牙：磨齒。磨分上下兩扇，兩扇相扣，重合相對的兩面各有起伏的磨齒。

⑦　磨拐子：即磨棍。

⑧　杩桶：馬桶。

⑨　杵子：舂米或捶衣的木棒。＊杵，同暑音。

⑩　油榨子：傳統大槽油生產工具，木制結構。

⑪　"用"，底本作"月"，據甲午本改。下同。

⑫　模子：模具，模型。

⑬　水牌子：臨時記事用的漆成白色或黑色的木牌或薄鐵牌，因用後以水洗去字跡可以再寫而得名。

⑭　扁挑：即扁擔。《醒世恒言》第三十四卷："同着十來個家人，拿了許多扁挑、索子、鐮刀，正來下舡。"

⑮　底本作"砧"，據甲午本改。

⑯　木渣子：也作木扎子。

⑰　鋸末子：加工木材時因切割而散落下來的沫狀木屑。

鉄舌①鉋心鉄，鉄舌木匠光木用　　鉋床藏鉄鉋木的　　　　橛子②　　　　　　駢塶合埋③板

花碾④即花研內有絞千　　　　水車又名桔槔⑤　　　　床傍子⑥音彭　　　　絞竿花研

柳杖⑦柳木牙僉　　箮⑧箱即感裝感箱便

# 舟車

| 座船 | 貢船 | 運糧船 | 餉船 |
|---|---|---|---|
| 巡船 | 戰船 | 駁船⑨駁沙 | 划⑩子無篷小船 |
| 渡船 | 快艇 | 樓子船橫樓之類 | 頭艙 |
| 水艙 | 官艙⑪ | 太平艙⑫ | 鹽船 |

---

　　①　鉄:鐵。鐵舌:刨子中的刨刀。

　　②　橛子:短木樁，後泛指物體表面能起到固定、懸掛、支撐等作用的短棍。

　　③　底本作"理"，據甲午本改。

　　④　碾有花碾、光碾之分。花碾是在石輥表面鑿有凹槽或花紋，用於糧食的脫殼、去皮;光碾沒有花紋或凹槽，用於粉碎穀物。

　　⑤　桔槔:俗稱"吊杆""稱杆"，古代漢族農用工具，是一種原始的汲水工具。商代在農業灌溉方面，開始使用桔槔。

　　⑥　床傍子:即床幫。

　　⑦　柳杖:牙簽。明清時期牙簽又稱"剔牙杖"，簡稱"牙杖"。《鏡花緣》中牙杖、牙簽並用，《兒女英雄傳》裏則剔牙杖、牙簽並用，清李光庭《鄉言解頤·物部上》:"牙簽……又謂之牙杖。"由於牙簽多用柳木製成，所以牙簽又稱柳杖(詳見李曉軍著《牙醫史話——中國口腔衛生文史概覽》，浙江大學出版社，2014 年)。

　　⑧　箮，同"匷"，箱類。舊時亦有"箱箮"的說法，如《本草綱目·霹靂砧》:"置箱箮間，不生蛀蟲。"＊箮，同橫，音感。

　　⑨　駁船:一般指非自航船的貨船。船形豐滿，構造簡單，可單隻使用或編列成隊後由拖船拖行或頂推船推行，是沿海、內河及港口的普通運輸工具。

　　⑩　＊划，讀若華。

　　⑪　官艙:舊時客船中的正艙或輪船中的高級艙位。

　　⑫　太平艙:艙內不裝貨，船工可以從此下艙查看艙底積水，并隨時用潮斗刮出積水(即刮潮)，上面鋪艙板，安放炊具，又叫"火艙"。

| | | | |
|---|---|---|---|
| 尾艙 | 船篷 | 船板 | 風篷① |
| 打篷扯䉶 | 竪桅 | 睡桅② | 望斗③ |
| 桅旗 | 號帶④順風帆之類 | 風信旂⑤ | 桅燈 |
| 桅夾⑥ | 滑車⑦子即律羅 | 風帆布䉶 | 打風篷扯䉶 |
| 下篷落䉶 | 艙面板 | 艙底板 | 陽橋 |
| 跳板 | 將軍柱船頭兩邊大木柱綁大繩者 | 拉縴拉纜，又叫拉擅 | 鐵茅⑧錨也 |
| 櫓 | 櫓釘兒櫓率 | 櫓絆繩 | 舵 |
| 頭招⑨ | 打漿 | 駕娘船婆 | 頭公 |
| 舵公 | 灘師⑩ | 管船船家 | 扣篷⑪駛畫 |
| 靠船 | 攏岸⑫埋岸也 | 上坡上岸 | 下笭落錨 |
| 放鈔炒㖒錢敬神 | 掃艙去清船底水 | 驟馬車⑬ | 手車⑭ |

---

① 風篷：風帆，船帆。

② 睡桅：倒桅。這是船戶的忌諱語，如：洗澡必說篩涼，倒水說清水，倒桅則說睡桅。

③ 望斗：幾根桅杆之間橫放一杆，鋪上藤網，外面蒙皮革或棉被，以禦箭矢。《道光瓊州府志（第二冊）》（海南出版社 2006 年，第 766 頁）：“望斗者，古所謂爵室也，居中候望，若鳥雀之警示也。……望斗深廣各數尺，中客三四人，網以藤，包以牛革，衣以絳色布帛。”

④ 號帶：古代的軍器，用布帛製作，長條形，繫於竿頭，用來招呼兵卒。《三國演義》第四十八回：“周瑜引眾將立於山頂，遙望江北水面艨艟戰船，排合江上，旗幟號帶，皆有次序。”

⑤ 風信旂：風向標。旂：同“旗”。

⑥ “桅夾”又稱“鹿耳”“夾耳”。

⑦ ＊車，音居。

⑧ 茅：錨。

⑨ 頭招：即招頭，船工頭目，船老大。

⑩ 灘師：行船的引航員。一條船上最少有兩名船師，一名站在船頭，叫灘師，灘師負責觀察前方情況，用相應手語傳達信息，比如哪裏有礁石，哪裏有漩渦；另一名站在船尾，叫篙師，篙師負責讀取灘師的手語，同時又快又准地撐篙，控制船的走向。

⑪ 扣篷：據謝國楨《明代社會經濟史料選編（上）》（福建人民出版社 1980 年，第 245 頁）：“每當逆風掛之，一橫一直，名曰扣蓬。”

⑫ 攏岸：靠岸。

⑬ ＊車，赤遮切。

⑭ 手車：手推車。

| | | | |
|---|---|---|---|
| 轎車 | 後檔車車輪在後 | 中檔車輪在中 | 四六檔車輪在四六之中 |
| 轄子車眾人坐的，如落渡一般 | 三大套三只牲口拉的 | 四大套 | 車轂轆 |
| 車轅馬背所駕大木① | 車尾 | 車篷 | 車夫 |
| 套車駕起車 | 翻車倒側車 | 太平車② | 上車 |
| 下車 | 卸車 | | |

## 繩索

| | | | |
|---|---|---|---|
| 搓繩子 | 勒緊些 | 棕繩子③ | 麻繩子 |
| 棉繩子 | 草繩 | 繫着繫，束也 | 拴④着 |
| 綑⑤着 | 綁着 | 煞⑥緊了 | 打个疵瘩疵瘩，結也 |
| 打个死疵瘩 | 打个活絡疵瘩打活結 | 解開疵瘩 | 繩子結實 |
| 繩子虧⑦了不禁了舊不堪用 | 拿繩吊着了 | 懸掛在上頭 | 打个套子打狗耳套 |
| 纏上 | 好索子 | 大纜 | 棕纜 |

---

① 底本脱“木”字，據甲午本補。

② 太平車：也稱“北方大車”，是一種載重量極大的民間載貨車。因這種車體型笨重，車速慢，所以不能用於戰時，只能是太平年間使用，因而得名。

③ 棕繩子：用棕毛搓成的繩子，比較耐用，禁水耐磨。

④ ＊拴，書灣切。

⑤ 綑：捆。

⑥ 煞：方言詞，指用繩子捆東西時捆結實、繫結實。

⑦ ＊虧，音曹。

# 花卉

| | | | |
|---|---|---|---|
| 牡①丹花 | 芍②藥 | 瑞香 | 並頭蘭並蒂蘭 |
| 玉蘭 | 茶花 | 玫瑰花 | 珠蘭 |
| 墨蘭 | 竹蘭 | 吊蘭 | 薔薇花 |
| 素馨花 | 鳳仙花又名急性子 | 鷄冠花 | 杜鵑 |
| 菊 | 菊錢 | 荷花 | 荷錢③ |
| 四季花即長春 | 百日紅 | 花秧 | 栽花 |
| 澆花 | 冒出芽來了 | 接活了榑④樹生了曰接活 | 花根 |
| 花茹都⑤新出未開花粒 | 花蕋⑥ | 花萼 | 花瓣⑦ |
| 花蕋⑧ | 花朵 | 花謝 | 花開 |
| 花殘 | 開透了 | 開撻了⑨ | 樓子花⑩隻托紅 |

# 果品

| | | | |
|---|---|---|---|
| 柚子 | 橙子 | 梅子 | 杏子 |
| 佛手 | 柑子 | 香櫞 | 金橘 |
| 桔子 | 橘餅 | 柿餅 | 梹榔 |
| 椰子又叫揑子 | 瓜子 | 李子 | 玉黄李 |

---

① ＊牡,音母。
② ＊芍,讀若硝。
③ 荷錢:荷葉之最小最嫩者。
④ 底本作"博",據甲午本改。
⑤ 花茹都:花骨朵。
⑥ 薳:一種草的名稱,可入藥。
⑦ ＊瓣,音辦。
⑧ 蕋:蕊。
⑨ 底本作"子",據甲午本改。
⑩ 樓子花:形容花冠重疊,呈複瓣的花。

棗子　　　　　　　櫻桃　　　　　　楊柳①　　　　　核②桃

核桃瓤③　　　　　核桃肉即瓤　　　葡萄土云葡提子　西藏葡萄八達葡萄

橄欖　　　　　　　梨子　　　　　　苹菓④　　　　　砂菓

石榴　　　　　　　番石榴采用捻　　枇杷菓慮橘　　　檸檬

菱角　　　　　　　梧桐子　　　　　松子　　　　　　萬壽菓

荸薺馬蹄　　　　　甘蔗　　　　　　蔗古轆⑤　　　　蔗痂瘩蔗節

落花生地豆,又名人參菓　圓眼龍眼　　　荔枝　　　　　　栗子又叫毛栗子

菠蘿　　　　　　　銀菓白菓　　　　蘆子夾梇榔食　　一嘟嚕⑥荔枝龍眼一樸樸,即土云一恭一恭

芒菓名天桃⑦

物類名目齊備,但恐不識字音,則查千字文內便知。

---

①　楊柳:楊柳果。
②　＊核,讀若合,至凡菓子之核則讀若胡。
③　＊瓤,音陽。
④　菓:果。
⑤　古轆:也寫作"骨碌",意思是一段、一截。長度度量詞,一般特定用於圓柱狀物體,尺度較短。
⑥　嘟嚕:方言量詞,一串。如"一嘟嚕葡萄""一嘟嚕龍眼"等。
⑦　芒菓:杧果。

# 卷　四

## 正音千字文集類

靜亭高氏

正音者，正字音也。脣齒牙喉舌，謂之音；正韻副韻開口合口，謂之韻；平上去入謂之聲。合音韻聲呼出而成字。除各處鄉談土語習俗侏俏①不計外，其能通行者是謂官話。既爲官話，何以有南北之稱？蓋話雖通曉，其中音聲韻仍有互異，同者十之五六、不同者十之三四。今以千字②文，每字搜集北音，彙注眼下，以備觀覽。

## 尋字捷法

恐查字時一時不能記憶，朗③念此句語，便易於我尋

玄黃作聖別尊卑，二京稼穡寂寥稀，寓目囊箱阮笑時凡八韻④。

所註切字未及查字典，只譜其音韻之合宜者順筆註之。

所註切音必須以正音切之，若以土音切之，則不俏⑤官話音韻矣。

所註切字上一字分四聲之上下，如宇字係下四聲，則宜字亦下四聲也，戾字

---

①　侏俏：侏離。本指古代西夷地區的音樂，後用來指蠻夷的語言，意思是方言、少數民族及外國語言文字怪異難理解。

②　底本作"宇"，校注者改。

③　底本作"郎"，校注者改。

④　本句中作者化用了《千字文》中的"天地玄黃""克念作聖""禮別尊卑""東西二京""務茲稼穡""沉默寂寥""寓目囊箱""嵇琴阮嘯"八個典故，以《千字文》爲綱引出正文的同音字彙。但第八個典故，本應爲"阮嘯"，作者寫爲"笑"，誤。同時，作者在解釋反切用法時，用到的"宇、宜、戾、即、得"等例字也多是出自《千字文》。

⑤　俏，通"肖"，相似之意。

係上四聲則即字亦上四聲也；下一字分平上去入，如宇字係上聲則舉字亦上[1]聲也，昃字係入聲則得字亦入聲也。餘可類推。

# 千字文切字

他年切：天齻莛先兂[2]添

代利切：地帝褅弟第苐遞棣逮杕悌螮俿

係元切：玄鉉狁懸

胡房切：黃璜潢鐄磺簧皇湟瑝鍠膧煌蝗隍遑

宜舉切：宇禹與雨羽瘀語乳汝圉圄

住受切：宙呪嚼紂晝胄[3]

胡同切：洪鴻宏紅銾蚣虹鋐鷇陱

呼光切：荒慌恍肓

仍寔切：日佾肎乙役易亦翼驛逸佚溢鎰

仍絕切：月悅越樾粵玥刖鉞橤閱曰說

宜成切：盈楹嬴迎螢營塋繁仍

即得切：昃仄宅窄則摘擇澤賊螫宅窄摘又讀若齎，賊讀若子威切

長仁切：辰晨宸陳沉塵臣忱

息足切：宿夙俗肅粟束速蓿槭鷫

離竭切：列獵躐鬣裂劣烈

朱商切：張章彰璋樟嫜獐瑒麞

河彈切：寒韓含函瑌邯

離才切：來萊筴

書覩切：暑黍鼠癙

文廣切：往枉罔網惘誷

清鳩切：秋啾湫穐

---

① 底本作"土"，校注者改。
② 兂：天。
③ 底本作"胄"，校注者改。

陞周切：收

登弓切：冬鼕東

徂狼切：藏

遇論切：閏潤孕

宜驢切：餘如茹臾荑腴庾諛俞愉瑜偸榆禺嵎魚漁于予與璵噢窬娛儒覦逾竽
虞愚濡餘

持盈切：成畦乘呈澄城丞承誠程懲塍

四醉切：歲萃遂燧繸襚幰悴纇祟瘁碎

力戍切：律綠

力舉切：呂侶旅膂袌褸履

提杳切：調条條筥迢韶軺

如狼切：陽易昜揚暘煬颺瘍羊洋烊徉徉痒禳攘壤

宜羣切：雲雲芸耘紜眃勻筍

陀能切：騰縢藤謄疼

晝意切：致緻至志誌憓智制製贄摯置滯治凲恞

宜呂切：雨ᴵᴺ字字

利祚切：露路蕗潞輅璐鷺

堅節切：結桀傑碣偈竭絜潔劫詰揭

萬培切：爲唯惟維韋違圍危桅帷微薇巍

書汪切：霜鷞雙艭礵孀瀧

知因切：金斤筋巾觔今襟

師庚切：生僧參甥森珄牲笙

力異切：麗利莉蒞痢荔勵厲礪糲蠣泣隸罟例

升嘴切：水

亦律切：玉入育慾欲慾①鬱浴辱

稱束切：出黜怵鼁

誇分切：崑昆坤鯤崐鵾鵾髠

歌康切：岡剛綱缸扛

---

① 底本重出，照錄。

記厭切：劍鑒鑑監見建健瞖件諫儉

河道切：號浩皓耗昊囵顥灝

忌慮切：巨鉅拒距具踞鋸據句懼聚

啟雪切：闕缺

征書切：珠硃蛛誅侏銖諸朱茱豬

抽鷹切：稱蟶

亦謝切：夜

姑汪切：光珖洸胱

古火切：果裹

知根切：珍甄眞針斟砧鱵箴

力巳切：李醴禮裡悝鯉裏蠡

能代切：奈奈耐鼐

此帶切：菜蔡

至重切：重眾仲種衆

居拜切：芥介玠价疥界堺戒誡解

基相切：薑畺疆僵羌姜江韁

呼改切：海醢醯

係言切：鹹銜咸賢唧嫌憪①閑閒鷳弦

寒陀切：河何荷和禾苛

代溫切：淡啖澹琰彈蛋憚旦但

梨吟切：鱗麟璘磷潾隣轔廩林琳淋霖臨

慈連切：潛前錢錢

宜舉切：羽人宇②字雨汝

遂良切：翔詳祥

慮同切：龍聾隆籠朧櫳瓏礱嚨蘢襱

申衣切：師獅螄施詩屍屍蓍

呼果切：火夥

---

① 憪：憪。
② 底本作“字”。

丁計切：帝入地字

奴了切：鳥裊孃

姑彎切：官觀冠関棺瘝①鰥

如陳切：人仁寅

胡房切：皇入黃字

升止切：始齒佹恥矢史使駛屎

書意切：制入致字

爲門切：文紋蚊芠雯聞

就祀切：字自

能改切：乃廼嬭奶

房祿切：服福幅伏茯袱復馥覆弗拂蝠敷覆

因希切：衣咿伊噫醫醫②欹猗漪

陳羊切：裳

癡堆切：推吹炊萑

頑貴切：位胃渭謂畏未味緯僞魏穢蝟愇餧慰

仍浪切：讓讓③樣恙儴

姑博切：國郭廓鞟虢椁槨

如九切：有誘牗友酉蕕乑卣櫼

宜臚切：虞入餘字

騰勞切：陶萄淘綯嗃桃逃

廷郎切：唐糖餹螗塘榶璗棠堂

帝要切：弔吊釣掉

迷貧切：民旻閩緡

房滑切：伐發罰乏髮法閥

自瑞切：罪最醉

征抽切：周鼄舟州洲週輈伷譸賙

---

① 瘝：粵語方言詞，病痛之義。

② 底本重出，照錄。

③ 底本重出，照錄。

房滑切：發<sub>入</sub>伐字

升張切：商觴傷殤謪

台商切：湯

自臥切：坐做佐座

持堯切：朝潮巢晁鼂

爲混切：問汶

代號切：道盜導到幬蹈悼稻陝

持回切：垂搥槌鎚椎搥倕陲

歌勇切：拱珙鞏

蒲明切：平枰餅瓶屏蘋萍

朱商切：章<sub>入</sub>張字

愕蓋切：愛隘艾①礙碍

亦律切：育<sub>入</sub>玉字

靈其切：黎犁梨釐離籬漓貍鸝璃罹鸝

升丑切：首手守

長仁切：臣<sub>入</sub>辰字

房祿切：伏<sub>入</sub>服字

如龍切：戎茙絨羢狨毧容鎔庸鏞傭慵墉茸融榮溶榕

基相切：羌<sub>入</sub>薑字

胡加切：遐瑕霞<sub>又奚加切</sub>

忍止切：邇爾耳珥駬<sub>詳註下而字</sub>

於悉切：壹益邑挹揖憶億乙

梯己切：體

悉律切：率戌恤欻

卑因切：賓斌濱璸檳繽玢豳

姑威切：歸逶圭閨嬀規奎龜

爲房切：王忘亡

迷靈切：鳴銘溟瞑螟名明冥

---

① 底本作"艾"，校注者據反切改。

房用切：鳳奉俸

靜代切：在載再

朱谷切：竹築祝蠱囑燭軸妯築觸粥

薄陌切：白帛百伯帕①栢

基於切：駒俱拘据車琚居

申益切：食石釋拭實室飭飾式十識失蝕濕適什拾奭射

陳羊切：場腸常嘗長償

呼卦切：化話畫樺

步位切：被備②轈背輩倍

清好切：草艸

梅獨切：木睦穆沐牧目苜

力在切：賴賚籟癩

計一切：及笈級汲吉桔亟極諑急橄棘擊敫戟給屐劇

爲辦切：萬玩腕

分汪切：方芳坊枋

歌愛切：葢概慨溉

清子切：此

升眞切：身紳伸深琛申呻

分八切：髮入伐字③

性自切：四俟嗣耜兕駟祀汜巳寺肆

定罵切：大

文府切：五儛舞伍武鵡侮膴憮午仵圬搗鄔砆斌

陳羊切：常入塲字

姑雍切：恭肱觥工龔宮攻弓供公躬

文眉切：惟入爲字

基戌切：鞠匊菊掬諊麯局跼橘鵒白④

---

① 帕：白。
② 底本作“備”，校注者改。
③ 底本作“切”，校注者改。
④ 疑爲“且”。

仍掌切：養仰漾癢

巧己切：豈起啓

歌罕切：敢趕桿①感

呼委切：毀悔隳燬

升張切：傷入商字

寧舉切：女

明故切：慕墓募暮

知鷹切：貞禎征烝鉦佂

基節切：潔入結字

寧蘭切：男蚺南楠諵難

戲橋切：效校孝恔傚謏敩

詞來切：才裁纔財材

靈詳切：良涼梁樑量涼

眞衣切：知肢菝脂枝支芝巵之蜘氊

故貨切：過

不一切：必弼璧壁逼筆筚畢鼻萆

歌靄切：改

丁則切：得懜德踤

泥恒切：能

迷薄切：莫末沫漠没膜

爲房切：忘入王字

爲廣切：罔入往字

亭蘭切：談曇躭潭譚痰彈壇檀燀郯

補靡切：彼

都晚切：短

明己切：靡米絖

愼義切：恃峙侍舐嗜誓是禔弒試視氏市柿諡謚筮噬事士仕逝

舉倚切：己廌紀幾蟣

---

① 桿：杆。

陳羊切：長入塌字

四近切：信

升止切：使入始

坎朵切：可炯

房祿切：覆入服字

橋意切：器氣炁憇契棄憩①

亦律切：欲入玉字

泥蘭切：難入男字

靈祥切：量入良字

明薄切：墨陌貊默驀脉麥又脉麥亦讀賣

補非切：悲羆卑碑杯盃

星資切：絲思總偲私司笥斯厮颸

如罕切：染跧

身衣切：詩入師字

精幹切：讚瓚贊攢②蘸

歌蒿切：羔高膏糕槔皋③篙

如郎切：羊入陽字

基頂切：景境璟頸儆警

係鏡切：行幸倖杏臖礮興

萬培切：維入爲字

奚言切：賢入鹹字

可得切：克刻咳客尅

寧健切：念廿

即各切：作鑿

身正切：聖勝盛剩贖

丁則切：德入得字

---

① 憇：憩。
② 底本作"揝"，校注者改。
③ 皋：皋。

記燕切：建入劍字

迷靈切：名入鳴字

來敵切：立力笠櫟栗歷曆櫟□

笑靈切：形刑邢型行

都灣切：端觰惴

補遜切：表裱嫊

知應切：正晟政証證鄭

可公切：空悾倥箜

伐福切：谷轂穀梏榾骨

除丸切：傳椽船

身鷹切：聲升陞昇

熙於切：虛噓吁墟謔

徒郎切：堂入唐字

思即切：習淅晰皙夕析汐席錫惜昔舄悉蟋夕膝襲息媳蓆

通敬切：聽

胡過切：禍貨

衣今切：因裡茵裀姻嬋音陰殷慇湮氤瘖

安各切：惡

資昔切：積即唧漬幘嘖績疾嫉跡藉籍集脊鶺

分谷切：福入服字

宜全切：緣袁轅猿圓園圜元原源爰援黿沅鉛

是爛切：善繕膳饍①饍贍扇騸擅蟮

啟敬切：慶罄磬

長億切：尺赤敕斥叱

補億切：璧入必字

分威切：非扉蜚妃飛緋霏

補好切：寶保堡鴇褓飽

慈頓切：寸

---

① 饍；膳。

衣今切：陰入因字

愼義切：是入恃字

記定切：競敬竟獍鏡脛勁

精思切：資孜姿貲茲滋孳瘠淄秅錙

分路切：父傅附拊咐付負婦腐赴富副鮒

愼義切：事入恃字

基薰切：君均鈞軍麏困

仍絶切：曰入月字

宜連切：嚴妍研巖沿塩簽擔言炎延筵焉閆①閻

宜舉切：與入宇字

記定切：敬入競字

戲呌切：孝入效字

登崗切：當璫簹鐺

基列切：竭入結字

利極切：力入立字

貞公切：忠鐘鍾螽蛊終中募

即得切：則入戾字

自蔭切：盡晉縉進藎

迷令切：命

梨吟切：臨入鱗字

書眞切：深入身字

李舉切：履入呂字

八各切：薄鉑泊鉢箔博亳撥襏脖

息足切：夙入宿字

希經切：興馨

威分切：温氳瘟

親經切：清青菁又去声

情自切：似姒伺

---

① 底本作“閂”，校注者改。

梨難切：蘭闌瀾欄攔欄婪嵐藍籃

星茲切：斯入絲字

希經切：馨入興字

宜驢切：如入餘字

思容切：松嵩鬆崧

眞衣切：之入知字

受正切：盛入聖字

處彎切：川穿

梨求切：流琉旒硫留遛榴瘤騮劉

筆福切：不

思即切：息入習字

衣宣切：淵鴛冤

持盈切：澄入成字

啟呂切：取

衣景切：映影穎

如龍切：容入戎字

眞喜切：止芷沚址祉趾只枳紙祇旨怡咫萗①

如樂切：若葯藥岳嶽虐約樂鑰瘧

星資切：思入絲字

宜連切：言入嚴字

情餘切：辭斔詞瓷磁慈糍祠茨

愛千切：安菴庵俺鵪

利淨切：定錠訂

丁谷切：篤牘讀毒獨督匵櫝瀆

清姑切：初粗

持盈切：誠入成字

迷委切：美每浼②

_____

①　底本辨識不清，校注者補。

②　浼：浼。

是認切：愼甚滲腎椹葚

貞公切：終入忠字

人其切：宜儀移疑夷姨彝①痍眙遺眙怡飴沂匜頤脈

利靜切：令另

如龍切：榮入戎字

義利切：業暍頁謁嘩葉

星左切：所嗩瑣鎖鑠②

居衣切：基騰機譏磯笄箕其肌姬乩畸萁雞羇積饑

資息切：藉入積字

是認切：甚入愼字

文乎切：無吾吳悟蕪

記定切：竟入競字

希爵切：學鸑

如周切：優耰幽呦悠麀憂

當庚切：登燈蹬

愼義切：仕入恃字

申熱切：攝設

眞億切：職織跖質汁執陟櫛植殖姪桎隻值蟄秩

青龍切：從崇琮惊皶叢誴

晝盛切：政入正字

慈倫切：存蹲

言己切：以綺倚目苣③螘椅蟻矣擬議扆

歌安切：甘柑邯幹干乾肝疳

滕郎切：棠入唐字

起預切：去趣娶

如之切：而兒

---

① 彝：彝。

② 鑠：鎖。

③ 底本作"苣"，據反切改。

於悉切：益入壹字

義仲切：詠咏用

如落切：樂入若字

神乎切：殊殳薯

故畏切：貴癸桂饋塊跪

自念切：賤餞踐弮箭薦荐

力己切：禮入李字

併列切：別鼈

租敦切：尊遵樽鐏

補非切：卑入悲字

是讓切：上尚

寒陀切：和入河字

是稼切：下暇夏

梅獨切：睦入木字①

分無切：夫敷數孚桴珜痡黺玞砆荂膚

稱帳切：唱暢昶

墳路切：婦入父字

祀垂切：隨隋

吾賣切：外

殊又切：受授售狩獸壽

墳路切：傅入父字

戲運切：訓訊汛

亦律切：入入玉字

房用切：奉入鳳字

迷五切：母姥侮踇

人其切：儀入宜字

貞書切：諸入珠字

————————

① 底本脱"字"字，校注者補。

歌夫切：姑觚酤罛①沽辜孤

傅陌切：伯<sub>入白字</sub>

申祝切：叔淑術熟述贖屬孰

宜留切：猶猷輶游遊蝣尤蚰枕由油柔揉鰇縣攸悠郵

精此切：子仔紫籽梓姊滓茦朿

不己切：比

人其切：兒<sub>入而字</sub>。又似兀靴切

可勇切：孔恐

胡排切：懷槐淮

虛東切：兄夐胸凶兇

代利切：弟<sub>入地字</sub>

滕龍切：同穜瞳曈潼僮童罿銅佟仝彤桐

橋意切：氣<sub>入器字</sub>

梨年切：連廉濂簾漣蓮奩聯

眞衣切：枝

基消切：交澆蛟嘐膠驕嬌

如九切：友<sub>入有字</sub>

廷樓切：投頭

扶問切：分奮忿憤償

此節切：切竊妾

民河切：磨

知根切：箴<sub>入珍字</sub>

姑威切：規<sub>入歸字</sub>

如陳切：仁<sub>入人字</sub>

情餘切：慈<sub>入辭字</sub>

宜謹切：隱引飲㕤

此得切：惻拆冊測策

淨到切：造灶皂糙躁

---

① 底本作"罞"，校注者改。

青自切：次藏刺賜恣欼

方祿切：弗入服字

靈其切：離入黎字

精歇切：節截接楫捷睫箑

人治切：義異意繶饐曀曳拽乂裔

梨前切：廉入連字

太醉切：退

丁烟切：顛巓攧

普畏切：沛珮佩配

分委切：匪悱斐篚悱翡菲

苦威切：虧窺盔魁恢

四敬切：性姓

自定切：靜圊淨靖靚

慈靈切：情晴

仍寔切：逸入日字

思因切：心牲辛莘新薪詵

杜用切：動恫尚凍洞慟窬術

時人切：神

蒲迷切：疲脾毗裨①埤貔琵枇皮

升丑切：守入首字

知根切：眞入珍字

畫意切：志入致字

明晚切：滿

眞各切：逐捉鐲蜀卓著擢棹②著棹擢又音趙，詳後趙字下

又讀切：物勿朳

人治切：意入義字

人其切：移入宜字

---

① 裨：裨。

② 底本作"掉"，校注者改。

基烟切：堅間兼縑奸姦兼肩艱慳悭

除梨切：持池劚墀馳遲篪訑

宜打切：雅啞瘂

青刀切：操 又去声七到切

海考切：好

精脚切：爵嚼雀

就四切：自 入字字

明梨切：縻糜蘼迷悭

多姑切：都

於悉切：邑 入益字

胡麻切：華

是稼切：夏 入下字

登公切：東 入冬字

思衣切：西犀榍鹵

而至切：二貳 又以厄月切之則近北韻

基星切：京經驚荆矜涇

步位切：背 入被字

名王切：邙忙茫鋩

迷便切：面麵

龍各切：洛落絡珞烙駱酪樂

房無切：浮

温貴切：渭 入位字

記慮切：據 入巨字

基星切：涇 入京字

姑中切：宮 入恭字

地賤切：殿趝店坫玷惦靛奠

蒲還切：盤磐蟠磻

亦律切：鬱 入玉字，讀魚字去聲

爐頭切：樓蔞

歌彎切：觀貫慣鸛灌罐瓘卝

分威切：飛入非字

基星切：驚入京字

同乎切：圖塗荼徒塗途瘏藋屠

思姐切：寫

其林切：禽芹琴勤懃

殊宙切：獸入受字

胡卦切：畫入化字

青改切：彩采綵採

思烟切：仙先鮮僊躚

梨情切：靈零伶玲羚聆齡苓菱淩陵櫺翎鴒

班領切：丙秉餅迸炳骈

身這切：舍赦社

平房切：傍旁螃磅滂

巧己切：啟入豈字

基峽切：甲夾

眞樣切：帳脹障丈仗杖

登遂切：對兌隊碓譈兕

宜成切：楹入盈字

星自切：肆入四字

宜連切：筵入嚴字

申熱切：設入攝字

祀即切：席入習字

関五切：鼓股古牯估詁秙牧瞽罟蠱

息則切：瑟嗇穡濇澀色塞色又讀若晒上聲

癡堆切：吹入推字

師庚切：笙入生字

身鷹切：陞入聲字

基埃切：階皆楷偕街喈又讀結上平

能達切：納衲捺吶

併利切：陛泌苾秘避莀敝蔽獘幣閉①斃

併見切：弁變便辮辨卞汳辯

朱挽切：轉囀

人其切：疑入宜字

思經切：星惺鮏②腥

如受切：右宥佑祐又囿

湯公切：通蓪

古往切：廣

奴累切：內

精朵切：左

丁過切：達答搭筜沓踏妲邏

持盈切：承入成字

迷靈切：明入鳴字

敬意切：既驥季忌記計繫髻悸繼妓暨冀寄洎薊墍

資昔切：集入積字

扶文切：墳焚濆坟汾

丁檢切：典點

餘悉切：亦入壹字

忌廣切：聚入巨字

其雲切：羣裙帬③

於經切：英嬰鸚櫻鶯膺鷹

大路切：杜蠹度鍍渡妒

歌好切：薧稿槁縞鎬

貞公切：鍾入忠字

力異切：隸入麗字

青吉切：漆桼戚七柒

---

① 底本作"閑"，校注者改。

② 鮏：鯹。

③ 帬：裙。

升都切：書樞輪樗殊舒攄紓毹

步一切：壁入必字

基星切：經入京字

分古切：府甫脯簠撫俯腑斧釜

爐何切：羅鑼籮騾腡穭贏羸

子像切：將匠醬

思亮切：相象像

利祚切：路入露字

奚夾切：俠①狹峽匣篋柙洽轄瞎

胡排切：槐入懷字

啟經切：卿傾輕

黃故切：戶互護祜

分公切：封丰豐風酆峰鋒葑楓瘋

神法切：八捌拔

係現切：縣獻限現莧餡

基蝦切：家嘉加笳珈葭佳袈

計一切：給入及字

此先切：千芊阡僉籤遷躚

筆高②切：兵水

歌蒿切：高入羔字

姑彎切：冠入官字

蒲爲切：陪培賠裴徘

泥典切：輦攆撚碾③碾

豈於切：驅嶇軀袪區

個祿切：轂入穀字

未慎切：振賑陣鎮震

---

① 底本作"使"，據反切改。

② 高：按字音應爲"京"之誤。

③ 碾：碾。

於經切：纓入英字

愼義切：世入忕字

來讀切：祿錄陸鹿碌轆

身止切：侈入始字

分布切：富入父字

基於切：車入駒字

基亞切：駕犌架稼嫁價

房爲切：肥

啟經切：輕入卿字

此得切：策入惻字

姑中切：功入恭字

莫後切：茂戀楙貿柶

補益切：實入食字

力特切：勒泐肋玏

補非切：碑入悲字

可得切：刻入克字

門靈切：銘入名字

蒲頑切：磻入盤字

起奚切：溪谿崎稽欺 又讀若基。稽又似近雞音

因希切：伊入衣字

於□切：尹允云上聲，字典云作音引者非

楷個切：佐入坐字

□宜切：時

愛歌切：阿

何庚切：衡恒珩蘅橫

宜淺切：奄衍眼演偃

藉得切：宅入戺字。又讀若齋

啟菊切：曲旭勗屈麴

房缶切：阜埠 又音付

萬培切：微入爲字

當幹切：旦入淡字

寔鹿切：孰入叔字，又讀若取

宜成切：營入盈字

胡烜切：桓鬟睘還鐶寰環還又讀若寒

姑中切：公入恭字

若汪切：匡筐框閶誆劻

鉤洛切：合蛤閣各鴿

子細切：濟際祭霽

如樂切：弱入若字

墳無切：扶鳬蚨符

啟京切：傾入卿字

於己切：綺入以字。又音

胡垂切：廻徊洄茴回

河幹切：漢翰汗僕釬旱

胡墜切：惠鏸諱蕙會慧恚匯卉晦誨痗

仍絕切：說入月字

歌罕切：感入敢字

文府切：武入五字

當京切：丁仃釘矴

記運切：俊峻晙竣駿儁郡

人治切：乂入義字

明秘切：密蜜

文讀切：勿入物字。讀若務

都哥切：多哆

慎義切：士入恃字。音是

神力切：實入食字

坭廷切：寧

精信切：晉入盡字

青古切：楚粗上聲

歌曾切：更耕庚羹粳鶊賡杭耕更又讀若經，基青切

永卦切：覇霸欛罷

正告切：趙兆召詔罩笊棹肇墅<sub>棹擢又音逐，詳前逐字下</sub>

文貴切：魏<sub>入位字</sub>

苦棍切：困

何能切：橫<sub>入衡字</sub>

基雅切：假賈

廷炉切：途<sub>入圖字</sub>

明別切：滅蔑篾

姑獲切：虢<sub>入國字</sub>

自線切：踐<sub>入賤字</sub>

聽古切：土

胡位切：會<sub>入惠字</sub>

明容切：盟萌

塞①羅切：何<sub>入河切</sub>

資敦切：遵<sub>入尊字</sub>

如樂切：約<sub>入若字</sub>

分八切：法<sub>入伐字</sub>

河南切：韓<sub>入寒字</sub>

併利切：獘<sub>入陛字</sub>

扶頑切：煩繁蘩吼凡樊礬梵璠藩燔膰蕃

奚靈切：刑<sub>入形字。音行</sub>

巧己切：起<sub>入豈字</sub>

子淺切：翦剪譾戩

批果切：頗叵尀

明復切：牧<sub>入木字</sub>

如弄切：用<sub>入詠字</sub>

基薰切：軍<sub>入君字</sub>

子遂切：最<sub>入罪字</sub>

───────────

①　塞：按字音當爲"寒"之誤。

子星切：精睛晶

思淵切：宣瑄萱

烏威切：威葳煨

升鴉切：沙裟砂紗桫

迷薄切：漠入莫字

除宜切：馳入持字

宜具切：譽預遇喻諭瘉澦寓裕嫗貙芋飫御尉馭醧豫愈

當山切：丹舭眈擔簞單

此京切：青入清字

基酒切：九灸久糾赳韭玖

知抽切：州入周字

宜舉切：禹入宇字

資息切：跡入積字

氷各切：百入白字

記運切：郡入俊字

情林切：秦榛

筆敬切：并並併病

如樂切：嶽入若字

子公切：宗棕椶①鬃縱

梯再切：泰汰达太

地在切：岱帶戴迨殆玳瑇袋待

是但切：禪入善字又音纏

貞古切：主煮苧紵麈

宜羣切：雲入雲字

提情切：亭廷庭停

宜殿切：鴈硯椽厭晏唁鼹

迷文切：門㒃們

精此切：紫入子字

---

①　椶：棕。

思帶切：塞賽

居衣切：雞入基字

提連切：田滇塡恬甜

昌益切：赤入尺字

陳盈切：城入成字

誇分切：昆入崑字

陳宜切：池入持字

基列切：碣入結字

神力切：石入食字

記預切：鉅入巨字

宜者切：野惹墅也

杜用切：洞入動字

提靈切：庭入亭字

苦放切：曠廓況眖獷纊

宜撰切：遠阮蒝苑

迷連切：縣綿棉眠緡誷①

迷了切：邈眇渺眇緲杪杳藐晶淼

宜連切：巖入嚴字

祀就切：岫袖繡綉秀銹

迷了切：杳入邈字

迷靈切：冥入鳴字

宙異切：治入致字

補粉切：本畚畚②聱③

因居切：於

能容切：農穠儂膿

文故切：務悟晤悞戊寤鶩霧

_____

①　誷：謾。

②　畚：畚。

③　“聱”字依音應屬下一個反切。

精思切：茲入資字

基迓切：稼入駕字

息得切：穡入瑟字

受祿切：倏入孰字

精盍切：載入在字

圯闌切：南入男字

明古切：畝某

烏果切：我

吟地切：藝詣羿翳

身五切：黍入暑字

子悉切：稷入積字

書瑞切：稅睡芮①

神祿切：熟入叔字

各用切：貢共供掆翁

思因切：新入心字

啟願切：勸

升掌切：賞

稱足切：黜入出字

眞一切：陟入職字

迷奉切：孟夢

客歌切：軻珂舸柯疴科

都尊切：敦墪礅蹾憝橔

思故切：素愫訴餗愬塑嗉搝

書里切：史入使字

宜驢切：魚入餘字

筆景切：秉入丙字

陣益切：直入職字

身路切：庶樹監箸恕戍

---

① 底本作"芮"，校注者改。

居衣切：幾入基字

貞公切：忠入忠字

入龍切：庸入戎字

炉桃切：勞醪撈洀癆牢

啟烟切：謙牽謍愆騫搴褰

幾隱切：謹㫔錦僅厪緊瑾懂

癡益切：敕入尺字

梨仍切：聆入靈字

衣巾切：音入因字

初八切：察

林己切：理入李字

記燕切：鑑入劍字

迷告切：貌眊芼冒媢帽須

秘面切：辨入弁字

息得切：色入瑟字

餘時切：貽入宜字

居月切：厥訣蕨朝缺

基鴉切：嘉入家字

宜留切：猷入猶字

迷典切：勉丏沔免冕娩

渠宜切：其琪碁期奇旂旗岐蘄耆騎企

未止切：祇入止字

陳亦切：植入職字

思井切：省醒

姑中切：躬入恭字

居衣切：譏入基字

居拜切：誡入芥字

稱勇切：寵冢塚①

---

① 冢塚：底本作"冢塚"，校注者改。

精僧切：增憎矰曾罾 爭箏

可帳切：抗炕伉匟 康去聲

其一切：極 入及字

奴帶切：殆 入佽字

亦律切：辱 入欲字。又如祿切

具蔭切：近覲禁靳

身止切：恥 入始字

梨吟切：林 入臨字

哥蒿切：皋 入羔字

係鏡切：幸 入行字。形去聲

資悉切：即 入積字

梨想切：兩両

所故切：疏數

基現切：見 入劍字

居衣切：機 入基字

己改切：解

精古切：組俎阻祖

殊雷切：誰

不一切：逼 入必字

思各切：索縤

基於切：居 入車字

係言切：閑 入鹹字

持古切：處杵杼紓

除仁切：沉 入臣字

明薄切：默 入墨字

自益切：寂 入積字

梨瞧切：寥嘹撩獠寮燎屪鷯僚聊

其留切：求述趒球裘毬蚪

歌五切：古 入鼓字

時云切：尋巡徇循

龍閏切：論

思罕切：散

剩具切：慮屢

思嬌切：逍消硝霄蕭簫簫瀟崤

宜勞切：遙瑤搖堯饒姚飆窯窯窯

希因切：欣

精透切：奏縐皺驟

梨備切：累

啟衍切：遣

七一切：憼<sub>入滕漆字</sub>

祀夜切：謝榭澥瀉卸

呼官切：歡懽驩寬

貞高切：招昭朝嘲潮

其餘切：渠璩倨瞿劬蘧戵①衢

胡羅切：荷<sub>入河字</sub>

丁吉切：的笛迪翟篴滴嫡薖鏑繂

靈敵切：歷<sub>入力字</sub>

宜全切：園<sub>入緣字</sub>

迷廣切：莽慏蟒

處偷切：抽瘳

提寮切：條<sub>入調字</sub>

平宜切：枇<sub>入疲字</sub>

平麻切：杷琶澔耙爬扒

文管切：晚宛琬畹碗挽輓盌

次瑞切：翠毳脆

文乎切：梧<sub>入無字</sub>

騰龍切：桐<sub>入同字</sub>

精好切：早蚤棗澡藻

---

① 底本作“戵”，校注者改。

丁交切：凋雕彫貂刁鵰

持仁切：陳<sub>入臣字</sub>

歌恩切：根跟

溫匪切：委諉喟偉娓尾亹

宜記切：劓<sub>入藝字</sub>

靈各切：落<sub>入洛字，又爐要切</sub>

宜列切：葉<sub>入業字</sub>

批消切：飄

宜勞切：飆<sub>入遙字</sub>

宜留切：遊<sub>入猶字</sub>

苦溫切：鵾<sub>入崑字</sub>

鄧谷切：獨<sub>入篤字</sub>

宜訓切：運暈

梨仍切：淩<sub>入靈字</sub>

明波切：摩麼

記亮切：絳蜂澤降

思焦切：霄<sub>入逍字</sub>

當干切：耽<sub>入丹字</sub>

鄧谷切：讀<sub>入篤字</sub>

文範切：翫<sub>入萬字</sub>

盛義切：市<sub>入恃字</sub>

如具切：寓<sub>入譽字</sub>

迷鹿切：目<sub>入木字</sub>

能郎切：囊瓤

思將切：箱相湘廂緗襄勷驤

仍利切：易<sub>入義字</sub>

宜留切：輏<sub>入猶字</sub>

宜留切：攸<sub>入猶字</sub>

文貴切：畏<sub>入位字</sub>

盛祿切：屬<sub>入叔字</sub>

忍止切：耳<sub>入邇字</sub>。又似厄雪切

於元切：垣桓，于元切、雨元切，音袁。又胡官切，又夷然切

慈良切：墻<sub>詳</sub>

記預切：具<sub>入巨字</sub>

是爛切：饍<sub>入善字</sub>

此單切：餐驂參湌①

扶萬切：飯范犯汎氾販飰

身益切：適<sub>入食字</sub>

可丑切：口

稱公切：充翀沖忡衝涌

陳羊切：腸<sub>入塲字</sub>

水好切：飽<sub>入寳字</sub>

衣具切：飫<sub>入譽字</sub>

鋪公切：烹硼

子改切：宰穀

居衣切：饑<sub>入基字</sub>

衣念切：厭<sub>入雁字</sub>

精高切：糟遭

可崗切：糠穅康康②

青今切：親梫駸侵

親悉切：戚<sub>入漆字</sub>

歌庫切：故顧固僱

記就切：舊臼柏区咎柩舅救疚

炉稿切：老佬恅栳笔澇

升告切：少紹邵哨潲

如意切：異<sub>入義字</sub>③

---

① 湌：餐。
② 康：穅。
③ 底本脫"字"字，校注者補。

梨良切：粮入良字

情結切：妾入切字

宜具切：御入興字

資昔切：績入積字

分往切：紡彷倣訪

甚義切：侍入恃字

居因切：巾入金字

文眉切：帷入爲字

扶黃切：房魴防

文煩切：納芄汍貦完頑丸

是但切：扇入善字

宜全切：圓入緣字

居節切：潔入結字

魚林切：銀闇嚚壬垠

眞谷切：燭入竹字

又匪切：沸入委字

胡房切：煌入黃字

眞後切：晝入宙字

迷連切：眠入緜字

思一切：夕入習字

迷備切：寐

梨南切：藍入蘭字

思准切：筍笋榫損

祀亮切：象入相字

除房切：牀床

奚言切：弦入鹹字

改苛切：歌哥

資柳切：酒

衣線切：讌入雁字

資結切：接入節字

門非切：杯入悲字

基吕切：舉莒筥矩搗踽

身張切：觴入商字

基了切：矯皎姣餃絞狡繳攪

身丑切：手入首字

杜論切：頓炖鈍盾遯燉

精谷切：足簇族

宜雪切：悅入月字

宜具切：豫入譽字

此姐切：且

可岡切：康入糠字

丁吉切：嫡入的字

河豆切：後鱟後候吼

笑預切：嗣入四字

係預切：續叙序絮緒壻①

精記切：祭入濟字

細預切：礼入四字

眞應切：蒸入貞字

陳羊切：嘗入常字

啓奚切：稽入溪字。音雞

思瑯切：顙嗓鎟磉

資帶切：再入在字

不怪切：拜敗粺

忠勇切：悚練聳

記預切：懼入巨字

可勇切：恐入孔字

胡房切：惶入黃字

子堅切：殘尖煎

---

① 壻：婿。

敵列切：脿揲蝶跌①迭叠碟

基淺切：簡檢撿柬煉減齦繭蹇

如告切：要曜耀繞遶

慣路切：顧入故字

丁撒切：答入達字

施枕切：審嬸諗罙哂沈

祀良切：詳入翔字

胡來切：骸諧

歌口切：垢耇狗苟笱

思獎切：想鷫

宜具切：浴②入育字

眞一切：執入職切

如列切：熱

宜眷切：願怨院愿

梨娘切：涼入良字

梨餘切：驢閭相盧

炉何切：騾入羅字

登谷切：犢入篤字

廷肋切：特忒慝□□③

河代切：駭亥害

如落切：躍入若字

稱腰切：超抄

思將切：驤入箱字

貞書切：誅入珠字

知胆切：斬闡展斬又阻減切，可讀尖齒音

精得切：賊入則字。又若子威切，又似精威切

────────────

① 底本作"跌"，校注者改。
② 浴：浴。
③ 底本字迹不清，疑爲"膌""犆"二字。

杜號切：盜入道字

兵武切：捕補

戶國切：獲或活

鋪貫切：叛判絆盼拌攀①

文房切：亡

兵富切：布步部

神這切：射入食字。又音寔

梨橋切：遼入寥字

無煩切：丸入紈字

起奚切：稽入溪字。此字本音觭，與稽不同

其吟切：琴入禽字

宜撰切：阮入遠字

思叫切：嘯笑咲歗

提言切：恬入田字

班一切：筆入必字。多用上平

炉鈍切：倫入論字

眞以切：紙入止字

基薰切：鈞入君字

啟鳥切：巧

如悔切：任胤軔刃認恁恁②袵

丁叫切：釣入弔字

申盜切：釋入食字

方温切：粉芬分雾氛

靈地切：利入麗字

思谷切：俗入宿切

步定切：竝入并字

基挨切：皆入階字

---

①　攀：攑。

②　恁：恁。

基挨切：佳入階字，家加。結上平聲，又似近家音

迷弔切：妙鈔廟繆

迷毫切：毛矛蟊茅髦

身衣切：施入詩字

身谷切：淑入叔字

精思切：姿入資字

姑中切：工入恭字

皮民切：顰嚬頻貧

宜連切：妍入嚴字

四弔切：笑入嘯字

坭連切：年粘黏鮎

身以切：矢入始字

迷委切：每入美字

此堆切：催崔

虛衣切：曦羲希稀郗熹熙

分威切：暉輝揮咫麾翬

胡廣切：晃趪恍

若到切：曜入要字

祀元切：璇旋

居衣切：璣入基字

係元切：懸入玄字

古晚切：斡琯綰管館莞筦

胡位切：晦入會字

鋪伯切：魄珀柏廹

胡頑切：環入桓字

貞要切：照入趙字

眞以切：指入止字

思因切：薪入心字

思秋切：脩修羞饈

胡故切：祜入戶字

宜拱切：永冗甬俑勇擁

希於切：綏須需鬚胥偦

居一切：吉入及字

正要切：兆入趙字

基且切：矩入舉字

傁付切：步入布字

宜謹切：引入隱字

梨并切：領入嶺字

分五切：俯入府字

宜掌切：仰入養字

靈囊切：廊琅瑯郎狼桹蜋

明弔切：廟入妙字

星谷切：束入宿字

丁在切：帶入岱字

基丁切：矜入京字

朱汪切：莊莊粧

皮爲切：徘入陪字

胡垂切：徊入迴字

知單切：瞻占饘飦沾氈邅鸇旃鱣

聽教切：眺糶跳

關烏切：孤入姑字

炉宙切：陋漏瘻

古瓦切：寡剮

無盆切：聞入文字

宜炉切：愚入餘字

門龍切：蒙濛矇幪朦艨萌

丁梗切：等

慈妙切：誚肖俏鞘

文貴切：謂入位字

宜舉切：語入宇字

坐路切：助祚

知也切：者赭

宜年切：焉入嚴字

精該切：哉災菑栽栽

黃扶切：乎胡瘹痒湖斛壺核糊觳

五者切：也入野字

正音撮要

光緒乙巳年重鐫

麟書閣藏板

# 正音集句序　　　　靜淳高氏

子產有辭鄭人賴之甚矣言語之科不可
不講而正音之務尤不可不先也正音者
俗昕謂官話也人無言不足以發心之情
音不正不足以達言之有故不工於官話
者乎時雖有滿胸錦繡才技起群閒里同

儔推為巨擘一朝大寶當前或南腔或北
調人皆獻酬交錯潤論高談彼獨一語不
通一言不發雖有切近急遽之事亦齚結
而難仲惜哉英雄得用武之地竟為鈍器
昕阻慧至仕送不通冤情莫新慚悔自忍
欲將誰歸書有云楚大夫欲其子之齊語

也古人為子弟求利達之計豈淺哉有志
者勿視為不急之務可耳
人發聲有五音唇齒牙喉舌也先天不齊
者造物生成難以培補後天不足者習染
昕至可以更學正音者先要五音分曉
呼發之際當辨開口合口正韻副韻字字

和協平上去人調叶不紊三十韻內正副無
差音有未盡又以子母相切而得之務必求
其極肖於是黎無不當矣語音既成又要於
立言上講究各處物件稱謂不同方言成語
有別若不撤俗則字音雖任立言終不合式
談吐支吾眉目不辨講一事便指手畫脚捹

首綴眉亦不能詳其意有非推無益反足

惧事可不慎哉

語音不但南北相殊即同郡亦各有別故趨

逐語音者一縣之中以城城為則一府之中

以府城為則一省之中以省城為則而天下

之內又以

皇都為則故凡搢紳之家及官常出色者無不

趨仰京話則京話為官話之道岸僕生於南

邑西樵隅僻之地少不習正音年十三隨

家君赴任此直因在都中受業於大興

石雲朱夫子數年講解經書指示音韻故

得畧通此語及壯返里入撫轅充當弁職

不時奉公入都車馬風塵廿年奔逐南北

方言應應窮究告致之後小隱泉林鄉族

後進及附近戚友問正音者接踵而至僕

不揣冒昧妄為指引歲嘉慶庚午館於

桂洲之平山堂口談餘暇搜集字音聲

韻及尋常應酬成語撰成數卷以脩觀

覽間有俚語巴言未譯字義惟諸君子正

之幸勿以謬妄為哂焉

上諭凡官員有莅民之責其言語必使人人共曉然
後可以通達民情熟悉地方事宜而辦理無悞
是以古者六書之制必使諧聲會意調習語音
皆所以成遵道之風耆同文之洽也朕每見大
小臣工凡陳奏履歷之時惟有廣東福建兩省
之人仍係鄉音不可通曉夫伊等以現登仕籍
之人赴部演禮之後其敷奏對揚尚有不可通
曉之語則赴任他省又安能於宣道訓諭審斷

## 正音撮要　卷一 〔一至三〕　一

詞訟皆應聽情楚使小民共知而共解乎官民
上下言語不通必致胥吏從中代為傳達於是
添飾假借百弊叢生而事理之眛誤有多矣且
此兩省之人其言語既皆不可通曉不但伊等
應任地省之人不能明白伊等
坭亦必不能明白官府之意是上下之情
不通其為不便實甚但語音自幼習慣驟難改
易其必徐加訓導庶幾歷久可通應令廣東
建兩省督撫轉飭所屬各府州縣有司及教官

特諭

不可仍前習為鄉談則伊等將來引見殿陛奏
對可以解明而出仕他方民情亦易於通達矣
遍為傳示多方教導務祈言語明白使人通曉

論官話能通行

正音撮要　卷一　　五　二

康熙字典有云鄉談豈但分南北每郡皆鄰自
不同恭謂天下州郡各有鄉談上語這府縣的
人就不曉得那府縣的人說話各省皆足非獨
閩廣爲然金嘗經過江南浙江河南兩湖地方
人也不過曉得有經過水陸大馬頭那些行戶
買賣人都會說官話但他學他的街坊的人說
上話我們又一句都董不得了後來進京住着
更奇怪了街上進的人多着呢三五成羣喇喇
喇喇打鄉談不知他說什麼及至看他到底裡
買東西他又滿嘴官話也有南話也有都
說得清清楚楚的問起他們來竦說各省鄉郡
的人要想出門求名求利沒有一个不學官話
的不學就不能通行了但是各省人口音多是
端正他說官話不覺爲難人都易董獨閩廣兩
省人口音多不正當物件稱呼又差得遠少年
又不肯學臨到長大就說不出來多等做了官

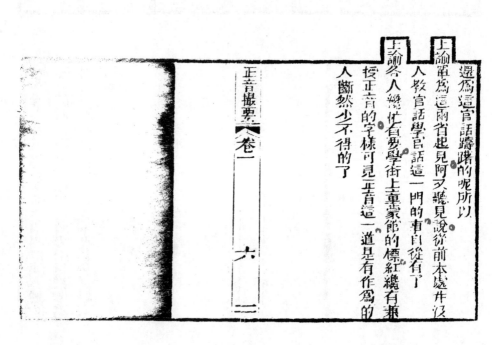

正音撮要　卷一　　六　二

邊爲這官話躊躇的呢所以
上諭單爲這兩省起見阿又聽見說從前本處井沒
　人教官話學官話這一門的有自從有了
上諭各人繼忙着要學衙上童蒙館的標紅纔有兼
　授正音的字樣可見正音這一道是有作爲的
　人斷然少不得的了

初學調口音

五音之中有正有副有全有偏有輕有重有
開有合恐初八手一時難明姑就淺易者各
指數字以調口音便可推類

正口尖音
蘇粗珊
西賓棲　思茲詞　纓鶻慫　星情青
三簪參　驪遭操　桑臧倉　撒咱憯

正口偏音

撤口尖音
書諸初
施知痴　次車趨　收周抽　聲征稱
山佮纏　稍朝超　商張昌　沙楂差

撤口偏音

先煎干　蕭驕嬲　相將鏘　藝節切
賢堅牽　嚢嬌橋　香江腔

正舌音
勞刀桃惱　拉難蘭

撤舌音
奈周柔鳥　來年運

大捲唇音
傳穿酸算攢端床雙裝帥

小捲唇音

正唇音
權圈宣選全

輕唇音
標邊綿面偏飄

撤唇音
包班變慢攀拋

夫府佛法蜚房

喉音
河仝嘩寒海

喉音　滿口字

舌非用音
湖虎火回惠花話懷還

安愛藹慧軟車而二哐厄舍舌這折

一字兩呼　　學角腳落薄藥牟笙摘麥翟百白

鶴蠻杓罨

一字三呼　　色羞着得

分四聲法

平聲平道莫低昂　　上聲高呼猛烈強

去聲分明哀遠道　　入聲短促急收藏

五音所屬

宮宮宮　舌居中　商商商　口開張

角角角　舌捲却　徵徵徵　舌頂齒

羽羽羽　撮口語

五音根本

唇音　　齒音　　牙音

平波鋪壁白　夕晴消積雪　堅根該結騤

飛粉發芬芳　早靜翠蒼松　佳容見高車

喉音　　舌音

河亨合皓鶴　丁寧當黠的

海合賀紅荷　努力弩調停

見溪郡疑是牙音　　端透定泥舌頭音
知徹澄娘舌上音　　幫滂並明重唇音
非敷奉微輕唇音　　精清從心邪齒頭
照穿狀審禪正齒　　影曉喻匣是喉音
來日牛舌半齒音　　後習學者自分明

摟齊字典切字平仄俱全法

見工郡工溪窮疑峴　　牙音
端東定東透通同儂妮農　舌音
幫繃並繃滂烹明蒙明蒙　重唇音
精宗清蔥從松心崧邪似　尖齒音
宗
照狀中穿冲牀崇審崇禪崇　倔齒音
知中徹冲　　噢音
曉空匣洪影翁喻翁　　喉音
非風奉馮敷嗡微嗡　　輕唇音
來隆　雍日容　　半齒音

---

讀法

每音作一句讀如牙音云工工窮窮峴峴是
也上工字讀下平聲
此熟讀平聲又用上去八聲讀亦分上下然
後用之切字先以工他字切之法先立標如天
工字音讀至通字用家字讀後射標如
工字合切得堅字即以通為標以
字即天字即射中標也舉此為式餘可
字即合切得堅字譜工字音讀至通字用

## 切字捷法

工京堅　工顈俔　窮頎　䆗犖乾

峩哦　嫩　東丁頭　東定殿

通聽天　同停田　懷俜　農宰年

繃兵邊　繃竝姘　烹情偏　明平便

慈清千　松情前　䳄星仙　似

蒙　蒙明棉　崇情䜲　宗䜻賤

中征䏻　中直　冲稱輝　虫程麆

崇聲挺　崇成禪　空輕牽　洪慶

翁咽　翁　鳳吸　馮

喻　喻榮　嚳　鍪雯連

雝英烔　容迎然

法本自玉篇其用圖者有音無字也先熟讀
音學但有音者則有音無字者亦冲口而出然
後用之切字子母合調

不離其宗而字音得矣

---

## 正音撮要〈卷一 上〉

手談之法，此法既熟音韻分清不但官語有益
且能隔壁辨語矣

各音全

英聲傾慶敬哦吸宰榮皇聽請兵極靜征明力

咽評扃丁哯咏

剛發駡難回解用趕科頭朝靴唔好剗捧遮

崑威幾處盡封候掌得英符鎮錦州管教前師

各韻全

吾在敢遊

凑成十聲

平上去八平上去八

先向音內取音再向韻內取韻兩下切出

字音係某字曰氣然向平仄行內從頭問

下便尋出本字

正音撮要　卷一上

士話同音官話異音以見異同　每音只借數字

習雄集

兄輕興　文民　塞份
煢縈　員懸宛　角賢閣　瑞遂
論答系　鉛冶　囷飄恩　六鹿綠
陰欽　谷菊　俊進　紹肇　轄橄核
玉禣肉　葵攜　義二　詳牆
禮勿窬　戲氣　雅瓦　渾混
忍引　司師書　溫昏薰　賢焉
壹起　誰垂　匡康腔　火夥顆

　　　　　　　　　　　　主

骨橘　雄紅　佛乞　醿宣孫
樓流　理履　屈鬱　石碩
九狗　走酒　軒韋　刎抿
雍翁　院縣　君昆　貴季
跟斤　成繩　忙忘　聯鑒
考巧　飢嘗　訓冀　衛行
如魚　慶興　總薛　倫麟
墨麥　核粥　哭曲　碍外
臟立　空凶　律栗　綱江

刀丟　害嚇　神臣　筆不
蠑網　毋舞　言然　議耳
虎苦　昌窗　構究　鶴學
超昭　雙商相　貌隙　喧圉
優休邱　為遣　汎信　慢萬
內耐　位惠　刻黑　巡秦
鹹函　宅櫃　謨無　微迷
宜兒　尋琴

正音撮要　卷一上

　　　　夫

**正音撮要〈卷一上〉**

益焉沿　言詹　以曠倚　議

連聯廉　天　　使齒屄　教覺叶

玉鬱頂　含寒函

牽謙慳　陷現見

吉徵志核　及展級丞　憲縣領　位魏未見

沈陳臣　帝地弟

偉秀尾　雁厭燕

鷄溪基　李禮禰

積疾集　利隸麗

眞覘釬　乾擱職　直娃秋計

朞鼻術　好　兼堅酤　必鼻卿　既季計

折舌　晚碗挽　儉鑑諫

余設射　健見劍

呆力立　老

木墓幕　萬玩腕　往囚枉

色瑟塞　句具聚　甘干　益揖

河和　惡悞務　簽達踏　安巷

蘭藍　慎甚　歲碎遂　器勢

摺料　閨孕　鐲著泳

宣啓　頑九　勤琴　澄成

露鹿

咳咄客　頗然　男難　鶯央

金巾　結劫杰　鄰林　眼演

割鴰　無悟　叔執術　前潛

容榮　國號　武五　賢開嫌

纏蜒　勇永　或得　影頴

最醉罪　山彤　堆呆　扇曲

節接　天添　胡核　葉夜

侵親　窮瓊　眉侮　烟驚　淡蛋

四寺　飽寶　出䶑

日月　深身　牝元　心新

田甜　茶餐　橫衡　姜切

賒賖　因音　咱雜　八稜　犬

**正音撮要〈卷一上〉**

美每　偽危　砡壳　野也

上志　行形　頂向　可顆

宰崽　龔隙息席

## 習話定式

初學官話先要正口音後讀聲韻學南話則歸南腔學北話則歸北腔不可一段話之中一句南一句北此更不可一句話之中有南字又有北字便覺生硬難聽必要聲韻相叶伶牙利齒然後更換成話博覽稱謂習話之法先從一兩句至三五句至十餘句貴得順利再以曲折事由三五十句成套講得首尾相照聽者了然而謂之成功今懷成閒話二十段於後宜熟讀多講自可生發話機

---

## 正音讀本

南海高靜亭依韻較著

### 二十段目錄

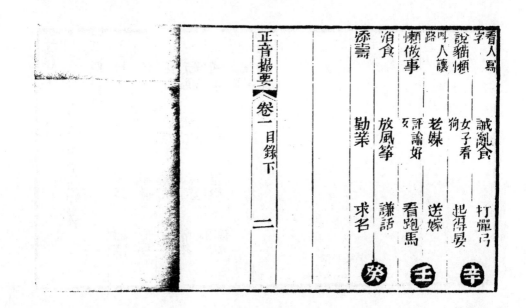

第一段　日常

清早起來叫孩子們撥掃地潑濕花燒水洗臉
泡碗好茶吃吃沒有事的時候看看書寫寫字
三兩個斯文朋友作個詩下個圍棋解解悶兒
就可以過得日子了到了下午拉幾殼月射幾
條箭把這身筋骨活動活動入又有精神又長
勁這都是好事不要往外頭貪玩不要掏氣不
要打架辯嘴不要多事不要鬧酒不要過家我
說的話一點兒錯的都沒有阿你要聽着不要

忘記了阿

第二段　擇交

一個人出來相與朋友總要帶雙眼睛見了那
些正經人講禮義的謙和的老實的董得規矩
的有良心的見過世面的有才情的有本事的
可以靠得住的你總好替他相與跟着他走前
敬他不好待慢他有善相勸有事相幫使大家
有益了若瞧見了那些不好八一點兒本事都
沒有一把光棍嘴吧騙人家又不好膩氣全幹

此混賬的事反不董眼又不顧臉又討人嫌
家罵他他也不罵躁這樣的人我瞧見了就惱
了他你千萬不要替他走攏阿你若皆他走攏
他就拐騙你的銀子錢還不打緊他還要慫你
的事生出許多事來許多是作出有甚麼便宜
呢從今以後你要打主意纏好阿

第三段　雜話

人最要緊是說話你聽那些有名色的八分外
不同他說出的話總是出經八典有文雅氣目

不用說咳他就隨口說句把尋常的話兒也覽
得大方有體局不驕傲不下作人家聽了自然
誇他會說話了然而正經話固然要聽就是市
井上那些閒雜人等的話也要放長耳聽聽
雖然不必學他也要知道各處風俗怎歷是笑
話怎歷是有相話邪話虐薄話奉承人的話
笑罵人的話人家說出來你不董得就成了個
起杀了你聽着老實人忠厚入董得就成正
派人體面人能幹人有能耐的人這都是誇獎

人的名目略糊開人糊塗人拐骨人儍頭人無
三不四人冒失鬼光棍漢好猾人這都是不好
人的名咯還有大街上那些說笑話的罵人
道他也就多着呢雖然不是甚麽正經話也要知
的也是罵人阿你可要聽聽呢大街上有一宗
人罵起人來就撒村滿口忘八崽子是的忘八崽子

## 正音撮要　卷一　中

三

猴兒崽子似壞的狗壞的四壞的混賬儀的草
雜毛忘八羔子起条子末子栗巴頭無二兔
毛包子捱刀的爛毛的扯皮条的當兎子的婊
子養的凌罷滾目罷他不住口見罵人家這一
頓你也要知道不要土人家的檔阿你不留心
聽着就不知道好了

第四段廳堂

人住的地方總是要乾淨頭門二門偏門門框
子門楣門閂門枕子閣扇瓦画櫺柱柁子櫺子

---

地方都要打整得虔潔才好阿
見大門口見外頭小衚衕小夾道後院子一帶
子担担子這些東西都要擎箒笤帚掃墙拳雞毛担
炕東子茶机条東子坐褥子靠枕椅墊子鏡
房裡外屋裡所有攏的椅子桌子馬杌子炕床
踏灰蜘蛛網灰土墊草都要掃了去堂屋裡臥

## 正音撮要　卷一　中

四

第五段擺設

堂屋裡擺的東西又要時樣兒的字兒畫兒条
幅對子掛鏡寧衣鏡時辰鐘掛灯地灯風灯桌
灯壁灯手灯灯台蠟台簾子帳子幔子蠅箒子
茶船茶碗瘶盖漱口盂樣樣都要鮮明有甚麼
客來叫小子們倒茶裝烟遞檳榔何候酒要麻
麻倒側輕輕巧巧的肖皮皮該擺圍璩的上就
貪的九大碗的五湖四海的節節高的有燒割
盤清醬碗火鍋火碗都要齊備不拘漏漢席或

第六段 官話品

正音撮要 《卷一》中 五

一个人學官話來做甚麼的呢頭一件商佃兒
已將來出身做官伺候上司臨蒞屬員要做一
个有本事的官阿其次就做大客商或開行店
或往外省走水要做一个麻俐的客商再次其
人在鄉族中年長月長鄉情族事少不了也有
就是居家罷則你是個有衣衾的人有體面的
件把事兒要替人家料理料理也得見見地方
把事兒說个底細情節一則衛顧鄉族二則保
護門楣原是為這三門起見亞不是覊殘句官
話在大街上閒談意兒笑話人家嚇唬人家混
薰人家就筭了事所以你們總要把大方的
晚輩的話兒到伊喚底下人的話兒到了外頭有
交官接府的話兒對着買賣人的話兒姕桃樣都
有个欵式總要在這上頭留心纏是正經的阿
纔不枉了學官話的這一翻工夫阿

第七段 身體

正音撮要 《卷一》中 六

人總要保重身體又要乾淨不要齷齪洗臉時
候要把臉盆門子兩太陽天庭偏額辮項耳
睡耳輪睒睛下扒壳脖子腦俏子嗓根子肩膀
子都要擦到沈澡時候要把胸脯兒胳膊別子
手兩手心手骨眼頭二拇指頭胳肢窩
胸膛奶子肚臍眼子脊梁腰骨胯肢腰
肚子大腿懶體益腿肚子脈子骨跨了胯腿腰
背尻股滿尼股旦脚了子刖胞了脚底板子指

舊益兒都要洗到勤剃頭打辮子把身子弄得
乾淨些都要替人家坐龐說話纏不厭棄阿你若弄
得過裡過還的怪慓的怪難看的就叫人笑話
你下你想想是不是呢

第八段 形容

省會地方甚麼人都有也有做買賣的做老板
的開行開店的掌櫃的夥計的小夥計的
的也有坐轎子的拍轎子的桃担子的弄戲法
的也有坐輪子的打八角鼓的唱方兒詞的裝像聲
的說書的打八角鼓的唱方兒詞的裝像聲的

衙門裡頭有做官的做幕客的當官親的跟官
的當門上的管發拽的當三小子的把衙的一
眼瞧見就要知道他是甚麼行當了說到一個
人的生長都各有不同有高大漢子有高眺子
有矮子有胖子有瘖瘦子的有長鬍子有黑臉
且的有兩撇鬍子的有長鬍子的有絡腮鬍子
有矮子有胖子有瘡痧臉子這是天生成的毛病見還有名人
的脾氣也有不同都有混名傻子獸子瘋子蠢
子疤痧臉子這是天生成的毛病見還有名人
也多得很着呢我告訴你有叫麻子有瞎子聾
子啞吧子結吧子咬牙子禿子佗子蹻
出來了把你的腰都笑彎了呢

第九段　稱呼

出門的人替人說話彼此稱呼總要在行有稱
老先生先生老伯台你老伯台老叔台你老大哥
二哥大爺二爺老見台老弟台總要稱得合身
分扯着老子兒子叔叔姪兒坐攏一塊就稱爺

---

兒們若是哥哥弟弟是平等的呢坐攏一塊就
稱哥兒們若是母親伯母姪女坐攏就稱姐兒
們若是姐姐妹妹姑嫂是平等的呢就稱姐兒
嫂子有年紀的堂客稱老奶奶們年輕的媳婦
稱奶奶們若是闆女客稱他老姑娘嫂嫂們
呼阿公堂伯伯令堂老太太令正尊夫人令正
的稱呼若是有故的就稱姑娘姑娘
姐妹妹也就使得了就是見了底下人也有個
張老李也不為過總之見人要慇和不好一聲老
招呼阿管家的管事的門工院工就叫一聲老

第十段　衣服

人出門總要珍重把帽子靴子袍子褂子大衫
穿戴起豁了腰或是坐轎或是走道都要端端
正正閑常小打扮也要穿長褂子馬褂或是一
裏元長綢祆視夾祆布祆子白細祆子夏布褂子

正音撮要　卷一中

背心綿小襖外面穿件得勝馬褂

衣照舊綢個綢紬細帶子好帶個表兒鼻烟壺拔

的甚麼總費麻麻倒倒的不要呌　人笑你是個

家做成那宗輕薄俏輕骨頭的樣兒譬如在本

俠着良切
俠獸臭阿

十一段　應酬雜客

那上声
凡那字去声
他俱去声
捐名之者
詞被之詞
去也詞向之
也詞彼之
也

人不拘到那理都要講理性不要拳話打趣人

的在大街上或是賣藥的賣外處土産的算命

的起課的賣字畫的這些走江湖人你要看顧

他只管替他說正經話你不看顧他就不可招

惹他不好觀視他打趣他人以禮義為先不但

是做買賣的就揍着那和尚道士化銀化錢化

米的或是過路流民討盤纏的打抽豐的打飢

荒的討賞討賃的他若十分霸道就叫更天地

保護他出去你不必動手打他他若不是十分

正音撮要　卷一中　九
中九

---

撅拈上声
經港延切

正音撮要　卷一中

被道旁圓

霸道不過苦苦央及討賞死皮頼臉不知是撅

他他不肯去你也不可破口罵他你破口罵他

他也同口罵你那是你自已吃虧得很了你要

正正派派的說他就說你們這些過路人自然

是窮苦的你跑到我們這裡討錢我們些不是

不該當拳扶你們總是你們這些過路人

太多了去了一天沒有一百也有八九十個來討

錢我們也是居家過日子的人那裡有這麼些

多餘錢來給你們呢每人有三四個銅錢給你

那上声

正音撮要　卷一中　十
中十

也不算少了這就說不得我們不通情了你們

也要體諒體諒人情阿你們雖是苦極的人難

道就不講情嗎你們好好見替我去罷你再是

在這裡撒野我們這裡守着衙門不遠呢立刻

告訴衙門的人把你們這拉了去笑官法治你

那去声

那睍就後悔了我告訴你們阿那些人聽見說

這些情理的話又通情又利害他也再不敢撒

野了

十二段　病疾

力小切
几剡切
烏灰切
嫩徒建切
焗邦加切
炮普孝切
站陟陷切
趄七余切
趔力輟切
塌託盍切
幌胡廣切
翹祁堯切
蹺去堯切
圈區圓切

人總要保養身子不要混吃東西燒的燎的燦的煎
的炒的煨的焗的醋溜的油炸的這都是熱的
和自己臟腑的纏好吃阿若錯吃了就會生病
咯人的病症也多得很着吃呢發燒的傷風的目
噎了計噁的打噎嗆的打飽嗝的性子跑的爐子的還
寒的眼疼的肚子疼的發燒的豬爐子的腦
有外面的症候哪長瘡的瘡破了就結个瘡瘟的
火丁瘡的長痲磨的痲磨破了就結个痲瘟將
來痲渣掉了還剩一个疤瘢呢所以吃東西慊
樣都要小心阿

十三段 動靜

一个人走道站着坐着都要大方不好打趔趄
塌拉鞋幌頭幌腦好跳好蹦這宗走法就不好
背着手採着腰歪着身子也不好着坐也要
站着也要端正不好又着手交着肘捧着腰
端正不好蹺起一隻腿抽起一隻腿搭
手支開兩隻腿的靠在椅圈兒上翹兩个腿搭

---

氣阿

在椅手兒上有甚麼好看呢走到炕上也要有
講究或是躺着盤腿兒坐着仰臉兒睡着至
子兒靠着都要有欹式不要混煎倒着混把
盤起腿來搭拉兩条腿來忽然又躺着忽然又
蹺着混搖腿混搖髁來吐痰吐唾沐盧烟灰又
捽鼻涕都不帶眼睛來人就笑你是輕狂人
了不是穩重人了可是要記着不要弄憒了脾

十四段 訓章

你做學生的人上書房念書甚麼都要有个規
矩清早起來洗了臉嗽了茶罷苦參茶媽媽孩
兒往書房去了說過之後包起書本出大門口
端端正正珍珍重重的走到書房裡頭把
隻眼睛不要混瞧東西一直走到書房作个
書本放下望聖人上頭作个揖又替先生作个
揖然後坐着念書把書背得熟熟兒的纏送到
掉先生桌上背書時候又要一句句伶牙俐齒
要含糊錯漏先生講書你要留心聽着不要東

樓西望沒有受書的時候就寫寫字寫做字也
好臨貼也好二撇一捺一橫止都要留心情
寫不要走樣兒纔好阿先生不在學房你越發
要老老實實的坐在那裡不要替書友們打架
諍嘴鬧氣貪玩你顯得頑就顧不得念書一會
兒先生回來不過背不過書就要捱打咯又嚴賑
望先生告假不要私自逃學若放了學咯你也
照舊好好的走回家不要在道兒上偷買果子
袋咯打手心咯何苦來呢你若有正經事就要

也不要悄摩聲跑到戲廠聽戲叫人滿到處裡
找不着就是不中用的人了放學回家也要在
掙繞好坐下阿你天天都要照樣兒做不要忘
記了阿〇
十五段　珍重
求功名的人走動起坐都要像个求功名的樣
子念書人求名自然要斯斯文文要有點儒氣
就是習武的也要有體局不要叫人笑話在武

館裡該拉弓射箭的練武藝子的自然要穿件
短窄的衣裳不善作本來要這麼着纔是麻
倒若做完了工夫出大街上走動就要做回一
个至誠人穿同大衫襪子到人家裡見了人嘴
裡說句話都要帶着點珍重氣這可是叫人敬
重你了你若裝成那宗粗鹵樣子盤起辮子披
件衣裳不扣鈕子不穿襪子撒拉鞋搖腸袋挺
胷凸肚口裡說話動不動就發標翻臉

好像要打架的樣子硬撐話動不動就叫人瞧不起你了不
官也好做鄉細也好都有人仰仗你了稱字你
了阿〇
十六段　闖臭話
京裡在茶館吃茶聽那些鬧皮科的人說話也
有个頑意他望着他的朋友們說笑話纔是好
聽呢他說你這个人到底是甚麼脚氣昵叫你

那麼著你偏要這麼著呀你這麼著你偏要那
麼著你到底要怎麼這呢你這麼陽氣嗎你發
甚麼標呢你怎麼比得我們你是個甚麼好
活呢武大郎盤扛你過搆不著呢武大郎放
摔你出子就不高了朱麻下踢襪子高到那裡
人屄眼眼兒插壞莫甚麼人灯呢耗子尾巴尖
呢貓兒頭戴帽戶混充鷹猴兒頭戴帽千混充
兒長瘡有多大的膿血呢蝦蟆蟄泉腿死推罷
哩二胖子齡腰稀鬆猴子騎棉弟要棒槌甚麼

正音撮要　卷一　中　卅五

人馬甚麼家伙呢你幹的事兒老西兒拜把子
糊弄局你說的話兒王大夫候脈一片虛你有
甚麼能耐呢你只賣蹻臉替人家頓厚替人家
飭眼子你一塊豆腐的身家鬧甚麼呢沾人家
的光賑見人家有好吃的東西你就像是老西
兒下棋槎一個足額爾素吹海笛子不董眼的
你不是真糊塗你是糊塗的你想搴架子偏
又丟架子你想稱臉偏又丟臉你想堵氣強過
人偏又王人還閙甚麼鴈兒孤呢你還呵甚麼

呢還促他甚麼呢放兩隻腳走甚麼道呢你連張
三李四都比不上了你瞧老三李老四八又
長得體面又端品又陽氣有擔戴得住有口
齒不狄人腰裡頭又有殘個錢兒一指臯梁甚
麼事情都應過來了一挺腰子甚麼馬難都擔
戴了又殺得人又救得人他幹的事兒總要占
不叫人家搴錯不受人彈不落裏貶你想占他
的便宜也不能想搴他的跟前行霸道也不能
你十分沒理他也會收拾你收拾你一个到地

正音撮要　卷一　中　卅六

兒搴指頭驚你腦門子打你脖子拐打你嘴吧
子你再不依咯搴腳踢你挖你兩個眼睛把大
腿都蹺折你的把手都捭斷你的割你肌肉把
兩個卸子都捭你的出來他看待底下人也不
錯都有恩典瞞了他也照舊顧查出來你還不認錯
調調他瞞他也照舊顧這麼收拾你你再撒野他
要害他們開他也照舊顧這麼說你你還不認錯還
叫人把鍊子鎖起來搴繩子捆起來狠狠的打
一頓送到衙門裡去問你還尋死不尋死知道

正音撮要〈卷一〉中

那 去声 皮波切　那麼也有 所揭
那 上声 切　那麼也無 所揭 片

王法不知這麼利害誰不怕他呢誰還敢惹他
呢你聽他說這些話有趣沒趣呢沒有事出大
街上逛進逛賣賣歌往前門一帶地方茶館酒館
裨华华听听他們說話繞是有趣呢

十七段 別景　此些在桂洲設館

在好地方週年有許多會景看阿嗎這是那裡
外村嗳喲原來是桂洲嗎久仰了聽見桂洲實
賣縣呢順德縣府上在那裡呢賓合在桂洲鄉
端上貴省阿岂敢敝省是廣東省府呢廣州府

正月裡大新年他們在那裡耍獅子耍龍灯開
花灯在那裡討幾个喜錢兒罷哩五月節又在
河底下開龍船的我們在河沿上瞧他們鑼
鼓嗩天的鬧幾天就完了七月十五玄壇菩
薩誕各家都要辦彩色一鼓腦都有五六十台
水色在河底下遊鎮地方又有六七十台胡地
涌口又有對臺戲那到有此意思八月初二土
地老爷誕各家都要慶賀禁个吹鼓亭攞街熱

正音撮要〈卷一〉中

勾 方候切
疤 扶法切　補典切
餃 母官切

執鬧鬧的滿嚷起來有一百多个次鼓亭另男
女大大小小都滿到處逛灯這都甚鄉裡
的習氣不過如此有甚麼排常熱鬧呢將來有
會景的時候請來瞧瞧就知道了那裡比得

十八段 酒舘

上省城呢姑姑不是我們說誑話阿
省城外頭可是鬧熱呀沒有事帶些銀子錢在
腰裡進街那些行户甚麼東西都有賣的你
聽說甚的變戲法的要候子戲的唱央歌的頑
雀的賣畫眉的問鹌鹑的甚麼頑意兒都有眼

勾了走疼了上館子去那舖子實在鬧熱有館
兒子有餃子有餛飩偏食湯麵炒麵饅頭燒餅荷葉
餅小米稀飯大米乾飯點心麵飯米飯都
有又有燕窩海蔘魚翅鹿筋野雞山珍
海味羊尾巴鹿尾巴金華火腿紹興酒汾酒老
乾兒花酒水酒糯米酒你要甚麼他就辦个甚
嘸兒過你吃請个客兒待个東兒再沒有這麼

人出來走道朋友何拉拉扯扯逢場作戲的
沒有年輕人都是保不住的總由各人有主意
就好了那閙熱場中只可一到不可多到不但
賭錢嫖娼是犯例的事就是那茶坊酒肆吃喝
頑樂也不必去胡閙你天天見吃慣喝慣難
道這个錢是白得來的錢嗎也是腰裡頭掙出
來的錢阿一日一日消乏了去將來沒得用就

正音撮要 《卷一中》 九

後悔了阿何如我這會子省儉此到底是一輩子
受用阿

二十段 勸學儀注

本處人看見人迎賓送客交官接府幹了事
因為他會說幾句官話所
以有這樣本事阿都是這麼說他只知道會說
官話的好處不知道會說官話的人還有多儀
注禮貌言談慷慨培植起來纔顯得出官話的
好處你若先會說幾句官話一切起坐站立開

資應酬全然不董眼色通話都下會說也沒有
人家求理你了也是不中用了為什麼人家的
子弟從小就要約束他叫他學禮貌叫他作揖
倒茶裝烟都是子姪分內的事能曉站的地方
坐的位次都叫他曉得方向對長輩說話怎麼
是恭敬怎麼是謙讓怎麼是貌視對平等弟兄朋友說
話怎麼小見學慣到年紀長成自然在行覺得有
規矩再會說一嘴官話那更顯出他的麻倒來

正音撮要 《卷一中》 三十

了但是本處人都是姑息兒女的多開口就說
這不言談舉動是手把眼見的事何用費心到
他大了一學就會的誰知少年不學到年紀大
了見了人只是臉紅紅見的嘴裡說不出話來
那時後悔也悔不來了所以各人都要上緊教
訓子姪阿

# 見面常談

此段話頭更要先為講究不妨多看多練雖
日常俗套口頭語但官常問答沒有一日
離得這不格式年輕子弟更要熟讀之不可
忽畧

正音撮要〈卷一中〉　三　六十三

人見朋友總有幾句應酬的話兒也要學習學
習省不說慣將來見了人就沒話對答了譬如
客進門問道老大哥違教得很了答道豈敢彼
此都不相見好久了　問道好阿近來恭喜阿

尊夫人令堂太太都納福阿答替我請安了令兄
家的福還算平安但是沒什麼好處　問道令
昆弟那裡都替我問好了答道不敢當了家
家母都還康健家兄弟都託賴呢　回問道
府上老世伯老伯母令昆仲都納福阿答道也
托駕上的福都還好呢　問道去年令尊壽誕
令郎又榮娶我還沒給你道喜呢短禮得很了
答道家父生辰他老人家不叫給人知道小見

---

赤上聲　　至去聲

正音撮要〈卷一中〉　三　六十五

貧妾不敢驚動了所以我都不給你送信了
問道我前年有件小事承你費心替我出力
亦走一翻我還沒給你道之答道大點見相好
該當效勞罷哩單怕我張羅不到呢　問道你
大用的人為甚麼不出門我點事業做做呢答
道我是個愚蠢的人任甚麼都不會又沒個能
你題出口我就躱了　問道大哥你是個大才
呢答道這點粗東西算甚麼呢有甚麼好謝呢
前月逛我這麼些東西我頭了還沒給你道謝

正音撮要〈卷一中〉　三　六十五

幹只可在家裡藏着了　回問道我都沒有
年出門實在好阿大有所望我見笑我有
甚麼能耐呢能幹甚麼呢不過餬口而已罷哩
問道近來外頭有什麼新聞呢答道我那裡知
道呢我總沒遠出過門運外省外府我都沒有
去過官常中又不大走動衙門裡頭的朋友們
又不大交參所以外面的事情總不董得將來
我有空可以走開的時候我都要進京走一輪
順便經過名省地方逛逛見見時面也可不然

室去声　那去声　叙徐去声

人家間起我來我不蕫得就成了个傾巴佬一
樣了問道咱們相與幾年了我素每蒙你老
人家的情這麼過愛我這拾受我這麼疼我
實在有緣法了總是我兄弟不能補你的情
個怎麼好呢我多少事情還要何使你的還要
太謙了我多少事情還要你的我還要討你
教的還要你提拔我的我不能報你的情你
怎麼倒說這還示謙話呢令我當不起了你還要
格外體諒我担戴我栽培我纔好呢　問道

正音撮要〈卷一中〉　三五

大哥我這程子有點事兒總不得空實在少候
了少請安了你閒常沒有事請到我寒舍坐坐
了談談了到我那裡吃頓便飯都好阿為什麼
總不賞臉兒呢答道你偺怎麼這樣說呢我這
程子也有點事兒總離不了家所以沒有到你
那裡請安了就在我這裡
談叙談叙你今兒今几大遠的來了問道老大哥
你太珍重了你到我那裡坐我就隨便見一點
禮貌都沒有我到你這裡呢你聽見我的聲兒

務必要接到大門口進了堂屋又務必要讓坐
臨走的時候又務必要送出大門口沒有一遭
兒不是這麼着你叫我兄弟怎麼當得起呢答
道我的好哥哥你又比我年長在甚麼都比我
高又這麼疼我兄弟你又比我年長我敢不恭敬你
你嗎我故錯了禮嗎像我這个人還像過來的呢
還有比我拘禮的呢見了人務必要打千打恭作揖拉手
搆腰見了長一輩的又務必要打恭打千這是
越發珍重了其實朋友們走攏不必太拘泥然

正音撮要〈卷一中〉　三六

而也不好太簡慢太拘泥了大縶都覺得煩苦
太簡慢了一點禮貌都沒有又叫旁人瞧着太
不像樣你說是不是呢

門　答

偃屋瓦切　僵屋　何亦你如俗語助調

拜年

恭喜了大新年，人家都來道喜我們也該去拜年咯就是了。

使得罷則等我穿上袍褂替你走一遭見了。

怕冷

好大冷天幸虧穿了大毛皮傻不然手都凍僵了。

可不是嗎你倘凍了這麼厚的冰傻什麼不。

看燈

大街上好熱鬧耍獅子的要龍燈的開花燈的都有呢。

我也瞧見了你倘等着歇歇你再看看去。

延声一

正音撮要《卷一　甲下》　三　甲三

行達道

這個道兒遠着呢離這裡四五里地走得身汗。

怕什麼只管過去抹着有車的地方咱們坐着走。

見人美服

嗳喲你今兒上了畫兒了這麼排常此喜事倒你。

正是呢我要到我們親家那裡吃喜酒倘了。

聞人打門

誰在外頭打門來得這麼兇你出去開門看是。

別理他都是呪一个醉漢不聽見就完了。

---

點燈

點个燈兒來阿黑嗽影子怎麼瞧得見呢。

六月亮的點什麼燈呢又沒什麼事見。

裱窗

感了風了明日叫个裱糊匠來把這些窗戶都。

可不是嗎叫去罷則這裡現成的帋在那裡麼。

着衣服粗

好好的一件衣裳你又弄得稀臘子爛你也。

這件衣裳材料有限穿上身幾天就破了。

曉讀若呼　攻平切　㑫登浪切

正音撮要《卷一　乙下》　四　乙四

嫌人惡意

你何苦來為什麼做成嚇眉虎眼見的嚇誰呢。

你別管我我是這麼脾氣他不喜歡就拉倒。

嫌人講細話

人有人的事你管他呢你單要打聽人家。

你瞧他們兩个在那裡唧唧呱呱的總揀的閒事嗎。

難相與

這个八難打交道好利害都要防着他的欄你別上他。

說是這麼說然而我有我的主意任他怎麼我走不過我的門子。

笑無事忙

黑家白日的忙來忙去不知你幹些化速沒看

我的太爺你就勾奇怪我幹的事你何會董得

那裡話呢又來攪你嗎今兒該我的用費心勞

現成的館子咱們進去唱个茶咯歇歇再走了

上茶館

新手做事

這件事情我幹不來納麼不着入門子又役个

你沒見過嗎您得你放心等我惜憬懷兒告訴你

嫌沒好歹

好路我的太爺你那一天兒不更兒遠少嗎

好不駁膜你天天兒蹭人家的酒唅唅你也該罕

我們天天兒吃酒都是這幾樣菜也吃膩了今

沒好厨子能勾開得出什麼新樣兒呢依舊就完了

過人過門前

咳喲遵教好久了家裡坐路這幾年不見你停

這是那裡話呢托你老人家的顧你府上代這

硬嗎我哦日再給你請安

正音撮要　卷一　丙下　　笑人貪酒　　五

---

笑人輕狂

喳這小子不甚你唯他幌頭幌腦的兩个眼睛

他老子娘不管他由他性兒鬧他就完了

求人做密事

我還煩你一件事你別告訴人你把這个給我

你偉放心交給我我有本事給你弄了來錯了可

做事不密

我昨兒幹那件事我們老人家知道了大不喜

是不是呢我叫你別去你偏要去這會開

媽都不疼我了又鑾我腦袋了又擰我腮

你陶氣嗎怨得好孩子你歇咱們爺兒兩个聯戲去

嫌人講大話

這个人沒牢靠金說話終諁諁不結个准信章

你避不知道他的牌氣嗎從諁諁我總後理他

嫌人攜烟袋

你筆着人家的烟袋朝花裡吃了又摔我脖子了

怎麼叫不董眼呢名人該帶一枝在跟前兒呵

正音撮要　卷一　丁下　　孩子訴苦　　六

## 上半

不顧家

那上聲
那去聲

你成天跑到那裡屋子的客你到底也在
有一大堆來沒單要找嗎買籠戲中甚司呢
偏人做事

撥七開切
幹事要認真我瞧你
不慌就是了的那些

抓諾角切
何嘗不收拾來着禁得娃子們得偏偏子閒了

漏力求切
這個地方弄得雜裡阿總沒個人管管閒事兒

睡徂角切
不理地方
他是明弄局的也到底度拾度

正音撮要《卷一戌下》
七
此七

老人見慣

庶苦骨切
呵呵這話奇了誰害他竟給他弄撒了
做生意不前

掙則更切
人家做買賣就爭了錢我做買賣暗了本真
什麼都要在行你怎好買賣都給你弄撒了

賠滿牧切
運氣不真邁蓋在老板想在

瞎許轄切
朋友們都聽戲去開相公去你爲什麼這麼

扮博幻切
古語說得好守着們腰裡沒錢兒混无什麼呢

## 下半

嫖餘招切
今見樂哈逛窰子來好話把了個十來兩銀子是
瞧着不是頑的那個臯涼腰裡的錢都戒了
誠嫖

論做官
有趣真樂再沒這麼開心暢兩眼帶些酒氣
留神阿摟炮的時候再沒這麼樂明兒長齊
會做官的皇上大喜不會做官的皇上大怒有
這何用說呢頭又死要錢那總是蔡定的

做子去聲
諒刻薄
如今的中堂們做官所以這些小官都跟着好
總有上頭棱兒的上頭要錢賬下就不要錢嗎這是一定的道理
我誚教都麼這件事怎辦法也不依我直端和此兒叫人何苦認真得
我告訴你別共他肯認錯就識開了何苦認真

正音撮要《卷一巳下》
八
巳八

誇好官

擯在憾切
我在台階見上站着他望我後頭一誰差一點
嫌人掏氣
他總百階兒上站着他找個大跟宗頑

## 說人潑疲

我饒他幾遭了他死皮賴臉死活不活的怎麼不來呢他欺軟怕硬是不草雜毛了這雜種是个人嗎

**說人起腔勢**

哄誰呢鬧到我跟前我是个翻臉他就頭不問
嗤你處的尋我呢又沒人我是个沒龍頭的馬了
起咯起咯發了標了開架子咯你瞧他這一闊

**韶客**

人家好意見留你你就在這裡多住幾天了你

正音撮要〈卷一〉庚下　九　庚九

**送行**

你進京嗎多早晚兒走你告訴我我給你餞行
等你一路福星給我一等此東西回來
你要什麼我給你捎來就是了不能担擱了

**擇友**

老人怕吃硬
我這早晚就走了不能担擱了

嫩徒薄切
沒牙齒嚼不動了燉得爛爛兒的別弄壞脆粉徒那人咯
我的牙齒比你強什麼骨頭一見咯磕都沒有點
別替那些五二鬼走攏他麼騙你那一起沒真
當具的都是此个勢力小人舔離了他總好呢

---

## 看人寫字

你扒着窗戶那裡瞧什麼笑什麼我寫字寫得
怎麼這麼說呢我要學你的字纔看你
誠飢食
少吃油炸鬼火氣太多吃的好生受些你總是貪
我見他嗻香的比別人送的就不怕火氣了

**打彈弓**

你瞧那八哥兒在他房春兒上站着呢拏彈弓打
你那天打幾十个彈子都是落着還說有准頭
是有准的彈弓有一个打

正音撮要〈卷一〉辛下　十　辛十

**論貓懶**

這个貓兒總不管閒事了滿到處的耗子他總
不聲明兒摔死他
耗子果然來得兒叫得睡不着什麼東西

**女子看狗**

有个姑姑看見兩个狗兒踣種他挐手搞着蹄踤
春心總是有的阿他外面熱鬧這也怪不得他
五更天才睡覺晚飯後木起來拏着白日來當
都是弄慣了脾氣頭顛倒倒的着他不舒服阿

大爺們老爺們大太爺讓開點兒罷我們要趕
欵着罷這麼大条道你留壞這裡走門開些罷

### 老媒

有個姑娘不知誰家的在漸衙口兒走過义標
送交穩重我明兒俗我們老表做个媒標
這个姑娘倒不錯我認得他是那家子的女孩的了

### 送嫁

好个黃道月子有人也出關有人討親有人嫁女我們姊妹
我沒那麼大工夫一概人情我都拉倒要送送嫁圭老
我沒那麼大工夫一概人情我都拉倒沒有過去過圭

正音撮要 〈卷一〉 壬下

十二

### 懶做事

我連剃頭脩臉的事都懶豆汆又没个空兒連洗
你要那麼榰巴攜手的抽个空兒什麼事清不來呢

### 評論好歹

這小子有出息然得夜做得活耐得煩靠得住
那小子沒出息死懶不肯實在掏氣叫八生氣的疼

### 看跑馬

沙塵滾滾一溜煙兒圭了你俸睇見什麼東西
呵呵你的眼睛那裡去了跑輸子馬我總沒看見阿
呵呵你的眼睛那裡你沒瞧見你瞎了嗎

---

吃飯後總要走得這麼三五十步就存了食啥不然
我總要拉幾骹弓把這身骨頭活動活動哦

### 放風筝

上山王放風箏去畢了猴架子放得高高的
這宗僥頭風箏怎麼放得起呢別自遭糗咯

### 謙話

你倆這麼疼我這麼拾愛我這沒補我的情呢
我少張羅少照應少效勞少親敖少講究我還怨我呢

### 添壽

望仙老人家多活幾年年輕人到底有个福啥呢
望仙老人家多活幾年年輕人到底有个福啥呢

正音撮要 〈卷一〉 癸下

十三

### 勤業

年輕人總要我點事業士農工商樣樣都妺總
他還足壯吃得喝得紅顏白髮要活一百歲呢

### 求名

念書是要緊的拉弓射箭是聖什麼來做官呢怕没
好阿這纏是正經話阿大夥總要岀頭的日子嗎

官話別俗

每見本處人學習官話字音有極工腔目有極
肖俚於物件稱謂及成語應酬仍用鄉談俗語
是以令人難曉凡各物名目本省與外省有相
同者有不相同者可不辨令編刻數十欵於
後問或以土語註腳以便查考

---

壘音運

天文

上天　皇天
天色朦朧　昊天
天亮卽天光　好暖沾天
好涼快天　天陰
大晴　半陰半晴
開天　天還沒開呢
好熱天　好冷天
好大太陽　大陽愧眼日頭掌眼

正音撮要〈卷二〉天文　二

晒得迷迷糊糊的　晒得昏昏顏頭
日頭地所晒之處　背陰子卽背陰地
日頭平西　口頭落了
天色暗了　日暈日邊圈氣
月暈月邊圈氣
月食　日食
月亮月光　月頭
月影　月芽新月
殘月　月色朦朧　刀落了

| | |
|---|---|
| 天變起風了 | 颶大風 |
| 好狂風 | 旋風鬼頭風 |
| 頂風 | 順風 |
| 劃喇喇的大風聲〔喇音辣〕 | 風減了 |
| 天起雪了 | 青雲 |
| 白雲 | 紅雲 |
| 黃雲 | 彩霞 |
| 打雷 | 打乍雷忽然一陣 |
| 天打閃郎閃電 | 天出虹 |

正音撮要《卷二天文》　三

| | |
|---|---|
| 下雨 | 微絲雨 |
| 微風小雨 | 濛鬆雨客雨絲 |
| 雨淥濕了東西〔淥滴也沐濕了衣裳〕 | |
| 雨漂進來〔承音卓〕 | 潦水狼大水過街面 |
| 天不能晴 | 風雨調勻 |
| 下緊雨即白撞雨又曬日〔今音云〕 | |
| 下霜露結為霜〔電音卓也〕 | 下雪 |
| 下霜〔驟音白縐〕 | 下雹 |
| 下露〔露音〕 | 下霧 |
| 好大露水 | 好大烟霧 |

| | |
|---|---|
| 好大雪　雨結為雪 | 下雪了 |
| 綿花雪 | 鵝翎雪 |
| 米心雪 | 凍了冰凍澄也 |
| 冰窖隆水面打破　水封河面 | 氷稜氷条 |
| 冰河了可以行人 | 滿天星 |
| 織女星 | 生耶星 |
| 南斗星 | 北斗星 |
| 星宿 | 星展眼或見或隱 |
| 星過度郎星飛 | |

正音撮要《卷二天文　節序》　四

節序

| | |
|---|---|
| 立春 | 迎春 |
| 鞭春即打春牛 | 雨水 |
| 驚蟄 | 春分 |
| 清明 | 穀雨 |
| 立夏 | 小滿 |
| 芒種 | 夏至 |
| 小暑 | 大暑 |
| 立秋 | 處暑 |

**正音撮要《卷二·節序》**

白露　　秋分
寒露　　霜降
立冬　　小雪
大雪　　冬至
小寒　　大寒
上元　　賀元旦
元宵　　賀新正
賀元　　花朝（即二月二日）
春社　　秋社
端陽　　重陽
三伏天最熱
三九天最冷　冬至日數至第九日一輪，二九二十七日之內最冷
臘八節　十二月初八送臘八粥，北人以為節，彼此相送百菓粥
大建月大　小建月小
孟春正月　仲春二月
季春三月　孟夏四月
仲夏五月　季夏六月
孟秋七月　仲秋八月

---

季秋九月　　孟冬十月
仲冬十一月　季冬十二月
單月　　雙月
閏月
夏景天（言夏日之景況）　冬景天（言冬日之景況）

**正音撮要《卷二·節序 時刻》**

時刻
甚麼時候了　問幾時了　　太早呢
大清早呢　　一黑早　天尚烏
老早　　　　還早
不早了　　　上午了
中午　　　　下午
晌午　正午　　一會子　一陣間
停一會即等一陣　多早晚了　閒有幾時候
這早晚　如今　　此刻就要

目下就去　馬上就來
忽然間　忽然間　即忽然也
大遲了　忽喇吧
起來得晚　起身得早
晌午錯　晚不响挨晚　小晌午早飯後此
天色晚了　黑朧朧的黑麻麻
定更了　三更半夜的
雞叫了　從前
以前　往後

以後　前幾天
前年　大前年
去年舊年　今年
明年　後年
大後年　前兒前日呼前日為前見
昨兒昨日　今兒今日
後兒　明天
昨天　今天
大後天　早多看看呢　時候尚早的

成日家　連日帶夜
黑家白月　黑洞洞的黑麻麻
五更頭兒　沒踪
是時候喀罷
這程子一月之久　這會子一時也
子丑寅卯辰巳午未申酉戌亥
丑初丑正　日子子正以後為月子
夜子子正以前為夜子
熬不得夜　老陽傍西了日頭挨西

地理

五岳　五湖
四海　山頂
山尖子山峰　大嶺
小嶺　山腰山中間
山洞山岩圓口　山澗山坑
山峽兩山夾埋　斜坡子斜嫩
陡坡子企斜　坑坑埕埕的
平地　空地

澈蘇假切

磯丁梛塊的有泥粉兒尾荒地　泛地

潮濕地　地發潮

地下震得狠地濕到透地爛

泥濘得狠地有不乾不濕的路有爛泥的

地乾爽了　挺硬的地定在硬

晶震的地晶甚字之意凡物皆有　譬如晶薄晶濕之類

野地　天壇　祭天處

日壇　月壇

村鄉　村庄

澈了水倒水花下地　屯裡耕田人多住的村

庄裡亦是耕種之所　小市

較場　塘舖有兵走遞文書的

營汎　營房營兵所住之處

大市　集場　墟塲也

驛站約一百里為一站有馬號走本章處為驛

腰站牛站　鎮頭大市塲貨物

馬頭船隻彎泊之處　渡頭

關口　即埠頭也　口子　小開口

---

汣同泑

萬里長城　長江

黃河　河汊子　備义水路

塽音壙

河套子　偏頭涌溶

小河　大河

外河　裡河地內鄉內之河

長潮　水大　河沿　河邊

死水溝死水涌　退潮　水乾

坑子　港口　小海口

峽口　埽子　地塍

河底下

浮讀若夫

岸上　灘頭

山腳　山窩

橋　橋梁

浮橋　大路上

大道　大路呼路為道　小道　小路

堵了路塞了路　崎嶇路

曲曲彎彎的　拐彎的走運橫路行

筆直的走　十字路

三义路　田上

磚同韻
紫葫土入
澌逛下去

都邑

田攏子　田其
土堆子　坼堆
水窩子　水述
簍窩子同上
壁地樣澌
壁地壁同韻
本脟　水泡

北京城　　南京城
外城　　　內城
城樓　　　城圈
城垜城人又稱女墻　城墻底下
城裡　　　城外
官堆　　　大街上
大衚衕大巷　小衚衕小巷
死衚衕偏頭巷　炮台

宮室

箭道
營盤／管盤
望樓　　帳房
公館　　城門洞安城門處
行臺　　箭亭

皇城　　　紫禁城
太廟　　　大殿
便殿　　　大內官內
朝內　　　朝房
王府　　　相府
衙門　　　相門
昭牆　　　轅門
衙門　　　衙道
上馬石炮台　吹鼓亭

儀門正門　　大堂
宅門　　　　川堂
丹墀　　　　花廳
泮雍學宮　　文武廟
兩廊廊房　　暖閣
會客廳　　　房子
屋子　　　　正房
窩窩囊囊的小窐　寬寬綽綽的寬闊
偏廈側屋　　掛廊

窗戶窗戶　　卧房
浴房洗身屋　净房厠坑
茅厠同上　　陽溝明渠
陰溝陰渠　　渠眼子衣賣口
天溝子无上天坑　天井週圍有瓦蓋的
院子天階之類　前院子无樹木傢院
　　　　　　有樹木傢園
後院子　　　房簷簷邊
水道兩邊夾牆卷路
戲園戲館　　横頭此名少叫 红樓五十四回書

罐讀若沙
角讀客
彎音灣

---

飯店　　　　稻子塲地塘
茶館　　　　耗子洞老鼠窿
馬圈大馬房　耗子窩老鼠蓮居
狗窩　　　　雞窩
牛圈牛欄　　房楂
灶門灶口　　雀窩雀巢
灶詹灶眉
灶洞灶裡　　灶台灶頭
馬台石　　　晒塲晒穀地
　　　　　　晒台晒棚
通亮眼小天窗　同一個院子住着

圈音眷

正樑　大駞〔金鐘架〕

二駞　柱子

柱墊子　柱盤子

檁子〔桁〕　托枋〔方桁〕

椽子角　樓頭〔閣母〕

火磚　大方磚墤磚

小方磚　土磚墤磚

石灰　蠣灰　蜆灰

正音撮要《卷二　屋料》　十五

青灰烏烟　墙跟底下

盐房子起屋　砌墙起墙

打點縫子洗磚口灰縫和坭　打墙春墙

堤地以邊鋪地　别墙

地屏板地闆　塥地

地拐角　台坡皆級

墙拐角墙外角頭　板尾大瓦

筒瓦　尾面

瓦龍子瓦坑　花邊瓦

〔和去聲〕
〔刷書滑切〕

---

打春　房脊

頂篷〔天花板之類〕　竹架子〔牛挨之類〕

漏槅　簾篷

篷撐子〔枝蓬竹竿〕　栅欄〔開邊流杉柱〕

格扇〔明死窗門之類〕　屏門〔密板屏門〕

門閂子〔地祇〕　屏門

門捕閂塵門之〔企木門消息門鬼〕　門插子門閂

門了吊門鍊　門掩錢〔菊花頭〕

門瓖子　門枕子門斗

正音撮要《卷二　屋料》　十六

老鴉嘴雀腦　門墊子門砧

門轉身轉袖　門角鑡門扇底

關上門　門屈戌走馬之類

門縫子門蹼　打門

拍門　扣上門

關死了門　房子折了

房子倒塌了　房子拆了

賃房子住　陳墻淹手

風火墙〔錢耳之類〕　獸頭〔鰲魚頭之類〕

〔貸讀客〕

門要關活絡此　褙糊頂格 褙天花板

覆洞開口 梯之上鑽上門斗
去者

衣冠

頂子　　　朝帽
緯帽　　　暖帽
涼帽　　　羽纓帽
帽頭 後帽胎
帽叉子 涼帽胎
帽蓬 同上
　　　　　小帽
帽梁子 帽頂耳
帽梁子 帽絆子
斗篷 大雪衣 斗蓬竹雨帽亦叫斗蓬　風帽 帽罨
帽的子 頂下皮錢
草帽子

---

領子　　　領衣
朝服　　　蟒袍
褙神　　　披肩
公服　　　品級帶子
皮袍褂　　棉袍褂
實地紗　　夾袍褂
亮紗　　　棉紗袍褂
夾紗袍褂　外套子 即袍上罩大褂
一口中　　一裹圓 一日中
背心 紅樓廿四回載　坎肩 紅樓一百○一
四不象 袍罩之類　鷹膀子 背心之類
馬鬃子 馬褂別名　長棉襖子 長袖
小棉襖子 短袖　長衫
大胯子 單長衫日胯　長胯子 同上
昭君套 係女人用　絹条子
大祄子　　汗褂 汗衫
褲子　　　套褲
义褲套褲　托肩

腰　　　　　夾

袍叉子　　　衣裳縫子 衫骨

袖口　　　　縫字

練縫子 衣縫子

鍬縫子 挑骨

怕子鈕　　　鈕子

衣裳裂了縫唘　梢扣子 袍後角所釘 兩便相起 排常

衣裳破了　　大披掛起來

衣裳髒了 污濁也　打个捕釘補掩

衣裳花裡胡哨的大攺

衣裳花裡胡哨的痕迹

正音撮要〈卷二 衣冠〉　五

抖抖衣服 抖頓塵埃　熨熨衣服 熨衫 用熨衣也

粗相衣服 拍去衣塵　合衫 袍罩

別弄髒了 勿整胸膪　褲襠子 揮囊

護膝句膝　　褲肥 褲脚

褲腰 褲頭

靴子　　　　袜子

靴鷂子 靴桶　靴後根 鞋路

撒拉雞 蓬脚　雞毅子 鞋旁

鞋刷子 雞撳　橝頭 帽檐　雞撢　木

---

木屐　　　　鳳冠

雲帔　　　　氅衣 齊袖袍

雲肩　　　　圓領 女衣

腰圍 亦叫抹胸　暈肩帶

被襠頭　　　被套馬包

褙子　　　　馬褥子

坐褥子　　　拜墊子

鴇子雞 半截靴　繁起衣裳繁綾也

手帕子 手巾　雲額包頭亦叫得

正音撮要〈卷二 衣冠〉　二十

抹眉蘇包頭

把腰帶律順了 律理也 撋順物件

花紬　紬紬
綿紬　春紬
寧紬
繭紬　漢府緞
慕本緞
羽緞　錦緞
屯絹　緞片
棉布　京布

正音撮要《卷二》綢緞布疋　圭

粗布　細布
斜文布　印花布
夏布　葛布
機白布　蕉麻布
疋頭　零剪
棉線　絲線
打結子又叫打加踏　棉花
絲棉豬肝棉　木棉花
趂集去集墟也　趂集赴墟買東西

溷　音渾

水底　梅山水來但出水來
挑水扭水　水皮水面
水源大雨水過地　水乾
水沫子水糜　水泡子水抱
水圍水濁
雨水　水清
潮水　井水
河水　一流水

水火

正音撮要《卷二》水火　圭

鹹水又叫苦水　　淡水又叫甜水

噴水　　　　　　趕水遊水

淬憐子 迷水中取魚　濺水

渦水流水慢流也

涼水　　　　　　熱水

水開了　　　　　沸出水來滾水出鍋

點个亮來 灯籠之類　烤烤東西用火焙物

靝着火　　　　　點个香火

煻着爐子 燥着爐　點个灯

**正音撮要 卷二 水火**

照照東西　　　　火苗太大了火尾太大

火滅了　　　　　火爐都滅了火屎都息了

柴濕點不着火了　油都凍了 凍澄也結也 天冷則然

火烟燻得了不得了　烟屈了不得

---

飲食

弄茶　　　　　燒茶

泡茶　　　　　倒茶

端茶 搬茶　　　壞茶對茶

哈茶 凡飲謂之哈凡食謂之吃等 可謂之哈為吃不可謂之吃為哈

烫酒　　　　　裝烟

紹興酒　　　　堆花酒

花酒　　　　　汾酒

酒淡　　　　　酒釀大甕日曬

酒釀厚味也

酒糟　　　　　酒淡

甜酒　　　　　酒麴子酒餅

**正音撮要 卷二 飲食**

茶釀　　　　　茶釀

茶醸

下馬酒　　　　錢行酒

清湯　　　　　接風酒

雜碎湯　　　　紅湯

哈個四兩指酒而言　哈乾了飲起了

哈一口

都要告乾大家都要　飲起報明　壞滿了　斟滿了

好酒量　量廣阿

量淺呢　哈醉了

好多菜阿　豁拳猜謎

就菜哈一盅　趁菜飲一　盅一盅　未有下酒的菜下酒卽　送酒也卽

太哈多了　醉昏昏了

太多菜了

我擾你　我請你

打平夥罷鬧午　尔的東還是我的吃

不要蹭人家的吃

正音撮要《卷二飲食》　三五

不要打破鑼傢薄人的份子

不要鬧席

粗醉的　真醉的

武醉了　不哈了拉倒罷

一會再哈罷　弄飯吃

大夥同饕　自巳開饕

大米乾飯　小米稀飯

麵餅　麵飯

蒸餅　煮飯

煨飯以煨爲煨　捫飯不必飯湯爲捫飯

---

疲了　同楳不脆　飯得了

飯羡烱了　煮火爐了不能食　飯爛了

飯哥巴　飯燋　飯加渣飯糜乾

盛飯來載飯來　吃稀飯米未保爛嚼

哈粥攙爛的　早飯

中飯　晚飯

飽飽吃一頓　膩隔油多不消化

咽不下去吞不落　拿湯泡飯

唅着嗓子喉喉　圖吃

正音撮要《卷二飲食》　三六

吃得嘀嘀喇喇　醉得迷迷糊糊

嘴饞　吧嗒嘴磬嗒嘴

總不尅化　吐了

多謝了　虛邀了

太破費了　花了錢呢

好多菜呢　海參

魚翅　燕窩

豬　魚

雞　鴨

燒的　黃的
燜的　炒的
煨的　炖的
九大碗　圍碗
熱食　節節高
燒割盤　黙心
餑餑酥餅之類　饅頭無餡之包
燒餅　大肉飯
小肉飯　山珍
海味　都有了
好厨子曾弄菜　燒肉
燒肉　醃肉
醬肉　和肉
燻肉　小炒肉
大炒肉　片火腿
熘肉　猪肉
白片肉　噴香
滷肉　猪肉
炖肘子　炖圓蹄　炒腰花

猪舌頭　猪爪子　猪骻肉
肋條　前交骻
炒牌骨　生炒雜
炒肚肝　卽腎也　羊尾巴
鹿尾巴　銀絲麺
雜絲麺　雜會
炒雞碎　炒事件同上
好鮮湯　好哚道
吃個足了　他的柔弄的不好
又有哈拉味魖的　怪腥的
涎音色
亭臭的　惡臊的
怪澁的味刮　太調了從語嬾了不稀也
稠直田切　太筋了觔也又叫疲了　稀腍子爛的爛如豆付
筋同金讀　鹹浸浸的
乾燥胡拉的　吃蟹黃子黃膏
餿讀若溲　餿了與餿同
饊王吉道　蟹臍
蟹壳
把茶壺瀋乾淨了　鳰同澗湯乾淨也
釦喇唧　鈲按五十七　喝一大海紅棱廿六
喝一大海大海碗

# 五穀

稻子　粳稻子上等的
撒谷子有穀無米的　韓穄老糠
米糠　紅米
白米　稗子米
麥子　豆子
赤豆子　白扁豆
綠豆　黃豆
白豆　落花生

正音撮要《卷二》五穀　无

蠶豆　蘭花豆油窄過蠶豆
豆角子又叫豇豆　豆付腦豆付花
灣豆原叫豌豆　凍豆付冰硬的
麻豆付　付皮
一顆豆　一撮一撮
一升　一斗
一石　一担
鍚米用鍋尖披米　連枷打未用一鐵竹一又各餘子一

# 麵食

磨麵　和麵
赶麵以短棍研麵　赶麵棍
切麵麵片　赶麵線鎚
麵筋　掛麵線鎚
麵粞　打棒子打漿糊
黃麵糊桔麵粥　桃花麵半雞半粉
麵和酪麵粥　痲瘩湯麵粒煑的
片兒湯麵片煑的　食痲糊芝痲糖的
饅頭無餡的飽　餅餑大酥餅之類

正音撮要《卷二》麵食　干

飽子　餃子
水晶飽　餛子
餛飩扁食　酥餅
浮酥　奶子酥
油餅　鍋盝饊生
米糕　慌条雲片糕
元霄水圓　黍角粽子
油燋鬼　麻花
酥酪牛奶出

## 婚姻

保親媒人　　下定
過聘　　討親
加冠　　送添箱送花粉
送賀禮　　伴婆從嫁婆
陪嫁了頭　　拜堂
吃交盃吃孱房酒　　洞房夜
鬧房反新婦　　廟見拜祠堂
回九〔以九日為期〕　　再醮
壇房又叫結彩　　吃喜酒

## 生養

兩口子和氣了〔兩公婆叫兩口子〕
行房　　身上有喜了
作痛　　臨盆生仔時候
穩婆揀生婆　　養下兒子了
有了小娃子了　　頭生的頭一胎
雙生的孖仔　　背生兒父死出月而生
遺腹兒子父死後生　　供床公床母拜床頭
吃奶子飲乳　　把屎把尿搭屎尿
留頂搭留頂　　孝順毛臏門心另留一
歪毛左右削父角鬚之類　　坐搖車坐搖哥之類
粘涎滴滴的溺甲水　　吵吃耍物食
撒嬌詐嬌　　善臉好笑容
滿地打滾的溺滿地　　跳格登的跳蹓躂
小孩子矇眬睡眼塘二有公　　摔跟斗打跟斗
藕毛兒揉眼黐黐睡處　　糕馬虎善化老虎
馬虎來了　　放響鐘以繩車響竹筒
頑燈兒　　放鼠筝

吹哨子 吹嘌哔

打紡車子 放風筝

淬儗子麻入水得　彈腦子以手指彈頭壳

揭皮壳 打口鼓

隔股人怪麻凍以手指亂折人曰隔股

好頑好蹟好濤

圍脖子 口水肩

抱裙

兜兜護肚

禍褯皆帶

汊褌褲褲幯開

出天花出痘

大好了　掉踏慣了的慣跌倒地

正音撮要〈卷二 生養〉　三三

毛孩子能有多粗多些呢

---

身體

腦袋 又叫腦瓜子

頭 又叫腦壳

點點頭　頭角拐 額角

仰着頭　搖搖頭

蓬着頭散髪　光着頭髪 光頭

辫頂　披着腦髪紅婆七十

腦門子 頂門　頭髪旋 又叫旋髪

秃子 頭髪脱了　歇了頂 露頭

膚皮 頭皮枯乾坭　髪際髪脚

剃頭

正音撮要〈卷二 身體〉　三四

圍圈瓣芳新留短髪

梳 同書音　打辫子填辫

梳高髻

盤頭鬏子髻叫鬏子　盤頭髪鬏大扁髻

偏額　天庭 又印堂　兩太陽 雲精

挽個鬏子 猶尿醫男子扎辫　脑梢子後枕

脳後窩 頸尾坑　獨食窩 酒門又叫爭嘴

山根 鼻上虎　鼻爪子鼻籠皮

鼻兒籠　鼻頍鼻裡毛

鼻子堵 大塞　骷鼻子牛塞

**正音撮要　卷二身體**　三五

塌鼻子扁鼻　醒鼻子
抽鼻子縮鼻　槽鼻子紅鼻
割鼻子崩鼻　鼻痂瘟乾鼻屎
打嚏噴打嚔噴同　扯呼子鼻鼾
眼眶子眼圈　眼珠子
眼梢眼角　青矇睛發光睛
眼水（麻媽胡）　眼淚
矇着眼閉理眼　眼皮
睖睜督眼屎多　眼泡子眼脹皮
朘眼　眨巴眼亂斬眼
害眼眼瘢　瞎子音眼讬
斜眼　老單子隻眼
近趣眼近視眼　暴子眼呂眼
疤拉眼眼皮有疤　雌雄眼
睜開眼　瞪着眼眼都定
眯縫眼半開眼　假粧昵師傅合埋眼
眼矇　眼麻胡眼麻查
打嚏睡吸眼亂韲頭（坐倒）　打胚兒同上

---

眼巴巴的瞧着　耳朵

**正音撮要　卷二身體**　美

耳朵眼子耳窟　兜風耳
耳輪耳邊　耳哃耳邊對面小岡
耳珠子欠人拥耳墜處　耳梢
耳後根　害耳底耳底痛
割耳朵崩耳　耙耳糠濕的
重聽耳聾　耳膜耳屎
札耳珠女子串耳　聽不見
臉旦面珠　臉即面
洗臉　臉紅紅兒的
不顧臉　擦擦臉
不害臊不怕醜　害羞怕醜
皺皮臉　歪臉
哭喪的臉　孤拐子顴骨
老公相亞婆面　巴過臉兒來伎轉面來
腮綯骨　抹下臉反面
漱口　嘴丫子觜丫角
　　　　張開口

咳一口

嘴唇　人中

割唇子朋口唇　嘴吧吧　下巴壳

嗒嗒唨　呱都着嘴駡起嘴

辨嘴講口　嘴饞貪食

鬎子　鬎鬁頭癩過出血

鬎莊二初出鬁特　鬎鬚鬍子

練腮鬎子大亂鬎鬚　連鬚鬍子連土辦

五絡鬎子　三尖鬎子

舌頭尖

正音撮要【卷二　身體】　吾

巧舌子會說話　大舌頭大利頭

啞吧子啞佬　結吧子劕虎口　重話

打格磴講話斷斷　咬舌子利音不清

弔鐘又叫喉珠　嗓根子又叫喉結子　喉櫳裡

嗓子喉嚨　嗓子乾了

削腮　嗓子乾了

嗓子破了声折　嗓子啞了

父着嗓子了骨鯁之類　打哈哈打咸濘

咳嗽　放唾沫吐口水

---

打飽膈食飽嗝長氣　吐痰

打膈兒嗝短氣　打呃逆打思呃

大牙　門牙

睚牙暴牙　牙縫牙鎊

栓他脖子　牙花牙屎

肩骱　牙床牙肉

正音撮要【卷二　身體】　天

直着脖子　牙活動了牙欲跌

縮着脖子　墊着牙硬着牙

窩袋脖入大頸渦女亦有　粘着牙稀牙

骱梢骱尖　弔了牙

擠着肩骱兩入拍埋肩眉高　牙义骨牙較骨

鎖子骨頸下兩橫骨　梳梳牙刺牙

春梁脊春　脖子頸

牽板骨又名飯匙骨

惡心作悶要慪　心口

心坎　心口

惱　心高心口

慪氣激人惱　生氣

觸惱激氣怒也

正音撮要　卷二　身體

發毛驚詐　駭怕心慌
胸堂胸脯　胸膛子
挺起胸脯子　駝子盃駝　曲背子
前雞胸　紗鍋鍋後背凸起
奶子乳　奶子即奶子
脫兒即奶子　寒毛
肋巴骨　毛吼眼毛管
腰眼子腰骨　軟肋軟捲
彎了腰　伸懶腰
繫了腰束腰
插着腰　閃着腰
大肚子　小肚子
肚子疼　鼓起肚子
肚臍眼　肚皮子
光春梁脫衣衫見肉　唾沫星吐口水花
狐臭氣　齷齪污遭
髒得狠同上髒污也　洗澡洗身
槌背　修瘆搔瘆
拯瘆同上　幸順兒抓囊的東西　牛骨呲子

怪麻酥肉酥
捻不瘋不乹爽也　捻塔糊的一身發軟
膀腔子手臂　猾溜溜的
胳膊肘子手踭外　肘子手踭
胳肢高梁勒底　胳膊腕子手踭
蝦麻古都老鼠仔混名　胳膊骨都大髈肉團也
帶勁弩起力　巴掌
手骨垱子手眼　手腕子
手掌紋　手面
手心

正音撮要　卷二　身體

大母指頭
二母指頭又叫食指　中指
無名指　小母指
支生指多一只　指用益
指用緯鏆也　並生指兩指合埋
指頭肚子手指紋處　手骨節
指起肚子手生枕　爆起觔子
指高級　蹶腿跛脚
手打顫打震　伸出手
袖着手　拱着手

正音撮要〈卷二身體〉 塱

撒開手　背着手

擎着手 曳高手　搭拉着手垂手

拉拉手相拉手　屁股

搣起屁股蹺高屎扇　屁股

屁股亂號放响屁　跑肚子肚阿

屁股溝糞門縫　屁股且臀球

肛門　屁股眼

尾巴椿子尾龍骨　脫肛

撒尿小傾　肌肕殤物

卵子春核　卵泡春袋 腎囊

大腿　膝襠腿底

股（音波）　腿肚子脚囊

腿胂益膝頭　腿灣子脚肫

腿胻骨脚筒骨　歪腿子

臁子骨刺哥　琵琶骨大髀骨

膈（音鬲）　跨子骨春根骨　蹺着腿坐着

稳盤大座　盤腿兒坐着

交着肘交手踭　撒開腿

搭拉腿　脚面

---

脚心　脚丫子

脚後根脚踭　脚指

脚麻了脚泌　脚指

脚底坂子　

走出皰來了　跴脚以脚踩地

跐跧着脚曳高脚　脚指甲

倒搭脚鴨蹄腳　脚指甲

光脚了打赤脚　合桃骨脚眼

臁子起枕皮　脫肛乳

胖子　二棒骨脚脛骨

懷子骨脚眼

正音撮要〈卷二身體〉 塱

高大漢子　矮子

矬子同　睢眼紅樓甘八回

奔樓頭凸額　臉皮皴了脚踭練裂之

交（反音村）

脆（居雀切）

懶得動　搖搖頭
點點頭　仰着頭
嗑响頭 所响頭　低着頭
踮着 紅樓六十三回　低着臉袋 低頭
躺在地下狗睡也　跐着地下 憎埋却縮
站攏些 企埋的　站起來 企起站企也
站在旁邊　站遠些
東西砢着了有物便　站開些

正音撮要〈卷二 動靜〉　踮在地下
坐下罷　𥫗
坐在這裡罷　坐在那裡罷
掉轉臉背着搨轉面　拿頭頂着
拿手端着　把肩芬着态忙也
兩个手兒摟着抱住　一个手兒㨾着
挈手夈着　奧着底兒
懶在這裡攔放也　袖着東西放八花袖裡
丢在地下亂丢下　放在地下珍重放
拾起來同上　撿起來銚起
叠起衣裳

分音枕　裕音閣　踚素上聲

---

墊起棹子來　拴住他以純綁住
解下來　掠過來筅取物件
取過來　奪過來
拾他的東西　接過來
推開他　慢慢推罷了
承罷寫人 滾碌也　滾下去
幌頭幌腦的搖頭搖臘 端眉縮頸的鬼鼠樣　登眉縮頸
眉來眼去　齜牙料齒的似笑
榜着脖子求埋肩　此支開口

正音撮要〈卷二 動靜〉
手裡擎着一枝花輕輕的拈住　𥫗
打他脖子拐　打他耳瓜子
指桑罵槐的諱荷盧 指東瓜　打肕兒肫卽睡
不要胴肢他人以手搞　撅着嘴
遊遊蘇蘇的來似遊魚慢慢來瓣着瓣開　用手撼物
嚷陶大哭　哈哈大笑
低三下四的背低頭　𤬅巴㨾手忙手忙腳
賊鬼是的大鬼骨

辨異　异平聲

走道　趙路走急北

趕路〈亟〉發急　走一遭行一遍

走過兩次　大夥兒去 大家去

走一回　你在頭裡走

我在後頭跟着　讓我先走

饒我兩步 饒讓也　往那裡去

走迷了道 走失道　走差了道

赶得上赶不上呢　橫竪赶不上了　罣

正音撮要〈卷二行走〉

歇歇再走了　還有多遠呢 問有多　小路

沒多遠了　望前就是

有多少站數呢　還有一兩站 為一站

有多少里數呢　還有一百里 一百里

有八十里　有一里

有半里　晌午要打尖 在細店 打中火

點燈時候就住了 在大店安歇

赶快走　騎馬也好

騎驢也好　騎小驢也好

坐大車也好 口拉的 三四個牲在單驢子市也好

坐驢車也好　不要坐牛車叫人笑話

坐小車也好用人堆的坐四轎也好

坐二轎也好　兜轎也好

總要走得快當

小子們也要給小轎他坐　恐怕走乏了

不要叫他跑腿　跟不上就不好了

走不動

走道要穩重　不要慌慌張張

正音撮要〈卷二行走〉　罣

不要打趔趄金不稳　不要東瞧西望

好生走道　別絆倒别不要也有 絆住脚 勿隨住脚口絆

## 正音撮要《卷二言語》

嚷上声

要說正經話

說話是要講究的

没有事只管談談說說

長談講得耐

要老老實實的說

不要撒謊講大話

吟吟沉沉細講話

別撒村憨頓

我替你說話

嚷來嚷去吵來吵去（嚷上声）

不要唧唧呱呱

混嚷亂叫

要明明白白

清清楚楚

不要支支雜離

顛顛倒倒

唧唧噥噥吟吟沉沉大講話

花花哨哨

絮絮叨叨嘮嘮叨叨

牛吞牛吐

這就不必說

不用說了

這話說不出口

偏要說

你別告訴人

他說話總是荒唐的

不中聽的

聽不得的

靠不住的

咱們兩个商量罷

你看他們兩个胡說巴道的

---

陳字上　平聲

彊強去声

## 正音撮要《卷二言語》

糊說亂講無憑（混燻人燻嚇也）

混造謠言（混燻人或作讓讓　混嚇唬人嚇亦嚇唬也）

你叫他這麼說

你叫他那麼說

他偏要這麼說

他偏要這麼說

馬他一頓（總要嗔他一頓　嗔怒也）

横豎我們說到了

依不依由他

不要叫人奚落

不要叫人彈

見人要說吉利話

說相歉話

說謙話

不要搗鬼搗弄也

不可說驕傲話

狂話

粗話

糊說巴道的

奚落人打趣人也

科話

諧傳話　削薄話

話口袋好說話的

說話沒譜兒

說謊弄屁条上論註第十　撒說哄誰

你還彊嗎　羅辯出

白掩背語

卸了底胳露出馬脚不

作比這麼說

這個話實在對／合式　總不對勁不合式

正音撮要《卷二　好意相與》　呆

**好意相與**

一片婆心
照應照應
幫顧幫顧
指點指點
指教指教
好大度量
老慷慨
老四海
又和美
果然硬直
果然公道
不欺人
又有口齒
忠厚主誠
我常沾他的光
領他的情

---

多謝多謝
驚動驚動
感激感激
托頼托頼
有担戴的
作得主意
一兩知故
拾愛得狠
以心相應
惦着我們的呢　惦念念也
肯栽培人家　揹帶我們的呢　揹帶帶
千金可托的
不肯忘恩的
我替他面善得狠
不知在那裡會過了
會歇勤兒賣假小心

正音撮要《卷二　好意相與》　幸

**惡意相與**

他是個俁賬人
好狠心　好毒心
好狠毒
好利害
好曬嗄
又撤野放刀
又頼貓無認賬
笑面虎
笑裡藏刀
眉來眼去
做神弄鬼
挑是挑非
糊塗纏纏真在在
強頭強腦硬頭不服人一肚子鬼

正音撮要 〈卷二 惡意相興〉　至

一味好利　雜聳裡尋骨頭

裝聾作啞的　裝羊做獸的詐篆

疲纏得很死皮　總想拿人的錯後脚

弄人的頭巾　占人的理

糊弄局　幻引人

調戲人　拐騙人

刀磕人挑持　強壓人

衝撞人　圖賴人

飛賊架禍　瞞著人

抱怨人　逼勒人

唬唬人土論二條用　恐嚇也

拿著人來填餡角氣　拿手搭他脖子此搭字京報用

賺騙人上論二條　蠱害也

什麼要緊殺了腦袋一個大疤瘩頭不過一個

爛仔之言後烟仔之言後

搾斤加切挍扷也

大刀痕也

---

笑人罵人

正音撮要 〈卷二 笑人罵人〉　至

癡人　蠢子

鬆獸子笨漢　念灶經的獸子吟說人

鄉巴佬鄉下仔　裝村

撒村無王法　放刁

跑架子跳架　小家子

死皮賴臉面皮厚　頑皮

不顧臉　屁股當臉

沒有臉　你也不配不親身份也

投見時面　沒規矩

假固東西　慣跳空踏空人不穩重也

好支架子　掩耳盜鈴

裝大屁股裝腔　大模大樣

鉄公雞一毛不抜　充大曳頭

姓胖兒大樣　訕人嫌乞人憎

惹人笑罵的　好厭惡

像甚麼東西　好不知趣

不在行

## 懵懂人

| | |
|---|---|
| 打抽豐的 | 打飢荒的乞借錢 |
| 饅頭財主 假財主 | 沒家教的 |
| 不長毛的 不成器 | 胃失鬼荒唐人 |
| 不禁頑笑 | 又護短 |
| 下作鬼 | 無三不四人 |
| 雜種 | 奴才 |
| 老土 山毒 | 混賬壞的 |
| 屎壞的 | 當兔子的 |
| | 狗壞的 |

**正音撮要 卷二 笑人罵人　至**

| | |
|---|---|
| 狗肌肊偸的 | 狗肌肊臊的 |
| 王八且 | 王八崽子 |
| 王八偸的 | 王八羔子臊的 羔仔巴 |
| 王八僕 | 溜溝子 |
| 舔眼子的 | 契弟 紅樓九回此 名少叫 |
| 咬肌肊的 | 搵臊的 |
| 婊子養的 | 啲丟戲激人 |

臊音義
臊也

---

## 罵婦人

撈毛的 址皮條人 婆籠公之類 編

| | |
|---|---|
| 老虔婆 | |
| 嫗婦 | 潑婦 |
| 你放憨了 | 浪蹄子 |
| 臭蹄子 | 婊子 |
| 養漢子么野佬 發妾 | 野牝 |
| 賣屄子陰戶也 | 粉頭 |

牝音牝 平聲
奸音語效 發浪
屄音屄

**正音撮要 卷二 罵婦人　壽**

| | |
|---|---|
| 喜懽 喜怒 | |
| 道喜了 | 恭喜了 |
| 笑個不了 | 笑起來 |
| 取笑 | 大夥逗笑引人笑 |
| 見笑 | 嘲笑 |
| 笑煞人 | 笑個不住 |
| 滿面堆笑 | 誰替你笑呢 |
| 嘻嘻笑 | 轉過笑臉來 |
| 呵呵笑 | |

大縣子笑　　掌不作笑
微笑　　粧笑
假意而笑　　偷笑
生氣　　挑斥挑持
惱了　　着惱
大惱　　氣惱
別惱　　惱起來抱怨人家
自家慪氣自包敝氣　　氣得眼都花了
隱不住了　　按不住了
正音撮要　卷二　喜怒　　罣
混罵人咯　　混打人咯
何苦來呢　　隱耐此罷
一聲兒不言語更好

勸戒
念書別懶　　幹事要穩重
要老實　　跟好人學好人
別嫖別賭　　別貪酒
別貪頑貪遊要　　別淘氣
不要鬧酒　　別多事
別過家　　別惹禍
見長一輩的要恭敬他
見兄弟們也要謙和　見朋友們也要好相與
稱羨
忠臣孝子　　好個斯文人家
正音撮要　卷二　勸戒　稱羨　　差
一家子都是這麼好的
人又長得好　　兄弟們又好
他兩口子也好　　僕子也好
胖胖兒的　　瘦瘦兒的
白臉的　　高駣子高得瘦此
好骿子身分俏願　　好儀表
好陽氣好煞氣　　好懆帨

有心胸

好後人物俱用得此字　好麻利快當迅速

有安耐　好手段

有出息的頭目子出　又爽快

大官人　公子哥

正音撮要〈卷二稱女八〉喪

稱女人

狠美貌 狠甚也　狠標緻生得好貌

又窈窕　又俊肖

鳳眼蠶眉的　小小金蓮

懂得禮義　知上下高低

服侍翁姑　痛愛兒子

會做針黹　會補會繡的

能裁能剪的　當家理務的

鍼音真　黹音旨

---

朝廷稱頌

皇上　萬歲爺

聖駕　能節

天顏　聖躬

聖駕萬勤安　龍顏大喜

好聖脊　聖旨

天恩　皇恩

御賜　皇后

貴人　懿旨皇后之言

正音撮要〈卷二朝廷稱頌〉

娘娘　千歲

殿下　阿哥

公主　皇親

附馬　額府即附馬

王爺上伯叔兄弟　福金 王爺之妻

郡主 王爺之女　郡馬 王孫之婿

郡主聲君主

令始祖　　令高祖
令曾祖　　令祖
令尊翁大人　令祖
令尊老世伯　令壽堂大人
台堂老伯母　令壽堂大人
姨娘　　老太太
　　姨太太人庶母之稱
如夫人稱人妾　姨奶奶同上
令止夫人　令正尊嫂
令妹　令姐
令兄　令弟
令伯　令叔
正音撮要《卷二 開人稱呼》　三

太約稱人俱加一令字自稱用個家字舍字
帳字手若官常稱呼與民間自有不同此隨
時按身分出口是說不定的

---

尋常對稱

父爹爹　母媽媽
兄哥哥　弟兄弟
姐姐姐　妹妹妹
伯父伯爺　伯母伯娘
叔父　叔母嬸娘
嫂嫂嫂　弟婦介娌子
祖父太公　祖婆奶奶
姨丈　姨母姨媽
姑丈姑爺　姑母姑媽
舅父舅爺　舅母妗母
正音撮要《卷二 尋常對稱》　辛

姐同州里
娌同里

他們爺兒兩個　說人兩父子或兩叔姪
他們哥兒兩個　兩弟兄爺兒幾個幾父子
哥兒幾個幾弟兄
姐娘幾個　母女幾個
兩口子兩夫妻
姐兒幾個
甥舅幾個
哥兒們長幼而言　姐兒們長幼卑等

老頭子　老人家
老奶奶　老婆子
小孩子　小娃子
媳婦已嫁　閨女未嫁
哥哥　兄弟
姐姐　妹妹
小子們　丫頭們
門工　管家的
院工　管家媳婦
乾爹　乾媽
乾兒子　乾女兒
乾媳婦　乾女婿

文業
念書人讀書亦叫得　作文字作文章亦叫得
作詩　對對子
教讀的先生　設帳
上學房兒去　念書即讀書
背書士名念書　寫字
寫倣子印格　描紅閒珠
騎縫兒寫騎格覺字　受書
講書　聽書
溫書　理書
作課文　覆書
打個稿兒　謄正了
抄木了　寫鐥子
抹了去　筆
筆尖　筆杆
筆嘴都禿了　筆帽子筆筒
筆筒　筆絡子
硯石　硯台

方硯　墨

研墨　墨研得稠了

墨研得稠了　墨床

墨研得稀了　寫卷

冊頁　寫卷

卷鎖　壓尺　書壓

打個做子　先生寫搭　一點

一捺　一勾

一直　一撇

一畫　一橫

正音撮要　卷二　文業

一挑　漫漫寫

鐵絲旁　立人旁　亻旁

反犬旁　犭旁　寶蓋頭　山頭

耳埭旁　阝旁　斜交旁　夂旁

剔才旁　扌旁　剔土旁　土旁

圖章　圖書　耳字旁

遺音撮

科目

縣考音普　　府考

院考　　頭場

頭考頭場　　下場入場

覆考　　案首

考棚考試之處　　批首

考棚朋同籃

八了學了　　得了秀才了

考相公為考試得了相冊得了秀才
公為得相公

生員　　廩生

增生　　附生

正音撮要《卷三科目》　二

歲考　　科考

正家科舉　　遺才科舉

大科年　　中舉要會試

拔貢要朝考　　副榜也有名阿

放榜了　　中了就要上京了

還要會試呢　　殿試呢

要積申狀元呢　　榜眼探花呢

官職

中堂宰相　大學士
六部尚書　六部侍郎
都察院　　各道察院御史
宗人府　　詹事府
翰林院　　國子監
太常寺　　太理寺
鴻臚寺　　光祿寺
太僕寺　　六科

正音撮要《卷三 官職》　三

中書科　　通政司
理藩院　　樞密院樞同書
六部主事　五城兵馬司
內閣中書　行人司
守御所　　侍衛
哈蔪侍衛　鑾輿衛
欽天監　　太醫院
順天府　　大興宛平二縣

外官

制台總督　倒軍同上
撫台無院　撫軍同上
藩台布政司　藩司同上
泉台按察司　泉司同上
運台鹽運司　督糧道
運台即鹽道
分巡各道　知府稱太守
同知　　　知州
州判　　　知縣

正音撮要《卷三 外官》　四

縣丞　　　巡檢
典史　　　教授府學官
教諭縣學官　訓導府縣副學官
學台學院　學正州教官
主考

## 武官

| | |
|---|---|
| 將軍旗員 | 都統旗員 |
| 提督稱提台 | 總兵即總鎮 |
| 副將稱協台 | 參將稱參府 |
| 遊擊稱游府 | 都司稱都閫府 |
| 守備稱守府 | 千總稱總部廳 |
| 把總稱總司 | 外委稱協司 |

### 發仕應用

| | |
|---|---|
| 過堂 | 挑選 |
| 分發 | 截選 |
| 製截抽籤也 | 領憑 |
| 領揭 | 署印 |
| 實授 | 稟見 |
| 稟帖同上 | 手本 |
| 上任 | 開印 |
| 祭門 | 謝恩 |

---

摘讀案

| | |
|---|---|
| 行香 | 放告 |
| 奏摺子 | 上木話 |
| 收呈子 | 批呈子 |
| 登套庫 | 查監獄 |
| 觀風 | 審事 |
| 迎春 | 迎降 |
| 賀冬 | 賀節 |
| 賀年 | 勸農 |
| 摘農 | 坐堂 |

| | |
|---|---|
| 斷事 | 當堂訊供 |
| 取保 | 候審 |
| 催呈子 | 拏人 |
| 摘放 | 于証 |
| 動刑 | 打嘴吧 |
| 打拔子 | 上爽棍 |
| 鑽脖子脖頸枷 | 晚辣 |
| 枷號 | 刺字 |
| 有罪的問徒 | 問軍 |

正音撮要　卷三　登仕應用官物　七

問刷　再大罪的問絞
問斬　關限運
驗屍　開限運
勘稿　查河
放餉　開征
駁餉　告終
解任　起復
歸田　丁內艱
丁外艱

官物
交盤　剴付
印　　關房暫時挑木印
文書　合前
敕書　封詰
雲板　案棹
公座　贊堂
籤筒　筆架
硃視　轎子

---

正音撮要　卷三　登仕應用身役　八

號炮　頭鑼
金鼓　旗
頭牌　旗幟
傘　　日照
前呼　後擁
門鎗　座鈴
堂扇　轎堂威風子
號燾官圖

身役
差官　堂官
門上　長隨
家人　管印
飲柙　總管
管帳　管廚
管倉　門子
茶房　號房
三小子們　書辦

硯房　　貼寫

承差　　民壯

馬快　　皂隸

買辦　　厨子

火夫　　水夫

馬排子　轎夫

禁子　　地保

更練　　鄉勇

千里馬

生意

老板本錢主　財東

掌櫃的　　大客商

洋商　　鹽商

木商亦本錢主　領局的行江

放賬的　　聰計

小聰計　　檔槽的店前接客小

經紀的中人相帶　拉縴的貨中

所有都是買賣人　好買賣

請來看貨咯　　估估價咯

不打價　不二價　甚麼價錢的呢

一千兩一萬兩　這個價太高了

我還不起了　　那裡話呢

開天索價　　落地還錢罷哩

這個貨不偎頭阿　你嫌價高

我再議點子罷　你也多添些兒阿

再沒有不成了　給個出門價錢罷

肯只管買　　不肯就拉倒罷

請問來再商量　一估腦買了阿

還是買一半呢　打定主意了

好開個條子　　馬上就交易了

聰計們　　撈本兒咯

一齊動手了　約貨的約貨了

拿稱的拿稱咯　稱得先先見的

這一筐了太先了　這筐了又太漫了

稱得太拉了稱尾低　恐不像樣了

再邀過來　邀邀來了

算賬了　別開謊賬阿

我們算一算　對不對

把這个貨帶回去了　明兒圍圍數的

看虧本不虧本　有錢賖沒有

好關熱的買賣　好冷淡的買賣

賖了本去　不能得撈得本的

這麼好　賣不起價來了

東西賤了　不怕的

把貨擡起　唱們把這貨壓一壓

正音撮要　卷三　生意　十一

等明月有了價　我們再賣罷

暫且把幌子收了　幌子招牌也

做買賣的要聽錢　這是該當的

還有這些江湖上的人

那一個不要弄兩个錢呢

你瞧　說書的

唱戲的　打班子的

開戲園的　打十裕的

要傀儡的鬼仔戲　唱出子的

---

唱古兒詞的　唱當子的三腳戲之類

變戲法的　爬竿的

踘軟索的　打鞦韆的

頂碗的　踢毬的

放搖毬的　打蓮相的

打花鼓的

耍猴子戲的舞馬騮

打把式的　要拳棒的

小爐匠的補花碗的　扮台閣的扮色也

車夫的　販牛馬的

正音撮要　卷三　生意　十二

掌鞭的

當家的　管船的

頭公　駝公

灘師

打槳的　撐篙的

擺渡的橫水渡　拉縴的拉攬

做匠人的　廟裡做香公的

做活的凡做工大　做小工的

當于里馬　當夫子的

走慢程的不限日子　走包程的急程限月子

剃頭的

修廳的

打糖鑼的　播槓鼓的陳鼓

做散工的　不要動勁

搖鈴的　碗占佬搖鑼

農桑

春耕時候　要犁田了

也有用牛犁田的　也有用馬犁田的

還有用人犁田的　鐵耙子

壓頭鋤頭　鋤頭

鋤田鋤地　刨地堀地

鏟地　撒種子

蒔秧　芸草

糞田　灌田

水車子　葵簍

斗篷雨帽　簑衣

鐮子　打稻子

練稻子碌碡用牛或用石　連枷打禾連節木

點種子　澆水

種樹　栽花

劈菜榜　好收成

好年成　豐年好

荒年不好　農年好

耕種要勤

種庄稼最好的事了

梳頭攙臉　　臙脂抹粉
畏腳　　　　裁衣
紡綿絨花　　劈麻績麻
搓線　　　　撚線以手撚埋一家
紡車子筱花車　紡紗筱線
打條子打帶子　紡線筱線
帶繼子　　　帶盤子打帶子
打辮子　　　圍纔子
捼紐絆　　　打結子
扁纔子　　　打襁攏打布撲
捺底戳鞋底　打帶子

正音撮要〈卷三 女工〉　去

---

狀師　　　　訟棍
光棍　　　　拐子
打通通貨串合訟人　打夾賬打斧頭
撞木鐘借官撞騙　開賭局
作湯主地家　關窯子花林
鬮牌　　　　抹牌打骨牌
頓三緢　　　押寶買賣字
狀元籌　　　鬮鷄

正音撮要〈卷三 非為〉　夫

頑碼鵪　　　打蟲蟲打蟋蟀
不長進　　　打拉酥打樣子落拓人
打扛子截徑佬　打爛酥爛仔別名
當闖將打仔　又叫土　五二鬼不三不四人
爛鬼同土　　不服軟無受善
帶兔子變童　當小朋友的當兔子
走唱的過街唱化知　賣爛的割頭皮肉乞食
做花子的
都是你攛掇他　引誘也　沒調教的教導也
鑽頭覓縫的頁蠅頁的小人

## 外教

正音撮要 〈卷三外教〉 七

| 外教 | | |
|---|---|---|
| 和尚 | 方丈 老和尚 | |
| 當家 | 搭醮 打醮上論註七条 | |
| 住持 | 貧衲 | |
| 貧僧 | 支客 | |
| 襌師襌同編 | 小沙尼 | |
| 襌林 | 靜室 | |
| 道士出家的 | 陰陽替人拜神的 焚修道士 點香燒手臂 | |
| 火居道士 | | |
| 唱道情 | 書符 | |
| 尼姑 | 受戒 | |
| 端公為人拜神醫病 | 笪渡閙董婆 | |
| 跳茅山 | 誦經 | |
| 供佛 | 拜懺 | |
| 噴符水 | 放燄口 | |
| 伏壇俯伏神前不起 | 朝幡 | |
| 送祟跳茅山 | 打門口穰送鬼 | |

## 瓜菜

正音撮要 〈卷三瓜菜〉 六

| 瓜菜 | | |
|---|---|---|
| 瓜園 | 點種 | |
| 瓜秧 | 瓜架 瓜棚 | |
| 西瓜 | 冬瓜 | |
| 南瓜番瓜 | 白瓜 北瓜 | |
| 甜瓜香瓜之類 | 癩瓜 苦瓜 | |
| 茄子矮瓜 | | |
| 狼心蘿蔔通心 | 蘿蔔 | |
| 瓜皮 | 茶脯 | |
| 瓜蒂 | | |
| 瓜英 | 瓜瓢 | |
| 芥菜 | 白菜 | |
| 黃牙白 | 菠菜 | |
| 韭菜 | 莧菜 | |
| 香菜芫茜 | 香椿 | |
| 芹菜 | 窩貰菜 生菜 | |
| 豆牙菜 | 菉葇子 | |
| 羊肚菜 | 髮菜 | |
| 磨姑 | 加搭菜 出天津 大頭樣子 | |

# 正音撮要《卷三》 瓜菜 飛禽

## 瓜菜

| | |
|---|---|
| 金針 | 菜䓤菜身 |
| 菜葉 | 葉尖兒 |
| 一棵菜 | 菜子 |
| 葱 | 蒜同算 |
| 薑頭 | 花椒 |
| 胡椒 | 青椒辣椒 |
| 芋頭（芋音預） | 山藥卽藷 |
| 紅白蜂豆豆角 | 蠻豆 |

## 飛禽

| | |
|---|---|
| 公雞 | 母雞 |
| 筍雞 | 小雞 |
| 絲毛雞 | 抖毛以觜四毛 |
| 攝翅拍翼 | 亮翅伸翼 |
| 烏骨雞 | 雞嗉子雞四頭 |
| 鴨子 | 野鴨子 |
| 老鴨 | 填鴨卽撐鴨 |
| 水鴨 | 下旦生旦 |

---

# 正音撮要《卷三》 飛禽

| | |
|---|---|
| 抱旦抱閒 | 家雀朱省 |
| 山麻雀 | 喜雀丫雀 |
| 四臺猪屎杷 | 老瓜老丫 |
| 山雞 | 草雞 |
| 鸚哥 | 八哥虎把拉山伯勞 |
| 八哥獠哥 | 騸馬見獸門 |
| 鐵雞 | 脆胜云蒲翎也 |

騸音善　鐵音線　脆音皮氣

善狗　宦午　羯羊　閹猪　鐵雞　淨猫

騸樹皆字典所載

今雅曰鐵餘皆曰騸

獺音嵯
熊灾灾切入熊
其麐

象　　獅子
老鼠　　老虎
孤狸　　鹿
猴子　　狼
銀鼠　　獺
小川馬　　馬
　　　　貂鼠
騍馬馬母　　騾馬闊驢
騾子　　馬駒馬仔
馬眼瓮馬見物驚驟　　馬打滾地下翻身
大寬步　　臥桶花急急步
叫驢駒公　　草驢叫母
驢駒仔　　乳牛牛母有奶口
牛犢子牛仔　　綿羊
山羊　　草羊
羔子　　公豬

正音撮要〈卷三 走獸〉廿五

---

母豬　猪跑圈起水
打圈子打鏢
獅子狗毫毛
狗起瘨起水
一頭　一四
耗子藥老鼠屎
一羣　一隻
思思思叫狗聲
獦獝獝或作猊作猈叫猫聲
攔馬跨跳

龍　　鱗介
鯉魚　　鰍魚
草魚又呼厚魚卽鯇魚　　鯽魚
斑鱖生魚　　鱖魚大頭魚
泥魚又叫塍魚　　時魚三黎
角魚又叫塘虱　　卽花坭狗鱔虎鰍
鱸魚　　卽塘嘉魚
金魚　　鱠鱔魚壽龍魚
　　　　銀魚

正音撮要〈卷三 走獸 鱗介〉廿三

**卷三　鱗介**

麵條魚　白飯魚　　獅子魚補頭鱸

鳳尾魚馬齊　　烏魚

河豚魚拖哥　　鱉魚脚魚

鮠魚抱哥　　癩頭魚花鰻梅

魚刺絲骨　　魚脃魚叩

魚子　　魚下子魚生鰵魚花

魚片魚獲　　魚苗新出魚花

魚春　　魚分水噴水

活魚　　鮮魚

正音撮要〈卷三　鱗介〉　三十

鮮蝦　　蟶乾蚝類

鹹魚　　牡蠣蚝

蝦乾即蚝蚨　　蠣房蚝房

田螺又叫田獅　　青螺石螺

蝲蚶稱血螺　　蠏黃

蜆　　砂蜫

坭蜆　　蛤蜊蚌

---

蜜蜂　　黃蜂

螞蜂　　蜂蜜人蜂螫人

蜂窩蜂巢　　蠶蛾

蠶蛾　　蠶出

蝴蝶蕭若帖　　蟋蟀

蝙蝠又叫福鼠　　秋蟬　蜻蜓噎迷又名琉璃又叫校鳥

蟆蛤　　蜘蛛

八爪蟣蟣　　蠅蝇蝐蒼蠅

正音撮要〈卷三　虫蛇〉　三十二

壁虎蜆虎　　蛤蠅放蛆

蝎子以尾刺人手如蜂蝎虎子鹽蛇蝎頜南方無此虫

蚊子蛟蟲　　蝎子蜇著白蛤如蚊而小

蜈蚣蛞蝓腳高而色白　　百足蜈蚣

蟒蚱蟲蟲　　螳螂又叫刀

蝍蛆禾虫　　蝗虫

坭虫　　

蟏蟲又叫油蝦即家机灶馬灶蝦

螢行放光虫亦叫　　錢龍放光虫

錢串虫　同上　　蝸牛　閒蜗虫
火虫　又叫萤火
濕虫　肥猪虫如豆大白蚕子　　蛆蟆　牛之類　　蚯蚓又叫地龍
馬蟻　蟻蛱
臭姑娘泉鼻夯又　　跳蚤　狗虱
蝦蟆蛄蟝雷公魚　　臭虫木風
屎壳蟝笑屎虫夯　　蝌蚪虫　蜎
蟈蟈似大頭蜒蜎而肚大　　蝲蟽古又叫嘞嘞古
油胡蕈似竹節

正音撮要【卷三　虫豸】　三五

抖毛虫拂虫一身毛　　蟋蟀叫蟋蟀
嗑頭虫舂米的　　根斗虫炒虫
白蟎蟻　　黑蟎蟻
水仙子屎虫　　蟂魚食书的
蟒蛇大為蟒　　蛇　　蛇吐信吐舌

---

叠字

熱騰騰　　汗流流
冷清清　　颤魏魏　震震供
靜悄悄
亂嘈嘈　　嘴吧吧
口念念　　心掛掛
意孳孳　　懂惷也
喘吁吁　　笑嘻嘻
哭啼啼
氣稠稠　　睡呼呼

正音撮要【卷三　叠字】　三六

高条条　　矮墩墩
肥胖胖　　瘦凌凌
紅通通　　紅艷艷
白蓬蓬　　黑麻麻
黑洞洞　　綠陰陰
甜思思　　滑溜溜
酸别别　　辣蘇蘇
淡别别　　稀幌幌
硬邦邦　　乾燥燥

正音撮要〈卷二發字〉

直捱捱

圓桄桄　曲灣灣

平坦坦　短縮縮

清清楚楚　明明白白

唧唧呫呫　小聲蔴話

絮絮叨叨　麻麻糊糊

顛顛倒倒　支支離離

噥噥嘟嘟　吟吟沉沉　花花綠綠

拉拉扯扯　喇喇唎唎　從從容容

忙忙碌碌　昏昏頓頓

鬧鬧熱熱　冷冷淡淡

曲曲灣灣　摩摩挲挲

馥馥郁郁　翻翻攪攪

茂茂盛盛　鬼鬼祟祟

---

雜話此係日常口頭語從各欵撮出

正音撮要〈卷二雜話〉天

珍重　放恣

精怪　一古腦共總也

不害臊　討人嫌乞人憎

挪移　回護

包庇　忍耐

疏虞　疏忽

撥拉開　麻俐

疎皮　撒嬌詐驕

撒野橫逆　撒村俺賴帝

撒頓圓頓人　撒謊講大話

一回　一次

一遭　一磨

沒牛氣無老實　不把滑無担帶

一踭　胡鬧

胡說　胡嘈亂乎

胡纏纏擾人　胡謅造言

　　　發狂

正音撮要〈卷三雜話〉

發標狂態起時　發莽　荒泳

發詭　發懶

發悟　發進

發麻　發术

發痕濕也　發窘手震

發抖震動一身搖了　發狠勇毅作事

發作　混手

混攪拋也　混攪無也

混迴以石擊地也　混槌用力手拣干地

混戰以掌心揢物邪纏　尭

混拋　混戰也

混攪　混鬧

糖羊詐呆　桃慈詐策

遷羔小不如意目遭羔死皮頼臉意

事無大死皮頼臉并生頼死之

好拾打好揪事

接出去以手扠人頸　拾撥拾揖　觥拾地方也

---

病

不爽快　不舒服

不受用　腦袋疼

發燒身熱　發瘖子發冷

肚腹不好　長禿瘡生癩痢

熱顙子熱筋仔　風痲痹風落膜

痧子飯蒁　飯痲唐同土

瘆熔子肉痛　瘋子發顛

發爛風羊吊　大麻瘋

正音撮要〈卷三病〉　手

瞎子盲眼佬　害眼眼熱

長瘡　黑子痣

痲瘲每逢一粒一粒俱痲瘡看掩

疤痕瘡痕　痘疤痘瘡痕

瘤子內樓　歪腿子

駝子　打冷顫

納悶　發膆心惡心

麻子豆皮佬　蹶子頌胕佬

瞧祟書运祟去 橄鬼　血痲瘃歪痕

跛术作瘋

正音撮要《卷三　病　死喪》　三五

死喪
倒氣斷氣　　　　死過去了
發訃音　　　　　掛白
仙遊　　　　　　吊眼淚
怪哭的　　　　　哭得淚人一樣
棺木　　　　　　倒頭燈
倒頭果　　　　　壽席
七星板棺裡用　　入臉殮
開喪　　　　　　做七

何步　　　　　　銘旌
送嶺　　　　　　一身執孝新孝　梁冠孝子孝帕
　　　　　　　　喪棒杖
道慘以言語安慰人　謝孝
閉喪封喪　　　　下䘮
舊紵　　　　　　上墳
封䘮　　　　　　送弔又名送孝
吊脖子吊頸　　　抹脖子割頸
投河跳水　　　　水淹死

正音撮要《卷三　死喪》　三五

墻壓死　　　　　栽倒死跌死
中風　　　　　　難産
死不得
好長命的　　　　活過來了

## 珍寶

欽音欲　鐲音濁　鑷音臬　金音…

珍珠　　夜明珠
東珠　　璧玉
羊脂玉　翡翠
玉如意　玉環
溫涼玉盞　珊瑚
金鐲子金鈪　玉鐲子玉鈪
廂寶石的　嵌寶石的
寶石頂子　光紅頂子

**正音撮要　卷三　珍寶**

亮白頂子　水晶　煌白頂子　白石
湟藍頂子　暗藍　花紅頂子
亮藍頂子　明藍　足金子
潮金子　低金　淡金子
鑷子　　銀鐲子鐲鈪
大鐤子大鋌　小鐤子小鋌
六元寶五十兩一錠　洋錢
响銅　　白銅
黃銅　　錫鑞錫叫錫鑞

## 雜貨

羅盤羅經　風鏡遮眼怕風
千里鏡　　天平
砝碼　　　算盤珠子
算盤施碼同上　秤毫秤耳　又叫塊子
看戥裡　秤楔身　被窩
梳子　　耳挖子
耳鑷　　耳撚子
剧子　女人刷頭的　胰子　洗身同

**正音撮要　卷三　雜貨**

香肥皂　　香油
荷包條子　荷身繩　平月腰平
荷包　　　小荷包漢袋
袖子　剛平口　兜兜兜肚
衣搭子　小馬包　錢插子搭袋
烟袋別子器　披烟袋的玉烟袋加搭同上
腰帶　　　帶頭
帶扣　　　帶鉤
帶板　　　回頭辮子帶頭卷髮

踢鞋子

正音撮要《卷三雜貨》

圭

---

華彩

彩門　　錦帳
圍屏　　樟圍
椅披　　椅墊
寶蓋　　迎神賽會
攢盒　　拜匣子
高照　　燈籠
手燈　　轎燈
掛燈　　桌燈

正音撮要《卷三華彩》

美

劈燈　　地燈
路燈　　連珠彩
滿地毡　蟾蜍旗
掛屏　　地屏
彩亭　　桌屏
戲台　　唱堂戲
瓔珞攪古董　地方菀凉以景
　　　　　辦點綴物添上好看

## 樂器

鐘鼓　八角鼓
太平鼓　花鼓
撥浪鼓兩耳自擊　小手號
戰鼓　木魚梆打更木筒竹筒
鼓嗓　漁鼓
號筒　痲瘩鑼凸銅鑼卽銅鼓
笛子　喇叭撺口的
瑣呐俗呼爲銅笛直吹的　笙

響盞兩口連住銅蓋　三五
磬子　九勾鑼九个小鑼同一　三六
筝　鐃　架
鈸　琵琶
片刄小刄小銅鈸　三絃
二胡　胡琴二絃
月琴　檀板又呼掛板
頭通二通三通頭報二隻藥吹必吹必
琴　瑟

## 顏料

綠首慮

乳金　描金
漆的　油的
大紅　赭石
紫紫　紫標
桃紅　玫瑰紫
福紅　金魚紅
香色　坭金色
深藍　二藍

三五　月藍
月白　紅青
天青　元青
灰色　黑青
旦青　佛頭青
碧綠　油綠
鸚頭綠　靛花
米色　襄色
茶花　古銅色

鳩翎色　　杏黃

鵝黃

正音撮要 〈卷三 顏料 首飾 芫〉

首飾

金簪子　　銀簪子

金釵　　扁簪

過眉桃長頭耙　　金掛纏簪頭邅

一丈青　　金鐲金釧

項圈　　壽星

八仙　　頁家頌

戒箍子

---

盆隨平聲鑼　　銅器

銅器

正音撮要 〈卷二 銅器 卑〉

銅觥養烟用　　鑼黏雲板之類

銅吊銅筷　　銅盆

銅礶銅鉀　　銅鍋銅鑔

銅綉　　鐒斗爨斗

銅線　　銅絲

茶船　　銅鍟

煖壺　　手爐

銅罐子　　酒別子扁酒罈

背壺背起筯上出門用　　割皮草用刮刀

奶茶壺

唾壺　　痰盒

**鐵器**

鑽音砧

鐵爐　　火籠　　鉗子　　火鉗　　通条
斧子　　刨子鉋頭
鑿子小鉄鍊
鎖黃鎖鬚
鏨子　　藍刀子
攃刀子
鋸子
鐵鑽
鎖皮
銅釬銅条

杓子　　漏杓子
油漏鉢
喚嬌娘　絨線容用鋼端篘闊絆繩容用鉄片釘
過江龍酒　合在酒提角出
九連環　九個銅圈可以解開剪子
研船子　又呼磂盤
鐵碾　研船車盤
銀剪　　剪子
喚頭剃頭人鍋声　馬嚼環馬戶鐵
鐵火盤　酒提
鐵鋧子企砧　鐵羅雕
鐵火盆

---

裁刀
刀鈍了
銷一銷罷用牙瓜省之日好快刀利刀
雪白的刀
短劍
月斧
腰刀
長針
鐵尺

拿柴刀劈他
拿桃刀挑他
拿斧子砍他剁他
拿小針扎他刺他
拿剪子鉸他
拿長針戳他
拿倭刀劈他碧頭的
拿棍子打他攊刀無鍇搪他搪格也
拿鐵槌槌他
拿流星去打他
拿鏢子扠他
拿金鋼鑽鑽他

拿剑砍他斬他
拿腰刀砍他
拿順刀攘他攦刺入也
金鋼圈
順刀

射音石
拿箭射他
拿鈴子繂他截他

鉋音袍
拿紙刀裁他
拿鉋鉋他

拿小刀割他切他片他刺他刮他修好他

鑼音包顆
所鋼打鐵見水
鑼開

鴇音響

軍器

弓
硬弓
軟弓

月少装弓袋帶有身

箭
龍頭響箭頭
鈚箭鐵嘴
鵰子箭
鞭袋箭
箭翎
搬指
帽毬地毯
餘
刀
鳥鎗

鞭袋裝箭袋帶在身

扉音肩
蠟音鑷去
蠟音響

剉
火炮
火藥
刀出鞘鞘卽刀壳
過山鳥
馬上鎗
馂饊子炮彈
流星飛炮
鈎鐮鎗
九籠袋裝火藥筒
火箭
馬鞍
馬鞦馬肚裙
馬屉墊汗的
馬籠頭
偏廂
馬踢胸馬前胸滴

石器

石鐘
石鼓
石碑
石磴
石桮
石磨又呌石碨
石礶
石柱
石墩
石人
石馬
石獅
試劍石
試金石
蠟石
圖書石

正音撮要　卷三　石器

磁器　墨

| | |
|---|---|
| 壽山石 | 硯石 |
| 老坑石 | 石牌坊 |
| 石井 | 石墓門 |
| 石墓桌 | 石界胸 |
| 大理石 | 石白子舂砍 |
| 石碓高舂米砍 | 擦砌石 |

砚自到

碾年士声　碾子以石輔研砸曰碾

洋貨　江西貨

福建貨　本地貨

磁瓶　磁罐

磁盆　磁缸

冰盤　七寸盤

五寸碟　大碟

小碟　圍碟

五簋碗　斗碗

---

正音撮要　卷三　磁器　瓦磁

墨

| | |
|---|---|
| 大碗 | 小碗 |
| 飯碗 | 茶碗 |
| 燴碗 | 茶盂 |
| 盖盅 | 盖碗 |
| 鷺碗 | 十錦的 |
| 瓦鼓 | |

甕缸　小缸

小壜　酒罈子

油罐子　水錦

瓦盆　瓦鍋

沙鍋凡有瓦煲者皆稱沙器　大缽頭

瓦缽子　大小黃盆

小缽頭　大小盖盆　憷盅

砂盆

牙盆　懦米用

夜壺　小傾用　　噴壺　揷花用

天喷兒　破瓦井　　閩防蘆鐵畐

竹器

斑竹　　撐篙竹

茅竹　　筋竹

竹筍　　竹頭

竹筒　　竹茹

竹筏　　竹片子

紫竹　　簾子

篷子　　竹床

竹馬　　竹椅子

---

竹排

竹篛　　竹席

竹枕了　竹篪

竹絡子

竹篮子　竹篮筐

竹筐子　竹篾筐

篩音師　蒸籠

竹籠子　烘籠用火烘衣物器

烘上平声　米篩　篩羅羅斗

簸音播　簸箕　坝篩

簸箕　士篩箕

糞箕　掃帚痛把

稻子围　窝线绳篙

刨了筐除圭宛所物　竹戈子饭笤箕

竹夫人　竹篓子即笠

竹快子　雞笆

竹围子　油困子竹油场

敧上声　酒困子　羌摔子

篋音愜　鱼籠　鱼篛子鱼搾

筐籮柳木扁籮子　鱼篛子鱼搾

# 木器

花梨　　　　　　　　紫檀

紫榆 削孫枝　　　　沙木杉木

樫木　　　　　　　　烏梅木

楠木　　　　　　　　各樣木

櫃木　　　　　　　　合仙桌

八仙桌　　　　　　　條桌

琴桌　　　　　　　　抽屜櫃桶之類

炕桌　　　　　　　　扇面桌

鬼子桌

## 正音撮要《卷三木器》　五十

桌面　　　　　　　　桌心

桌縫子 台桌之縫　凡劈卯桌邊

桌簷　　　　　　　　桌裙

桌畸角 桌角頭　　　桌腿台脚

桌欂台面裡橫木　　桌撑子橫木 又名亯

桌活動了墊穩他　　桌撑子橫木

欄櫃 鋪面撑的　　　監櫃企櫃

櫃鋿鋌櫃鐵插　　　櫃鼻子雀悶櫃印鐵插

太師椅　　　　　　　羅圈椅

學士椅

---

# 軸 同音若周

春橙　　　　　　　　板橙

凉床　　　　　　　　馬杌子斗方　凩櫃

凩床轉手　　　　　凩櫃斗子

凩櫃棗　　　　　　水磨盤

挨磨 推磨　　　　　木桶

磨牙　　　　　　　　磨坊子磨礱 又叫手磨礱

搏軸磨心木凡三絃琵琶彎

吊桶　　　　　　　　欄桶有柄的

榪桶　　　　　　　　木杓子 木瓢子

## 正音撮要《卷三木器》　五十一

杵子　　　　　　　　梯子 梯橫

油搾子　　　　　　糠搾子

紡車子鞍花月　　衣架

餅棋子餅印　　　磚模子磚印

水牌子酒館月　　扁挑担子

案板砧板　　　　扁挑關扁挑兩頭釘

木楔子木寨　　　木屑木楝碎

木渣子碎木不能月　亦木楝碎

鐵舌鉋心鐵　　　鐵舌木鉋床藏鐵鉋木的

鐵舌鉋光木同

橛子　　騈櫨合理板

床傍子音彭　柳杖柳木牙僉

花碾即花研為有綾千水巾又名結桿　絞竿花研

籯箱即感裝感箱便

正音撮要　卷三　木器　舟車　主

舟車

座船　　貢船
運糧船　餉船
巡船　　戰船
駁船駁抄　划子無蓬小船
渡船　　快艇
樓子船橫樓之類　頭艎
水船　　官艎
太平艎　鹽船

尾艙　　船艙
船板　　風篷
打蓬扯帷　陞帆
睡桅　　絞桅
桅旗　　號帶順風帆之類
桅夾　　拏斗
風信旂　桅燈
風帆布帷　滑車子即律羅
下蓬落帷　打風蓬扯帷

正音撮要　卷三　舟車　主

艙面板

艙底板　陽橋
跳板　　將軍柱船頭兩邊大水
拉縴粗觀又叫拉縴鐵茅繞也　柱頭紉大編箸
櫓　　　櫓釘兒橋棹
櫓絆繩　舵
頭招　　打漿
駕娘船婆　頭公
舵公　　打漿
船公　　灘師
管船船家　扣蓬駛畫

靠船　攏岸　埠岸也

上坡上岸　下筹　茭橈

放鈔炒昂錢敬神　掃艙去淌船底水

驏馬車　手車

轎車　後檔車　車輪在後

中檔車輪在中　四六檔車　車輪在中

輕子車衆人坐的如轎一般　三大套　三只牲口拉前

四大套　車轂轆

車轅馬背所駕大　車尾

正音撮要《卷三舟車　繩索　至

車轎　車夫

卷車駕起車　翻車倒側車

太平車　上車

下車　鉜車

---

搓繩子　勒緊些

棕繩子　麻繩子

棉繩子　草繩

繫着緊束也　拴着

撈着　綁着

打个死枷搭　打个活絡枷搭打活結

解開枷搭　繩子結實

正音撮要《卷三繩索　至

繩子彫了不禁了舊不堪用拿繩吊着了　打个套子打狗耳套

懸掛在上頭　好索子

纏上　棕纜

大纜　棕纜

## 上

牡音丹 牡丹花　芍藥

芍讀若勺 瑞香　藍頭蘭並蒂蘭

玉蘭　茶花

墨蘭　桃蘭

玫瑰花　洙蘭

吊蘭　薔薇花

秦馨花　鳳仙化又名念娇子

鶏冠花　杜鵑

正音撮要《卷三》花卉　三

菊　芍藥

荷花　荷錢

四季花剪長春　百日紅

花秧　栽花

澆花　昌山寿來了

接活了洒博菊生了日夜花恨

花莉都新出未開花藂花遷

辮音辨

花蕊　花蕚　花瓣　花源　花蕊　花杂

花謝　花開

開鏈子　開透了

博子花雙托紅

花袋　花開

## 下

正音撮要《卷三》花卉　菓品　五

柚讀若了 柚子　菓品

梅子

橙子

佛手

柑子

香櫞　杏子

柿餅　金橘

橘餅

柿音是 柿子

椰子又丹椎子 椰子　瓜子

李子　玉黃李

桄榔

| | | | | | | | | | | | | | | | | | | | |
|---|---|---|---|---|---|---|---|---|---|---|---|---|---|---|---|---|---|---|---|

栗子

楊梅　核桃

核桃羯　核桃肉 即郇

葡萄 土云葡挬子　西藏葡萄 八達荷嚙

橄欖

苹菓　砂菓

石榴　番石榴 又肉挮

桃杷菓 盧橘　檸檬

菱角　梧桐子

正音撮要　卷三菓品　卅七

松子　萬壽菓

荸薺 馬蹄　甘蔗

蔗古轁

落花生 地豆 又名人參菓　薜荔蓬藦節

荔枝　圓眼龍眼

渡蘿　栗子 又叫毛栗子

廬子 炎楧椰食　銀菓 白菓

一榔嚕即荔枝龍眼一樣模 即土三一恭二恭

尚菓名天桃

---

物類名目參備但恐不識字音則查千字文

內侹如

| | | | | | | |
|---|---|---|---|---|---|---|

正音撮要　卷三菓品　　四八

正音者正字音也脣齒喉舌謂之音正韻副
韻開口合口謂之韻之韻平上去入謂之聲合音韻
聲呼出而成字除各處鄉談士語習俗殊儕不
計外其能通行者是謂官話既爲官話何以有
南北之稱蓋話雖通曉其中音聲韻仍有互異
同者十之五六不同者十之三四今以千字文
每字樓集北音彙註眼下以備觀覽

尋覓字撿法恐查字時一時不能親憶即念此句
玄黃作聖別尊卑二京稼穡寂寥術寓目囊箱
阮笑時凡八韻
所註切字未及查字典只讀其音韻之合宜者
順筆註之
所註切音必須以正音切之若以土音切之則
不倯官話音韻矣
所註切字上一字分四聲之上下如牢字係下
四聲則宜字亦下四聲也其字係上四聲則卽
正音撮要〈卷四〉　　一
字亦上四聲也下一字分平上去入如牢字係
上聲則與宰字亦土聲也其字係八聲則得字亦
入聲也餘可類推

正音撮要卷四　　南海高靜亭依韻輯

千字文切字

他年切　天籟萋先兆倈
代利切　地帝禍弟第遞根遶枕悌僀阮
係元切　立竝狐懸
胡房切　黃璜潢鑛磺簀皇湟理碑腔煌蝗陽遑
宜興切　字耍與兩羽癡語乳汝圓圉
住受切　宙呪咐紂畫胄
正音撮要〈卷四〉黃　　二
呼光切　荒慌怳肓
仍寒切　日俗肻乙役易亦夔驥逸佚益篕
仍純切　月悅越楔粵玥刖鐵樓閱曰說
宜成切　盈楹嬴嬴螢營塋縈仍
卽得切　其尺宅窄則摘擇澤賊蟿　　毛窎摘又讀若麼
長仁切　長晨震陳沉塵臣沈
急岁切　宿風俗肅粟東遞稙椒鶒　　賊讀若子威切
離鳩切　列獵蠟蠟裂劣烈

**〔上〕**

朱邪切　張章彰璋嫜獐璋磨

河彌切　茨韓仝函珊邯

釃才切　來萊萊

書硯切　暑黍鼠癢

文廣切　往枉囷綱惘惆

滂鳩切　秋啾詠稐

眈周切　收

登弓切　冬夌東

祖狼切　藏

宜驢切　閏潤孕

過論切　餘如茹枏貝黃腰庚婁夋俞愈瑜貐榆禺蜗角漁十

予與璵嬳儒餾逾竽虡愚儒余

持盈切　成盛乘呈澄城丞承誠程懲塍

四醉切　歲萃遂燧隧悴頹崇瘁碎

力戍切　律綠

力舉切　呂侶旅脊裱禮屐

提春切　調条條名逆酈郫

如狼切　陽易揚暘煬鳳婆羊佯烊祥狉痒禳懷壤

（三）

**〔下〕**

宜君切　雲云芸耘紜縕勻鈞

陀能切　鷹滕藤滕痰

書意切　玖緻至志誌懥智制製藝騺滯治璓恄

宜呂切　雨人字字

利祉切　露路潞輅略鷺

堅節切　結桀傑偈竭絜潔劫詰揭

萬培切　為唯惟維牟違闈圍危桅虺微薇巍

書汪切　霜孀雙艭孀孀龐

知因切　金斤筋巾勄今襟

師庚切　生偵參甥森珄牲笙

刀異切　麗利莉荔痢勵厲蠣蠣泣隸豎例

亦律切　五人青慾欲慾鬱浴辱

升嘴切　水

稱東切　出魆桃齣

誇分切　崑昆坤鯤岷鵷鴟髭

歌康切　岡剛綱虹扛

記獻切　剗鑒鑑監見建健階斥諫儉

河道切　號浩皓耗昊囷顥懶

（四）

急慮切　巨鉅拒距具踞鋸壞句懼屧

啟雪切　闋缺

征書切　珠硃蛛誅侏洙銖諸朱茱猪

抽鷹切　稱蟶

亦謝切　夜

古火切　果菓

姑任切　光晄洸胱

知根切　珍甄眞針斟砧鐵箴

力巳切　李醴禮裡裏鯉裹釐

能代切　奈奈耐獱

此蒂切　荣蔡

至重切　重衆仲種夵

居拜切　芥介玠价狋界瑔戒解

基相切　薑畺疆僵羗姜江韁

呼改切　海醢酶

係言切　諴銜咸賢啣嫌憪閑閒弦

寒陀切　何荷和禾苛

代濫切　淡啖澹玫彈蛋憚旦但

五

梨吟切　鱗麟磷驎蠂鏻磨林琳淋霖臨

慈蓮切　潛前錢錢

宜裹切　羽　八字字　丙㪯

遂良切　翔詳祥

盧同切　龍聾嚨籠朧櫳瓏聾寵龍櫳

申衣切　師獅獅施詩尸屍蓍

呼果切　火夥

丁計切　帝八地字

奴了切　鳥裊嬝

嫵彎切　官觀冠關棺瘝鰥

如陳切　人仁寅

胡房切　皇入黃字

升止切　始齒侈耻矢史使駛屎

書意切　制入致字

爲門切　文紋蚊芝雯聞

就祀切　宇自

能改切　乃廼嫋奶

房疎切　服福幅伏袱袱復馥覆弗拂蝠馥

六

正音撮要　卷四

囷希切　衣咿伊嘻醫翳猷狗繇
陳羊切　袋
瘛堆切　椎吹炊羘
頑實切　位胃渭謂畏未味線偽魏穢蜩帽倭慰
仍狠切　讓讓樣恙倦
姑博切　國郭廓韓號椁椰
如九切　有誘牖友酉莠亞卣櫃
宜驢切　處入餘字
騰勞切　陶萄淘綯匋桃逃

房滑切　民旻聞緡
自瑞切　罪最醉
征袖切　周整卅州洲過輞輈佛講關
延郎切　唐塘餹瑭塘棠堂
帝發切　弔吊釣掉
房滑切　發入伐字
升張切　商觴傷殤訥
台南切　湯

正音撮要《卷四黃》

七

---

自卽切　坐做佐座
持羗切　胡潮巢兒晶
屬繩切　問效
代號切　道溢導到幬蹈悼稻降
持同切　亞搥馳鎚椎捶倕陲
蒲明切　平栖鉶瓶屏苹萍
歌勇切　拱珙輁
朱兩切　章人張字
愕蓋切　愛隘艾礙得

亦律切　音人王字
靈其切　黎翠梨藜雜離鵝貍鵝璃罹鸝
升丑切　首手守
長仁切　臣人辰子
虎猱切　伏入服字
加龍切　戎裁絨羢狨毯容鎔庸鏞茸慵㒓耳絨縈榮瀜
基相切　羗入薑字
胡加切　差入薑字

遐琅切　遐琅霞
忽止切　遜爾耳珥驪
　　　　又奚加切
　　　　許計下而字

正音撮要《卷四黃》

八

於慈切　壹益邑悒悒揖憶億乙
梯巳切　體
怒祥切　莘莘恤岐
典固切　賓武濱殯檳檳嬪玢湖
姑威切　歸遺圭閏嬀覎奎匾
為房切　王志亡
迷靈切　鳴絡滇寘顛名明臭
房用切　鳳奉俸
靜代切　在載再

朱谷切　作築祝逼囑嘱燭柚姍筑屬粥
滙暗切　白帛百伯的栢
基於切　駒俱拘据車琚居
申益切　食石釋弑實室飭飾弌十識失飽濕適什輪醋　射
陳羊切　場腸常甞賞長償
呼卦切　化話書樺
步位切　被備輔背草倍
清姑切　草卅

梅獨切　本睦穆沐牧目苜
力在切　領賫纇癩
計一切　及笈級汲言悎嘔𤺄諜急懷辣擊敨戟給屐劉
名辦切
分注切　方芳坊坊
歌愛切　恭慨慨慨
清于切　此
升真切　身細伸深琛申呻
分八切　髪入伐切

性自切　四伏嗣耜兕甌祀汜巳寺肆
定寫切　大
交府切　五僊舞伍武鵠侮臁懔午竹坊揚鄒斌珷
陳羊切　常入傷字
姑雏切　恭肱魷工韰宮玫弓供公射
交眉切　惟入為字
基戌切　翰䎃菊掬詢麯局蹈橘鵒日
仍掌切　養仰漾癢
巧巳切　豈起所

正音撮要　卷四　黃

歌牟切　敢赳桿感
呼委切　毀悔驍燬
升張切　傷人奇字
宰樂切　女
明攷切　莫莫莫莫
知鷹切　貞禎征玆任
基節切　深入絆字
宰蘭切　男蚺南楠諵難
戲橋切　效校孝忟徼譯敦
詞來切　才裁縴財材
靈詳切　艮涼梁樑量涼
真衣切　知肢赦脂枝支芰厄之腳荵
故貨切　過
不一切　必弼璧壁逼筆笔畢鼻觱
歌寫切　改
丁則切　得惠德踷
坭恒切　能
洗薄切　莫末沫漠汉膜

十一

正音撮要　卷四　黃

為房切　忘入王字
為廁切　罔入往字
亭蘭切　談昙鐔潭譚痰彈壇檀燀鄲
補靡切
都晚切　短
明巳切
靡米㳽
慎義切　侍峙侍祇嗜誓是禔祇貳視氏市柿謚諡絲嚙
舉倚切　事土仕迤
已麈紀幾幾
陳羊切　長入場字
四近切　信
升止切　倿入姑
坎朵切　可炯
房祿切　覆入服字
橋意切　器氣炁愾懬愁
亦律切　欲入王字
坭蘭切　難入男字
靈祥切　量入艮字

十三

| 明薄切 | 補非切 | 臺客切 | 如窄切 | 身衣切 | 精蕭切 | 歌蕭切 | 如郎切 | 基厄切 | 正音撮要《卷四》黃 |
|---|---|---|---|---|---|---|---|---|---|
| | 悲麗皐碑探盉 | 絲思總偲私司筒斯厮颸 | 染踈 | 詩人師字 | 潜眥賷楷齍 | 羔高膏犗橰皐籥 | 羊人陽字 | 景境璟頸儆警 | 十三 |

| 保簫切 | 萬培切 | 篡言切 | 可得切 | 安健切 | 郎名切 | 身正切 | 丁則切 | 記燕切 |
|---|---|---|---|---|---|---|---|---|
| 維人爲字 | 賢人殽字 | 賢人殽字 | 克刻咳客尅 | 念甘 | 作鏊 | 聖勝盛剩賸 | 德人得字 | 建人劍字 |

行幸倖杏脣蕙埂

---

| 述靈切 | 來敬切 | 笑靈切 | 都彎切 | 補邈切 | 知應切 | 可公切 | 伐福切 | 除九切 | 正音撮要《卷四》聖 |
|---|---|---|---|---|---|---|---|---|---|
| 名入鳴字 | 立力笠礫栗歷檪壢 | 形刑邢型行 | 端艑牖 | 表禱娭 | 正最政証證躑 | 空崆悾崆 | 谷穀縠梏榾骨 | 傅椽船 | 十四 |

| 身鷹切 | 照於切 | 徒郎切 | 思卽切 | 通敬切 | 胡過切 | 衣令切 | 安各切 |
|---|---|---|---|---|---|---|---|
| 聲升陞昇 | 虛嘘吁壚謼 | 堂人唐字 | 習淅晰皙夕析汝席錫惜昔舄悉蟋宓膝襲息 | 聽 | 禍貨 | 因禮崗裍姻娴音陰殷燃湮氣痟 | 惡 |

媳蒻

資葅切

楨卸㖿潰楨嘻續疾娛肺蔷籍集不鵒

分谷切　福八服字

宜全切

緣蓑帳猿圓圍圖兀原源髮優黿沉鉛

是爛切

菩繕膝簽餚賸扇騙壇蠆

慶檫蟶

啟敬切

長億切

尺赤牧斥屹

雙八必字

補億切

分咸切

北扉蚌妣飛緋霏

補好切

寶保堡鴇褓飽

艾頓切

寸

陰八四字

衣令切

是八橋字

慎義切

藝敬姿覺鏡鐀瘞勁

記定切

贄孜瓷貲孜滋孳瘕溜汪緇

橋思切

分路切

父傳附榭附付叟婦虜起富副剔

基惠切

事八將字

愽義切

君切釣車鷹闁

仍施切

二八月字

---

宜運切

嚴州研巖治盐管儋儋三炎延筵焉門閻

宜驪切　與八牛字

記定切　牧八號子

戲呌切　老八效字

登崗切　當瑠簹鐺

基列切　竭八結字

利極切　九八立字

貞公切　忠鐘鐜盅盅終中臬

則得切　則入只字

自蟄切

畫晉縉進蓋

進合切　俞

梨吟切　臨八鱗字

書真切　深八身字

李魅切　履八名字

八各切　薄鉑泊鈸館博亳機襪脖

恩足切　鳳八宿字

希經切　幽饗

威分切　溫氳瘟

觀經切　清青菁　　又去声
情自切　似姒伺
梨難切　蘭闌爛爛欄斕欄婪嵐藍籃
星兹切　斯入颸字
希經切　繋入曉字
宜驢切　如入餘字
思容切　松嵩鬆松　之入知字
受正切　盛入聖字

處彎切　川穿
梨求切　流琉旒硫留遛榴瘤騮劉
筆福切　不
思卽切　息入習字
衣宜切　淵鴛鴛
持盈切　澄入成字
啟呂切　取
衣景切　映影穎
如龍切　容入戎字

---

真喜切　止芷沚址祉趾只枳紙祇旨指帋恉恉
如樂切　若蒻藥岳嶽瘧約藥謔鑰瘧
星餐切　思入絲字
宜餐切　言入嚴字
情餘切　辭辤詞炎磁慈糍祠炎
愛予切　安菴廕俺鵪
丁谷切　篤牘讀毒獨瀆牘櫝櫝牘贖
利淨切　定錠訂
情姑切　初粗

持盈切　誠入成字
迷委切　美每浼
是認切　慎甚滲腎椹甚
貞公切　終入忠字
人其切　宜儀移疑夷姨荑痍貽遺貤怡飴沂貤頤脈
利靜切　令另
如龍切　榮入戎字
義利切　業暍頁謂曄葉
星左切　所囋璀鎖鍊

正音撮要 卷四 聖

居衣切　基朦機議磯弉箕真肌姬乱畤朞雜羈稽饑
資息切　藉入積字
是認切　甚入愼字
交乎切　無吾吳悟憮
記定切　竟入競字
希爵切　學鷽
如周切　優穤幽呦呦麂憂
當庚切　登燈蓥
愼義切　仕入恃字

尢

申熱切　攝設
眞億切　職織跖質汁執跊榴植殖妊桯隻值蟄秩
吉龍切　從崇琮悰觳義諒
晝盛切　政入正字
慈倫切　存蹲
言巳切　以綺倚巳苢蟶椅蟻矣擬議展
歌安切　甘柑邯于竿乾肝疘
滕郎切　棠入唐字
起預切　去入趣要

正音撮要 卷四 聖

如之切　而尔
於燕切　益入壹字
義袖切　詠啄用
如落切　樂入岩字
神乎切　殊殳薯
故畏切　貴貤桂饋塊跪
自念切　賤餞踐华箭鳫荇
力巳切　禮入李字
倂列切　別籲

二十

租敦切　尊遵樽蹲
補非切　卑入悲字
是讓切　上伺
实陀切　和入河字
是稱切　下眼夏
梅獨切　陸入木
分無切　夫敷數字樺琤痛糒球秩葶庸
秭帳切　唱暢張
靖路切　婦入父字

正音撮要　卷四

| | |
|---|---|
| 祀誰切 | 嚦隋 |
| 吾費切 | 外 |
| 殊又切 | 受授售狩獸壽 |
| 墳路切 | 傅八父字 |
| 戲運切 | 訓訊汛 |
| 亦律切 | 八八玉字 |
| 房用切 | 奉八鳳字 |
| 迷五切 | 母姥俛跬 |
| 人其切 | 儀八宜字 |
| 貞豐切 | 諸八珠字 |
| 欺大切 | 姑觚酤罛洿辜孤 |
| 傳陌切 | 伯八白字 |
| 申祝切 | 叔淑術孰逃贖屬軌 |
| 宜留切 | 猶猷輶游遊蝣尤妯柚由油柔揉鰷縣攸悠郵 |
| 精此切 | 子仔紫耔梓姊滓弟姊 |
| 不巳切 | 比 |
| 人其切 | 兒八而字　又似兀靴切 |
| 可勇切 | 孔恐 |

正音撮要　卷四

| | |
|---|---|
| 胡排切 | 懷槐淮 |
| 盧東切 | 兄貿胸凶兇 |
| 代利切 | 角八坳字 |
| 膝龍切 | |
| 憚意切 | 氣八器字 |
| 犁年切 | 連廉濂簾連奪聯 |
| 直衣切 | 坡 |
| 基消切 | 亥澆蛟墨膠驕嬌 |
| 如九切 | 友八有字 |
| 廷捷切 | 投頭 |
| 扶問切 | 分舊忿惰憤 |
| 此節切 | 切媥姜 |
| 民河切 | 磨 |
| 知根切 | 箴八珍字 |
| 姑威切 | 規八歸字 |
| 如碩切 | 仁入人字 |
| 情餘切 | 慈八爾字 |
| 宜謹切 | 隱引飲明 |

退

廉人連字

義異意緝隲膧曳愧又裔

節截接梍提睫篋

離入黎字

弗入服字

次哉剌賜恣伩

造灶皂糙躁

測扸冊測策

—

大醉切

梨前切

人治切

精歇切

靈其切

方祿切

青自切

净到切

此得切

顛嶺巔

沛珮佩配

匪悝裴催悱弱菲

廓㻌盛魁炌

姓妌

静圜净靚

情晴

逸入日字

心姓辛華新新誅

丁烟切

普長切

苦威切

分委切

四歇切

自定切

慈靈切

仍是切

思囝切

三

物勿柷

逐捉獨蜀卓著攉掉着
　掉攉又音趙
　詳後趙字下

滿

志入玫字

眞入珍字

宇入首字

疲脾毗神埤琵枇皮

神

動恫崠凍洞恸峒衕

又讀切

眞谷切

明晚切

書意切

知狠切

升丑切

蒲逃切

聯入切

杜用切

意入義字
　又去声七到切

移入宜字

堅間兼鎌好姦兼肩艱愿愚

持池劇崨馳蓬虎詍

雅啞瘂

操

好

爵嚼雀

肖入字字

人治切

人其切

基烟切

除梨切

宜打切

青刀切

海考切

精脚切

就四切

廿四

## 正音撮要　卷四京

明梨切　廖靡孊迷熻
幾姊切　都
於悉切　邑入益字
胡麻切　華
是稼切　夏入下字
發公切　東入冬字
思衣切　西犀嫲卤
而至切　二貳
菶星切　京經驚荊衿涇

又以尼月切之則近北韻

芺位切　肖八被字
名王切　邙忙茫莣
迷便切　面麫
龍各切　洛落潞珞烙駱酪樂
房無切　浮
渭貴切　渭入位字
記億切　據入巨字
斑頏切　涇入京字
姑中切　宮入恭字

圭

---

## 正音撮要　卷四京

地竅切　殿甃店坫珩帖誌冀
蒲邊切　盤磐蟠磻
亦律切　鵎　　耷入王字　　讀魚字去声
炉頭切　橫事
歌得切　親貫懷雚灌罐瓘小
分威切　飛入非字
基星切　驚入京字
同平切　寫
思姐切　圖涂茶徒筌途瘏籉臛屠

其林切　齗芹琴勤懃
殊宙切　獸入受字
胡卦切　畫入化字
青跂切　彩柔綵探
思烟切　仙先鮮偓蠨
梨惰切　靈零伶玲聆齡苓岑委㥄陵檽翎鴒
斑頏切　丙秉餅迸炳胼
身蓮切　仓掖社
平房切　傍旁螃磅滂

美

巧巳切　敔入豈字
基峽切　用夾
直祿切　帳脹障丈仗杖
登邃切　對兌隊碓譈咒
宜自切　設入攝字
宜成切　榴入盈字
星自切　肆入四字
宜連切　縫入嚴字
疑淮切　吹入推字
息則切　瑟齎穡濇涘色㸲（色又讀若）
開五切　鼓股古牯佶詁跱牧聲聲墅璺（晒上声）
祝即切　席入習字

身鷹切　哐入声字
師庚切　笙入生字
基坡切　階皆堦偕街喈
能連切　納祸捄吶
併利切　陰泌蕊秘避㘃徹薇鮫豁臂開繫
併見切　弁㜎便瀟辨十返辯

又讀結上平

三七

朱挽切　轉嚩
入其切　疑入宜字
思經切　腥惺骴腥
如受切　右宥佑祐又圓

達答搭箚沓踏姐選

丁竭切　達答搭箚沓踏姐選
精染切　左
奴累切　內
古往切　廣
楊谷切　通㽵
持盈切　承入成字
迷靈切　明入鳴字
敬意切　集入禱字
睿肯切　壇焱潰坎汾
扶交切　
丁橄切　典點
能惡切　亦入壹字
思慮切　聚入巨字
其雲切　羣裙嶙

三八

於維切　蔡纓鸚纓當幘鷹
大路切　杜嘉座度鍍渡姤
歌好切　藁稿槁縞縞
貞公切　鐔八忠字
力眔切　隸八隸字
青苦切　淙泰戚七柴
基星切　經八京字
步一切　壁八必字
升都切　書櫃輪檔妹舒櫨舒胝
分音切　府南脯簠撫府腑臾釜
爐何切　羅籬籬羅騾胭瓁勵嬴
子像切　將匠醬
思亮切　相象像
利祚切　路八露字
爭求切　使狹岐匝篋岬冾幘睛
胡排切　槐八懷字
啟緩切　卿傾輕
苦故切　戶互護祔

二九

分公切　封圭豐鄷峰鋒對楓瘋
神佚切　八刡枚
係現切　縣獻限現筧陷
基蝦切　家嘉加茄珈茛佳裟
計一切　給八及字
此先切　千芊叶劍籤還躋
筆高切　兵水
歌蒿切　高八羔字
姑彎切　冠八官字

正音撮要　卷四京

滿爲切　暗培賠裴俳
坵典切　肇攓橪破碾
蓬爲切　驅嫗軀妪虹
壹於切　歡八谷字
個祿切　歡八谷字
未慎切　振賑陣鎮震
於祚切　纓八英字
慎義切　世八特字
來讀切　蔽枲陸鹿碌轆
身止切　後八始字

三十

正音撮要〈卷四京〉

殷克切
傾入耶字

於日切
綺入以字　又音

胡垂切
廻洄洄囬同

河棄切
漢翰汙僕舒旱

胡壓切
惠媾謹萬會基惠惠匯卉晦誨烯

仍絕切
說入月字

歌宰切
感入敢字

文府切
武入五字

當宗切
丁仃釘玎

託逭切
俊峻陵竣駿雋郡

人洽切
父入義字

明秘切
密蜜

文讀切
勿入物字　讀若殤

都哥切
多哆

慬義切
士入悖字　　音是

細力切
賓入食字

坯廷切
寧

楮信切
晉入盡字

三二

---

吉宮切
楚　　粗上聲

歌曾切
更耕庚羹糠鵬康秔

永卦切
霸霈欐罷

正告切
趙兆名認肖然迢肇顯

文員切
魂入位字

芭棍切
囫

何能切
横入衡字

基雅切
假賈

廷炉切
塗入圖字

正音撮要〈卷四京〉

明別切
減蔑覕

姑獲切
虢入國字

白線切
踐入賤字

明容切
盟萌

胡位切
會入惠字

飛古切
士

何河切
盟萌

賽敦切
遵入尊字

資敦切
何入河字

如藥切
約入若字

三四

分八切　法入伐字
河南切　韓入寒字
併利切　幣入弊字
扶補切　弊入伴字
裂靈切　起入豈字
子濬切　蒴剪韻戢
批果切　頗匝阿
明復切　牧入木字　音行
煩繁礬叭凡燓礬梵璠瀿燔膰幡

如弄切　用入誦字
基葉切　束入君字
荃蓮切　最入罪字
守阜切　牆睛晶
思淵切　宕珀普
烏威切　威歲熾
升鴉切　沙裟砂紗柵
迷溥切　漠入莫字
除肖切　馳入持字

---

宜具切　譬傅遇喩論㸦濆寓裕處倦干飲御尉馭馳駒
僉
翁山切　丹身眈儋簞單
此敖切　青入清字
基酒切　九炙久料赳韭玖
卯袖切　舊入周字
宜樂切　雨入宇字
資意切　跡入積字
水容切　百入白字
記蓮切　郡入俊字
情林切　泰椿
筆被切　井茁迸病
如樂切　嶽入若字
子公切　宗棕樓騌縱
地在切　岱帶戴迤玳瑇袋待
楚佣切　禪入善字　又音纏
冒古切　主贊卒卒座

宜羈切　云人雪字
提悙切　亭廷庭傳
宜殿切　鴈燕硯樣厭晏唵麼
迷文切　門萌們
精此切　紫人子字
思□切　賽謇
居衣切　雜人基字
提連切　田滇填恬甜
昌益切　赤人尺字

陳盆切　城人成字
誇分切　昆人昆字
陳宜切　池人持字
基列切　硝人結字
神力切　石人食字
記預切　鉅人巨字
宜者切　野薹墅也
杜用切　洞人動字
椏盞切　庭人亭字

苦放切　瞻廊況覛獷纊
宜撰切　遠阮遠飾
迷連切　綿綿棉眠緡謡
迷了切　趨眇渺眇紗杪杳藐皛湎
宜連切　巖人嚴字
迷就切　岫袖繡綉秀綉
迷了切　杳人邈字
迷靈切　冥人鳴字
宙異切　治人致字

補粉切　本畚畚彝
囷居切　於
能茗切　農禭儂膿
文故切　務悟晤愷戊鶶鶖霧
糒思切　茲人資字
基羽切　稼人駕字
息得切　稿人懇字
受祿切　俶人軟字
糒盍切　載人在字

正音撮要　卷四稿

泥嬾切　南入男字
明古切　勔某
烏果切　我
吟地切　艤詣䜴䜴
身五切　泰入昜字
子恐切　穆入磧字
書瑞切　稅睡荋
神祿切　熟入叔字
名用切　貢共供狐翁
思因切　新入心字
正音　〈卷四稿〉　尭

啟願切　勯
升掌切　賞
稱足切　黜入出字
真一切　陟入職字
迷本切　孟夢
家歌切　軻珂䃱柯痾科
都尊切　敦礅礅䃱礅礅
憲故切　素帳訴餗憃塑嗉嗉

## 下段

爐桃切　勞醪㷦洋癆年
人龍切　庸八戎字
書益切　忠入忠字
身路切　幾入基字
陣益切　庶樹監箸怨戕
筆呆切　秉入丙字
直益切　直入職字
宜驢切　魚入餘字
叟虫切　史入使字
正音撮要　〈卷四稿〉　罕

啟烟切　謙牽謦慳慳憲寒褰
殘隱切　謹柾錦儓厊鮵謹㥶
癡益切　軟入尺字
衣巾切　音入因字
初八切　察
林巳切　理入李字
記燕切　鑑入劍字
迷告切　貌眊芼骨娟帽頦

# 正音撮要　卷四稿

秘肩切　辨入弁字
息得切　色入瑟字
餘時切　貽入宜字
居月切　厥訣廖　朝缺
基鴉切　嘉入家字
宜留切　猷入猶字
逆典切　
渠宜切　其琪萁期奇族旗岐斬耆騎祈
朱止切　祇入止字

陳亦切　植大戴字
思井切　省醒
姑中切　躬入恭字
居衣切　譏入基字
居拜切　誠入芥字
稱勇切　籠冢塚
精僧切　增憎繒曾醫曾爭筝
可帳切　抗炕伉匠
其一切　極入及字

原去声

卷四稿

奴帶切　殆入怠字
亦律切　辱入欲字
具瘥切　近觀禁斟
身止切　聰八始字
梨吟切　林入臨字
哥蒿切　臬入羔字
資悉切　即入積字
係鎮切　幸入行字
梨想切　兩兩

又如祿切

形去声

# 正音撮要　卷四稿

所故切　疏數
基觀切　見入劍字
居衣切　幾入基字
巳改切　解
精古切　組組阻祖
殊雷切　誰
不一切　遍入必字
思各切　密孀
基於切　居入車字

【卷四 上半】

保言切　閞八䎃字
持古切　處杵杼籽
除亡切　沈八臣字
咏亡切　㱫八臣字
明薄切　默八墨字
自益切　寂八積字
其留切　蓼哼撩猴寮燎摩鷯僚聊
梨熊切　求逑跿球裘毯虬
歌五切　古八鼓字
時云切　尋巡徇循

正音撮要〈卷四〉

思宰切　散
龍闟切　論

剎具切　慮慮
思嬌切　逍消硝霄蕭篇簫瀟
宜勞切　遙瑤搖䍃饒姚䬤窰窨審
希因切　欣
精遙切　奏綯皺皺
梨備切　累
啟衍切　遣

【卷四 下半】

祀夜切　謝榭㴷瀉卸
呼官切　歡懽驩寶
貞高切　招昭朝嘲謝
其餘切　渠璩㡑瞿劬蘧籧衢
胡羅切　荷八何字
丁吉切　的䈦迪翟鎚滴嫡邇鏑裼
靈赦切　厯八力字
宜全切　圜八緣字

正音撮要〈卷四〉

處偷切　抽瘳
迷廣切　茻懞蘗
提寨切　條八疲字
平宜切　桃八疲字
平麻切　杷琶耙爬圯
文官切　晚宛琬䏶碗挽輓盌
文乎切　文瑞切
吹瑞切　翠璀脆
文乎切　梧八無字
騰龍切　桐八同字

爛好切　早蚤棗澡藻

丁交切　洞雕彫貂刁鵰

持仁切　陳入臣字

欨恩切　根跟

温胚切　委諉謂偉餒尾聲

宜記切　毅入藝字

盧客切　落入洛字

宜列切　葉入集字　又炉要切

批肖切　飄

宜勞切　颷入遙字

宜留切　遊入猶字

宜留切　鷯入嵐字

苦温切　鶤

鄧谷切　獨入篤字

宜訓切　連軍

明波切　凌入靈字

梨乃切　摩麼

記亮切　絲繹淫降　江去

思焦切

翟

---

當于切　耽入丹字

鄧谷切　讀入篤字

支蔸切　猷入萬字

盛義切　市入悖字

迷鹿切　月入木字

如具切　萬入奧字

能罰切　襄繇

思將切　箱相湘廂緗襄勸驤

仍利切　易入義字

宜留切　輶入猶字

宜留切　攸入猶字

文貴切　畏入位字

盛禄切　屬入叔字

忍止切　耳入迩字　又似厄寧切

於元切　垣桓　千元切　又胡官切

慈良切　墻詳　兩元切音袁　又夷然切

記預切　其入巨字

是燋切　饍入善字

罘

此鹽切 贅璧參須

扶萬切 飯范犯汎紀賊飾

身益切 瘋入食字

司丑切 口

稱公切 老䶉冲忡衝痌

陳牟切 膓入塙字

冰好切 飽入寶字

衣具切 鈌入器字

鋪公切 烹棚

子改切 宰𥪡

居表切 饑入基字

衣念切 厭入雁字

精高切 糟𤲸

可尚切 糠穬康康

青今切 親㲉駿侵

親悉切 戚入漆字

故顧切 故顧固僱

記就切 舊日柏区㢝枢舅掫疾

畏

---

炉稿切 老佬姥栳笓澇

升咅切 少紹邵哨潲

如意切 與入義

聲具切 粮入瓦字

䣎結切 妾入切字

宜具切 御入與字

贅普切 續入積字

分往切 紡彷倣訪

甚義切 侲入恃字

居困切 巾入金字

交眉切 帷入為字

扶萬切 房鮪防

文煩切 納苑仇甑完禎九

是偃切 扇入善字

宜全切 圓入緣字

居飾切 潔入締字

魚林切 銀闉闍王垠

真卷切 爛入什字

異

**［上欄］**

文匪切　煤人委字
胡房切　煌人黃字
真後切　畫人宙字
迷連切　眠人餙字
思一切　ㄆ人習字
沐蕭切　麻
梨南切　藍人蘭字
思准切　筍笋樺隕
祝亮切　象人相字

正音撮要　卷四補

陳房切　牀床
資柳切　酒
改奇切　歌哥
笑言切　弦人鹹字
衣線切　諓人雁字
資結切　接人節字
門井切　杯人悲字
善呂切　與茸筥矩㨨踽
身張切　鴟人商字

罗

**［下欄］**

幸丁切　矯皎姣皎絞狡皦憿
身丑切　手人首字
杠論切　頓炖鈍盾遯燉
精谷切　足簇族
宜事切　愴人月字
宜具切　陳人與字
此姐切　月
可岡切　康人糠字
丁吉切　嫡人的字

正音撮要　卷四篇

河豆切　後嶺后候吼
笑預切　嗣人凤字
細預切　礼人四字
精記切　祭人湝字
係預切　續叙序絮絡峠
宜應切　蒸人貞字
陳芊切　嘗人常字
啟奚切　稍人溪字
思瑔切　頼嗖嚥磻

首難

平

賛帶切　兩人伯字
不壓切　拜敗碑
忠勇切　煉練聲
記領切　懼入巨字
可勇切　恐入孔字
胡房切　湟入黃字
子堅切　賤尖煎
敵列切　脿撲蝶跌迭疊礁
基懷切　倘檢撿柬煉戒顄繭塞
如告切　要曜耀繞遶
憒路切　顧入故字
丁撇切　答入達字
施枕切　窨嫣諗窼哂沈
祀艮切　詳入翔字
胡來切　懷諧
歌口切　坵蒿狗芍筍
思變切　想恙
宜其切　谷入青山

至

---

真一切　執入職切
如列切　熱
覔脊切　願怨院願
梨娘切　凉入良字
梨餘切　驢閭相盧
炉何切　驟入羅字
怒谷切　犢入篤字
延肋切　特忒慝螣蟘
河代切　駭亥害
如蒸切　躍入若字
稱脛切　超抄
思將切　驤入箱字
真書切　誅入珠字
知胆切　斬闗展　斬又阻減切可讀尖齒音又若子咸切又似糯咸切
精得切　賊入則字
杜號切　盗入道字
兵武切　捕補
戶國切　穫或惑

至

正音撮要　卷四　稿

鎌寶切　鐵判絆盼拼搽

文房切　亡

兵富切　布步部

神運切　射入食字　又音庭

無煩切　九入紈字

梨禍切　遊入裹字

起癸切　獨入溪字

其吟切　琴入禽字

宜撲切　阮入遠字　此字本音崎與稽不同

思叫切　嘯笑咲歗

提言切　恬入田字　多用上乎

班一切　筆入必字

炉鈍切　偷入論字

真以切　紙入止字

基蕃切　釣入君字

胲烏切　巧

如愧切　任胤輊役認悫惟祖

丁呌切　釣入弔字

---

正音撮要　卷四　笑

串盜切　懌入食字

方溫切　紛芬分雰氛

鑑地切　利入厲字

芝定切　竝入井字

思谷切　俗入宿字

基椓切　皆入階字

墓椓切　佳入家加

述弔切　妙妙廟繆

迷毫切　毛矛蟊茅髦

皮民切　襦上平聲　又似近家音

糠思切　姿入資字

身谷切　淑入叔字

身衣切　施入詩字

糠思切　姿入資字

姑中切　工入恭字

皮民切　蠻顢頑貧

宜連切　妍入嚴字

四弔切　笑入嘯字

坎連切　年狢狢節

身以切　天入姊字

遵夆切　每入美字
此堆切　催○
虛去切　媵羲希稀郁蟗熙
分威切　暉煒輝㡧麏韋
胡廉切　晃跳桄
若到切　曜入覺字
冗元切　璇旋
居衣切　磯入基字
係元切　懸入玄字

古晚切　幹瑄綰管館莞莧
胡位切　睴入會字
鋪伯切　魄珀柏㺜
胡頑切　環入桓字
直要切　照入趙字
真以切　指入止字
思因切　薪入心字
思秋切　脩修羞饈
胡故切　祜入戶字

三五

宜拱切　永冗甬俑勇擁
希於切　總須需顙肯僭
居一切　吉入及字
正要切　兆入趙字
居去切　矩入舉字
基目切　杜入布字
俌付切　杜入隆字
宜謹切　引入隱字
梨弄切　領入嶺字
分五切　俯入府字

宜掌切　仰入養字
靈葉切　廊埌瑯郎狼稂㮿
明吊切　廟入妙字
坐谷切　束入宿字
厂在切　帶入代字
基丁切　矜入京字
朱汪切　莊庄粧
皮為切　徘入陪字
胡垂切　徊入迴字

如羅切　瞻占鑽舒沽鹽邅鰑鰤鱘

聽教切　眺耀跳

關烏切　孤人姑字

炉宙切　陋漏疤

古瓦切　寡剮

無盍切　闔人文字

宜炉切　遏人條字

門龍切　蒙濛矇幪朦豚萌

丁梗切　等

正音撮要　卷四終

慈妙切　誚肖俏鞘

文貴切　謂入位字

宜舉切　語入字字

坐路切　助祚

邪也切　者藉

宜年切　焉人嚴字

精該切　哉災菑栽

黃扶切　平胡廟疣湖斛壺核糊餬

五者切　也入野字

# "早期北京話珍本典籍校釋與研究"叢書總目錄

**早期北京話珍稀文獻集成**

（一） 日本北京話教科書匯編

| | |
|---|---|
| 《燕京婦語》等八種 | 四聲聯珠 |
| 華語跬步 | 官話指南·改訂官話指南 |
| 亞細亞言語集 | 京華事略·北京紀聞 |
| 北京風土編·北京事情·北京風俗問答 | |
| 伊蘇普喻言·今古奇觀·搜奇新編 | |

（二） 朝鮮日據時期漢語會話書匯編

| | |
|---|---|
| 改正增補漢語獨學 | 修正獨習漢語指南 |
| 高等官話華語精選 | 官話華語教範 |
| 速修漢語自通 | 無先生速修中國語自通 |
| 速修漢語大成 | 官話標準：短期速修中國語自通 |
| 中語大全 | "內鮮滿"最速成中國語自通 |

（三） 西人北京話教科書匯編

| | |
|---|---|
| 尋津錄 | 北京話語音讀本 |
| 語言自邇集 | 語言自邇集（第二版） |
| 官話類編 | 言語聲片 |
| 華語入門 | 華英文義津逮 |
| 漢英北京官話詞彙 | 北京官話：漢語初階 |
| 漢語口語初級讀本·北京兒歌 | |